AF509073

Marie Malibran

PAR

ARTHUR POUGIN

AVEC UN PORTRAIT

LIBRAIRIE PLON

MARIE MALIBRAN

MARIE MALIBRAN

NÉE GARCIA

(1808-1836)

ARTHUR POUGIN

MARIE MALIBRAN

HISTOIRE D'UNE CANTATRICE

AVEC UN PORTRAIT

PARIS

LIBRAIRIE PLON

PLON-NOURRIT et Cie, IMPRIMEURS-ÉDITEURS

8, RUE GARANCIÈRE — 6^e

1911

Tous droits réservés

A

mon vieil ami

E. PALADILHE

De bonne affection.

MARIE MALIBRAN

Beauté, génie, amour, furent son nom de femme,
Écrit dans son regard, dans son cœur, dans sa voix !
Sous trois formes au ciel appartenait cette âme.
Pleurez, terre ! et vous, cieux, accueillez-la trois fois ! (1)

Ainsi les poètes chantent les artistes. Ainsi Lamartine chantait la Malibran au moment où celleci, succombant dans son printemps aux suites d'un accident dramatique dont la nouvelle avait terrifié l'Europe, venait de quitter la terre, emportant avec elle le secret des accents si souverainement pathétiques qui avaient ému, séduit et fasciné toute une génération.

Malibran ! Ce nom sonore et harmonieux convenait bien à celle qui incarnait pour ainsi dire en elle le génie du chant dramatique, et dont la personnalité est devenue en quelque sorte légendaire. Bien des cantatrices sont demeurées célèbres, ont enchanté leurs contemporains, ont parcouru le monde au bruit des acclamations, et leurs noms

(1) Ces quatre vers de Lamartine, qu'on ne trouve pas dans ses œuvres, sont gravés sur le tombeau de Marie Malibran, au cimetière de Laeken, près Bruxelles.

sont connus de tous : Faustina Hasse, Gabrielli, Mara, Todi, Sophie Arnould, Saint-Huberty, Strinasacchi, Pasta, Pisaroni, Schrœder, Sontag, Grisi, Falcon, tant d'autres qu'on pourrait citer ! En dépit de leur haute valeur, de leur incontestable talent, de leurs succès et de leurs triomphes, aucune n'a tracé dans le ciel ce sillon éblouissant, aucune n'a laissé le renom éclatant, prodigieux, immense, qui enveloppe comme d'une auréole le souvenir de cette artiste incomparable, chez qui tout fut précoce et rapide comme la gloire, de cette femme étonnante qui, comédienne à cinq ans, mariée à dix-sept, illustre à vingt, disparaissait au seuil de sa vingt-neuvième année, après avoir reculé les bornes de l'enthousiasme public et rempli l'univers du bruit de ses exploits.

C'est qu'en effet, je l'ai dit, il y avait en la Malibran, derrière l'artiste, une femme étonnante, née pour charmer les esprits et les cœurs, une femme à l'âme brûlante et fière, que la nature semblait avoir pris à tâche de combler de ses dons et de douer d'une façon exceptionnelle, pour en faire une créature sans pareille et sans rivale. Belle d'une beauté plus séduisante que régulière et qui brillait surtout par une grâce enchanteresse, spirituelle sans méchanceté mais non sans malice, gaie comme un rayon de soleil avec des atteintes subites de mélancolie, le cœur plein de chaleur et d'abandon, bonne, aimante et serviable entre toutes, dévouée jusqu'au sacrifice, généreuse jusqu'à la prodigalité, courageuse jusqu'à la témérité, impétueuse en tout, aimant les obstacles pour les difficultés qu'elle éprouvait à les vaincre, bravant le danger et méprisant la souffrance pourvu que l'art n'en pâtit pas, ardente au plaisir comme elle était âpre au travail et supportant les fatigues de l'un et de l'autre avec le même stoïcisme et la même indifférence, elle tenait de la nature les aptitudes les plus diverses, dont elle aidait encore l'épanouissement par une force de volonté indomptable et une énergie qu'on eût pu croire au-dessus de son sexe. Elle ne se contentait pas, effectivement, d'être une cantatrice d'un ordre absolument supérieur, une tragédienne lyrique dont la flamme inépuisable et l'étonnant sentiment pathétique excitaient l'enthousiasme instinctif des foules en même temps que l'admiration raisonnée des connaisseurs ; pianiste d'une extrême habileté, compositeur original, poète à ses heures, elle dessinait et peignait encore avec goût, avait le don des langues au point de parler couramment le français, l'espagnol, l'italien, l'anglais et l'allemand, était d'une adresse extrême à tous les petits travaux féminins, ce qui ne l'empêchait pas de déployer une rare habileté dans tous les exercices du corps, particulièrement l'équitation, et de se montrer amazone infatigable et pleine de crânerie. On conçoit l'originalité d'un tel être, sa force d'expansion, le charme séducteur qu'il opérait de tous côtés, enfin la puissance qu'il pouvait exercer tant sur la masse ignorante que sur les instruits, les délicats et les raffinés.

Je disais que la personnalité de la Malibran était devenue en quelque sorte légendaire, et rien vraiment n'est plus exact. Dans l'histoire de sa vie, telle qu'elle nous apparaît après trois quarts de siècle, il y a certainement, comme dans toute légende, une part de fable qui vient se mêler de près à la vérité et se confond avec elle. L'artiste était si prodigieuse, la femme si extraordinaire, sa gloire fut si rapide et si grande, sa carrière si courte fut si étonnamment active, sa vie si tôt brisée prit fin d'une façon si tragique et si lamentable, tout en elle fut si excessif, si étrange, si complètement à côté de l'habituel et du convenu, que l'esprit populaire, surexcité à son égard et emporté au delà du réel, renchérit encore sur les événements, lui créa des aventures que l'on peut qualifier d'imaginaires, et que pour se garder de toute exagération en ce qui la concerne il faut se défier de certains récits merveilleux, de certains témoignages suspects qui tendraient à obscurcir la vérité en faisant de cette créature adorable, mais terrestre après tout, comme une sorte de divinité idéale restée complètement en dehors et au-dessus des conditions humaines. Je m'efforcerai, dans le récit qui va suivre, de me tenir dans le courant naturel et de n'admettre que des faits rigoureusement contrôlés. Quelques-uns d'entre eux, en dépit de leur parfaite exactitude, paraîtront déjà suffisamment extraordinaires (1).

(1) Ne fût-ce que celui-ci, que la Malibran, fille d'Espagnols, naquit en France, se maria en Amérique, mourut en Angleterre et fut inhumée en Belgique. Voilà qui est assurément peu commun comme enchaînement de circonstances.

CHAPITRE PREMIER

Manuel Garcia, père de Marie Malibran. — Chanteur, compositeur et chef d'orchestre en Espagne, sa patrie. — Mme Garcia, excellente comédienne. — Garcia vient à Paris, est engagé au Théâtre-Italien et y obtient de grands succès. — Naissance à Paris de Marie-Félicité Garcia, la future Mme Malibran. — Elle suit son père en Italie, où elle devient l'élève de Panseron et d'Herold. — Son intelligence précoce. — Revient en France avec son père, qui commence son éducation vocale. — Voyage à Londres. — Débuts et premiers succès. — Départ pour l'Amérique, où Garcia emmène toute sa famille pour fonder un Opéra italien à New-York. — Nouveaux succès de la jeune Marie. — Elle quitte pourtant le théâtre pour épouser le banquier français Eugène Malibran. — Ce qu'était Malibran. — Séparation mystérieuse des deux époux et retour en France de la jeune Mme Malibran.

A la fin du dix-huitième siècle et au commencement de celui-ci, l'Espagne applaudissait un jeune artiste très intéressant, très original, qui donnait déjà les preuves d'une personnalité vigoureuse, mais dont le talent pourtant n'avait pas encore atteint tout son développement, et qui était appelé à devenir l'un des premiers, sinon le premier chanteur de son temps. Cet artiste, dont les origines sont inconnues, avait nom Manuel Garcia. On peut presque dire que c'est lui qui révéla à l'Europe étonnée le véritable caractère du don Juan de

Mozart, et c'est pour lui que Rossini écrivait à Rome le rôle d'Almaviva de son *Barbier de Séville*.

Né précisément à Séville, le 22 janvier 1775, admis dès l'âge de six ans comme enfant de chœur à la cathédrale, où il reçut son éducation musicale, on assure qu'à dix-sept ans le jeune Garcia était déjà avantageusement connu comme chanteur, comme compositeur et comme chef d'orchestre. Engagé bientôt au théâtre de Cadix, puis à Madrid, où il revint ensuite après une courte excursion à Malaga, il se fit applaudir d'abord pour sa belle voix, puis pour le talent dont il fit preuve en écrivant la musique de quelques *tonadillas*, sortes de vaudevilles qu'il jouait lui-même avec verve et facilité. Il se mit ensuite à composer plusieurs opéras en un ou deux actes sur des livrets imités presque tous du français et qui obtinrent du succès non seulement à Madrid, mais sur la plupart des théâtres d'Espagne. Pourtant Garcia, doué, comme chanteur, d'un instrument superbe et d'une intelligence dramatique de premier ordre, sentait que son pays était impuissant à lui donner la renommée qu'il ambitionnait et dont il était digne. Il lui fallait un théâtre plus vaste et il songea à se rendre à Paris, où il arriva aux derniers jours de 1806 ou au commencement de 1807, avec sa jeune femme et son fils Manuel, alors âgé de deux ans environ (1). Il réussit, au bout d'un certain temps, à se faire engager au Théâtre-Italien, qu'on appelait alors l'*Opera Buffa*, et débuta avec succès à ce théâtre, le 11 février 1808, dans la *Griselda* de Paër. « Il n'y avait pas un mois qu'il était au Théâtre-Italien, dit Fétis, et déjà il était devenu le chef de la troupe chantante, composée d'artistes distingués qui possédaient un talent pur, mais un peu froid ; Garcia les échauffait de sa verve indomptable. Garat, bon juge des qualités et des défauts des chanteurs, disait alors de lui : *J'aime la fureur andalouse de cet homme; elle anime tout* (2). »

On sait combien fut brillante la carrière de Garcia en France (où il resta quatre ans d'abord, pour y revenir plus tard), en Angleterre, en Italie, en

(1) Mme Garcia était elle-même une comédienne de premier ordre, et à ce titre avait conquis dans son pays une renommée exceptionnelle. Elle était née Joaquina Sitchez, mais était connue au théâtre sous le nom de *Briones*.

(2) Ce passage de la notice assez longue que Fétis a consacrée à Garcia dans la *Biographie universelle des musiciens* est presque le seul qui lui appartienne en propre. Pour le reste, cette notice est transcrite presque littéralement d'un article publié dans *el Eco de Euterpe*, de Barcelone, en juin 1860. On peut s'en convaincre en consultant l'ouvrage mal digéré, mais fort utile, de Baltasar Saldoni : *Diccionario biografico-bibliografico de efemerides de musicos espanoles* (Madrid, 1868-1881, 4 vol. in-8°). Fétis, seulement, donne à croire que Garcia fut engagé au Théâtre-Italien dès son arrivée à Paris, tandis que l'article en question dit expressément qu' « il partit pour Paris à la fin de 1806 ou au commencement de 1807 » (*a fines de 1806 o principios de 1807*). Or, on l'a vu, son début ne s'effectua que le 11 février 1808, c'est-à-dire une année au moins après son arrivée.

Amérique, et à quel point fut grande et légitime la renommée qu'il était allé chercher hors de son pays. On sait aussi qu'il voulut joindre les succès du compositeur à ceux du chanteur, et que s'il fut moins heureux sous ce rapport, il fit pourtant représenter, sans trop de désavantage, un certain nombre d'opéras italiens et français ; entre autres, il donna à notre Opéra *la Mort du Tasse* (1821) et *Florestan* (1822), au Théâtre-Italien *il Califfo di Bagdad* (1817), à l'Opéra-Comique *le Prince d'occasion* (1817) et *les Deux contrats* (1824), enfin, au Gymnase, un petit acte intitulé *la Meunière* (1823). Mais mon intention n'est pas de donner ici une biographie de Garcia. J'ai voulu seulement retracer, d'une façon rapide, les commencements de la carrière de cet artiste admirable qui fut le père de cette autre artiste admirable, Marie Malibran, dont le nom doit être inscrit dans l'histoire de l'art en lettres de feu. Il était utile de rappeler, avant tout, les attaches de cette dernière, de faire connaître celui qui fut non seulement son père, mais son maître, à qui elle dut certainement, avec son éducation musicale, quelque chose de son tempérament artistique, et dont elle différait pourtant, moralement, de tant de façons et sous tant de rapports.

C'est à Paris que naquit Marie-Félicité Garcia — et elle s'en montra toujours fière et heureuse,

comme on le verra plus tard, car elle adorait la
France et se considérait comme Française. Elle vit
le jour en cette ville, rue de Condé n° 3, le
24 mars 1808, six semaines après le début de son
père au Théâtre-Italien. Celui-ci étant parti pour
l'Italie au commencement de 1811, elle avait donc
trois ans lorsqu'elle quitta la France avec lui.
Garcia se rendit d'abord à Turin, puis à Naples,
où il resta de 1812 à 1815. C'est à Naples, en 1813,
que l'enfant monta sur les planches et se montra
pour la première fois au public en jouant, au petit
théâtre des Fiorentini, le rôle de l'enfant dans
l'*Agnese* de Paër. Ceci toutefois ne fut qu'acci-
dentel. Mais c'est bientôt après qu'elle commença
ses études musicales sérieuses, et, chose assez singulière, avec deux Français. Herold avait obtenu
le grand prix de Rome en 1812, Panseron s'était
vu décerner la même récompense en 1813, et tous
deux se trouvaient ensemble à Naples en 1814. Des
relations s'établirent tout naturellement entre eux
et Garcia, l'un et l'autre s'intéressèrent à la fillette,
qui déjà montrait de merveilleuses dispositions, et
tandis que Panseron s'attachait à lui enseigner le
solfège, Herold lui donnait des leçons de piano.
Elle aurait pu tomber plus mal sans doute en fait
de professeurs, et l'on peut croire qu'avec son intelligence précoce et ses aptitudes, cette première ini-
tiation à l'art dut porter des fruits rapides. Toute-

fois elle dut s'éloigner de Naples avec son père, qui revint faire une saison au Théâtre-Italien de Paris en 1816. A peine âgée de huit ans alors, on assure qu'elle parlait déjà avec facilité le français, l'espagnol et l'italien. Garcia s'étant rendu l'année suivante à Londres, où il resta deux ans et demi, elle eut l'occasion d'apprendre l'anglais, qu'elle s'assimila avec une égale aisance. Ce séjour en Angleterre lui fut profitable aussi pour l'étude du piano, qu'elle continua en ce pays avec ardeur.

Enfin, Garcia étant revenu à Paris, où il reparut le 26 octobre 1819 sur la scène du Théâtre-Italien, pour ne le quitter cette fois qu'en 1824, une nouvelle existence allait commencer pour sa fille, dont il entreprit bientôt l'éducation vocale. On a fait à ce grand artiste une réputation d'homme grossier, brutal en ses manières et d'une effroyable irritabilité de caractère. Je ne saurais dire ce qu'il en est. Mais ce qui est certain, parce qu'ici tous les témoignages — et ils sont nombreux! — concordent de la façon la plus absolue, c'est qu'il éleva sa fille avec une dureté excessive, qu'il fut un père toujours sévère, un maître souvent cruel, à la fois exigeant et impatient, ne se bornant pas à des remontrances lorsque l'enfant ne venait pas immédiatement à bout des difficultés qu'il lui imposait, et la frappant sans pitié pour corriger une faute involontaire ou obtenir ce qu'il voulait. On raconte

qu'un jour Paër, passant avec un ami sous les
fenêtres de la maison habitée par Garcia au moment où des cris presque déchirants s'y faisaient
entendre, et l'ami se demandant ce que ce pouvait
être, le compositeur lui dit en souriant : « Ne vous
effrayez pas : c'est Garcia qui bat sa fille pour lui
apprendre à mieux battre le trille. »

La comtesse Merlin, la grande amie de la Malibran, a rapporté à ce sujet quelques anecdotes
dans le livre assez curieux consacré par elle à la
mémoire de l'illustre artiste (1). « J'étudiais un
soir, dit-elle, un duo avec Maria. Garcia écrit un
passage et lui dit de l'exécuter. Maria essaie, ne
réussit pas, se décourage et dit à son père : « Je
ne puis pas. » Le sang arabe de l'Andalou s'al-
lume, et fixant sur sa fille des yeux étincelants :
« Qu'as-tu dit? » Maria le regarda, frémit, et joi-
gnant ses deux mains, dit d'une voix précipitée :
« Je vais le faire, papa. » Et aussitôt elle exécuta

(1) *Les Loisirs d'une femme du monde,* par la comtesse Merlin.
(Paris, Ladvocat, 1838. 2 vol. in-8º.) La comtesse Merlin était une
femme extrêmement distinguée, dont le salon était fort recherché, à
une époque où il y avait des salons à Paris. Espagnole d'origine, elle
était née à la Havane, s'appelait Mercédès Jaruco et était nièce du
général O'Farril, qui fut ministre de la guerre en Espagne sous le
roi Joseph Bonaparte. Devenue Française par son mariage, elle se fit
promptement une place importante dans le grand monde parisien.
Elle avait pris des leçons de Garcia, ce qui explique l'affection qu'elle
portait à sa fille, et chantait non en amateur, mais en véritable grande
artiste. Elle écrivait, de plus, avec grâce et facilité, et Sainte-Beuve
consacra, en 1836, un article fort élogieux à ses *Souvenirs d'une
créole,* qui venaient de paraître.

parfaitement le trait. Elle me dit ensuite qu'elle ne pouvait pas concevoir comment le trait avait été fait. « Le regard de papa, ajouta-t-elle, a une telle influence sur moi qu'il me ferait sauter d'un cinquième étage dans la rue sans me faire de mal. »

Et comme on a toujours une raison pour excuser une faute ou un défaut, un jour que la comtesse reprochait à Garcia sa dureté envers sa fille :

— Oui, dit-il, on me blâme, je le sais; mais il le faut. Maria ne peut devenir une grande artiste qu'à ce prix. Son caractère indomptable a besoin d'un poignet de fer pour le conduire...

Il est certain que la pauvrette eut une enfance très malheureuse, et que la conduite de son père à son égard ne fut pas sans influer par la suite sur son caractère. On lui attribua surtout ces accents de mélancolie subite qui venaient la saisir tout à coup, souvent sans raison apparente. Mais c'est encore la comtesse Merlin qui nous fait connaître un des résultats singuliers de cette singulière éducation :

Un soir, j'occupais une loge au-dessus de la scène. Je plongeais sur elle. En contemplant ses beaux yeux transparents de passion et de tristesse et ses longues larmes qui se répandaient doucement à travers ses joues pâles, je pleurais avec elle, ma poitrine se gonflait et les fibres de mon cœur vibraient à chaque accent de sa voix... En sortant du spectacle et encore sous le charme de son divin génie, je lui dis : « Maria, comment peux-tu si bien chanter en pleurant? Comment l'émotion vraie de ta voix ne nuit-elle pas à ton intonation, à la pureté du son! — Je n'ai pourtant pas fait d'étude particulière pour cela, me répondit-elle avec simplicité, mais lorsque j'étais enfant, je pleurais souvent en prenant ma leçon, et comme j'avais une peur excessive que papa ne s'en aperçût, je me plaçais derrière lui et je pris l'habitude insensiblement de maîtriser le son de ma voix tandis que mes larmes coulaient. » Ainsi, la sévérité inexorable de son père avait contribué à grandir le talent de Maria...

Cette éducation brutale aurait pu produire des résultats tout contraires à ceux qu'en attendait Garcia. Toutefois, grâce à la haute valeur de son enseignement, grâce aussi aux aptitudes spéciales de la jeune fille, à son tempérament artistique, à son courage, à son énergie, elle devint, à peine au sortir de ses années d'enfance, l'admirable virtuose que l'on sait, absolument maîtresse de son instrument, le forçant à l'obéissance, en obtenant ce qu'elle voulait, et sachant, même lorsqu'il était en dispositions fâcheuses, même au prix de souffrances parfois cruelles, le faire plier à sa volonté. Et cependant, si sa voix était sonore, éclatante et superbe, elle n'était pas naturellement flexible, et il avait fallu l'assouplir; si l'étendue en était prodigieuse, cette étendue n'avait été obtenue que par un travail opiniâtre et sévère; si le métal en était pur, il avait fallu la forcer à la justesse par

une application habile et constante. En un mot,
cette voix merveilleuse n'était pas facile par elle-
même, et l'artiste ne l'avait réduite à une complète
soumission qu'à force de peines, de soins, de patience, et par le fait d'une inébranlable volonté,
jointe à une intelligence supérieure et à un sentiment musical absolument exceptionnel.

Quoi qu'il en soit, Garcia ayant, en 1824, quitté
le Théâtre-Italien de Paris pour retourner à
Londres, le moment approchait où, subitement, sa
fille allait entamer cette carrière étonnante, qui
ne fut pendant environ dix années qu'une suite
ininterrompue de triomphes comme on n'en avait
peut-être jamais vus jusqu'alors. Garcia était engagé comme principal ténor au King's Theatre,
auquel on venait de faire subir d'importantes ré-
parations. Ce théâtre possédait alors tout un
groupe de cantatrices renommées dont la réunion
devait assurer son succès. C'était Mme Pasta,
Mme Ronzi de Begnis, Mme Caradori-Allan,
Mme Vestris. A un certain moment pourtant, et
par suite d'une série de circonstances diverses, il
se trouva tellement dépourvu que le répertoire
menaçait d'être arrêté s'il ne découvrait une artiste
prête à se présenter immédiatement au public.
Cette artiste, par qui la situation allait être sauvée,
ce fut la jeune fille de Garcia, qui ne s'était fait
entendre encore que d'une façon secondaire et dans

quelques morceaux d'intermède, mais non toutefois
sans se faire remarquer, s'il faut s'en rapporter à
une anecdote amusante et caractéristique ainsi ra-
contée par la comtesse Merlin : « Son apparition
sur le King's Theatre fut marquée par une anecdote plaisante, mais qui fait preuve encore de cette
noble ambition qui fermentait déjà dans son âme,
ainsi que de ce courage dédaigneux des obstacles
qui se déclara à la première occasion. Elle devait
chanter avec Velluti un duo du *Roméo et Juliette*
de Zingarelli. Le matin, ils le répétèrent ensemble.
A cette répétition, comme aux précédentes, le
musico (1), en routier expérimenté, chanta la note
simple et réserva ses fioritures pour le soir, dans
la crainte que Maria ne s'avisât de les imiter.
Arrivés sur la scène, Velluti chanta son solo le
premier et le surchargea d'ornements; puis, à la
fin, un trait neuf et brillant vint enlever les applaudissements des spectateurs. Déjà un regard de
triomphe et de pitié de la part du *musico* se répandait sur Maria, lorsque celle-ci, comme un
jeune coq de race, s'élance sur l'arène, s'emparant
des traits mêmes de Velluti, leur donne une nouvelle forme et couronne son triomphe par une superbe et hardie improvisation. Aussitôt, et au milieu du trouble que les applaudissements avaient

____

(1) On sait que c'est le **mot** par lequel on qualifiait, en Italie, les
chanteurs... sopranistes.

répandu sur tous ses sens, elle sentit... quoi?... Une pince de fer qui lui torturait le bras au-dessus du coude... Immédiatement le mot *briccona* (1), prononcé par son compagnon à voix basse et avec l'accent de la colère, vint l'avertir d'où partait le coup et lui apprendre de bonne heure qu'il n'y a pas de gloire sans amertume. Je ne sais pas de chanteur, quelles que soient sa réputation et son habitude de l'art, capable de hasarder un tour de force pareil à celui dont la jeune fille donna l'exemple dans cette occasion. Maria n'avait pas seize ans alors et montait pour la première fois sur la scène. »

Mais, on le voit, ce n'était là qu'un début accessoire, et la jeune artiste allait bientôt prendre possession de la scène d'une façon plus effective et plus sérieuse. Fétis, en signalant son véritable début, s'exprime ainsi : — « Une indisposition de Mme Pasta hâta son apparition sur la scène. En deux jours elle apprit tous les récitatifs du *Barbier de Séville*, dont elle savait les morceaux, et le 7 juin 1825, elle joua le rôle de Rosine sur le théâtre du roi. » Si le fait énoncé par Fétis est exact, il n'en est pas de même de la cause indiquée par lui. Le directeur du King's Theatre était à cette époque le libraire Ebers, qui occupa cette situation de 1821 à 1828, et qui publia précisément,

(1) Coquine.

en cette année 1828, un historique de sa direction sous ce titre : *Seven years of the King's Theatre* (Sept années du Théâtre du roi). Or, voici comment, dans cet ouvrage, Ebers (qui n'aimait pas d'ailleurs le talent de Garcia, comme on le verra), raconte le début de sa fille : — « La grande favorite Mme Pasta ne vint que pour un nombre limité de représentations. Vers cette époque la Ronzi tomba malade et perdit totalement sa voix, de sorte qu'elle fut obligée de rompre son engagement et de retourner en Italie. Mme Vestris s'étant retirée et Mme Caradori se trouvant dans l'impossibilité de jouer pendant quelque temps, il devint de toute nécessité d'engager une jeune chanteuse, la fille du ténor Garcia, qui avait chanté à Londres pendant quelques saisons. C'était encore une simple jeune fille, qui n'avait jamais paru sur un théâtre public ; mais dès le premier moment de son apparition elle montra de réels talents tant comme chanteuse que comme actrice. Son extrême jeunesse, sa gentillesse, sa voix agréable, son jeu facile et enjoué dans Rosine du *Barbier de Séville*, où elle fit son début, lui gagnèrent la faveur générale. Mais on la vanta trop, on la poussa peu judicieusement comme *prima donna*, alors qu'elle n'était qu'une *débutante* (1) pleine de promesses,

---

(1) Ces mots en italiques sont en français dans le texte d'Ebers.

qui, avec le temps, à l'aide de l'étude et de la pratique et sous l'enseignement de son père, bon musicien, mais (pour mes oreilles, du moins) chanteur fort désagréable, s'élèverait, selon toute probabilité, au plus haut rang dans sa profession. L'année suivante elle alla avec toute sa famille — dont tous, jeunes et vieux, sont chanteurs, *tant bons que mauvais* (1) — pour établir un opéra italien en Amérique, où, dit-on, elle se maria, de sorte qu'elle ne reviendra probablement jamais en ce pays d'Angleterre, quand même elle reviendrait en Europe. »

On voit dans quelles circonstances se fit le début de la jeune Marie Garcia. Tout en lui adressant des éloges, Ebers ne se sent pas pris pour elle d'enthousiasme. Il est certain pourtant que, dès le premier jour, le public anglais fut sous le charme de la jeune artiste, ainsi que le constatait un autre écrivain : — « Nul véritable connaisseur, disait celui-ci, ne peut oublier l'effet délicieux de sa première audition publique à l'Opéra, où sa charmante figure, ses traits expressifs et une voix très mélodieuse donnaient à la musique un charme qu'elle ne semblait jamais avoir produit auparavant. » Ce qui est certain, c'est qu'aussitôt après ce début, Ebers l'engagea pour le reste de la saison, qui

(1) Ces mots en français dans le texte d'Ebers.

comportait encore six semaines environ, au prix
de 500 livres sterling, soit 6,250 francs. Le
23 juillet, Mlle Garcia se montrait dans un second
ouvrage, *il Crociato*, de Meyerbeer, où elle jouait
le rôle de Felicia. Elle n'y obtenait pas moins de
succès que dans *le Barbier*, et se faisait surtout applaudir dans le joli trio : *Giovinetto cavaliere*,
qu'elle chantait avec un esprit plein de grâce. Et
ce succès était tel qu'à la fin de la saison théâtrale
elle était appelée dans diverses villes de province
pour chanter, avec son père, dans plusieurs de ces
grands festivals dont le public anglais est si
friand et qui réunissent les artistes les plus renommés. C'est dans ces conditions qu'elle se fit entendre à Manchester, à York et à Liverpool.

Cependant, Garcia nourrissait depuis quelque
temps un projet qu'il ne devait pas tarder à mettre
à exécution, et dont la réalisation devait exercer
une influence considérable sur les destinées de sa
fille. Ce projet n'était autre chose qu'une tentative d'acclimatation de l'opéra italien aux Etats-
Unis, où ce spectacle était inconnu jusqu'alors. Il
avait pris des arrangements avec le Park-Theatre
de New-York (1), qui lui était réservé pour deux
représentations à donner par semaine, et c'est là

(1) Ce théâtre était situé sur l'emplacement où se trouve aujour-
d'hui l'office du plus colossal journal de l'Amérique et du monde entier, le *New-York Herald*.

qu'il comptait aller faire cet essai audacieux. Avec sa femme, sa fille Marie, son fils Manuel et lui-même, Garcia trouvait déjà le noyau d'une troupe excellente; il compléta cette troupe par l'adjonction de quelques artistes tels qu'Angrisani, Crivelli fils, Rosich, Mme Barbieri, et son personnel ainsi réuni, il fut prêt à partir aux premiers jours de l'automne de 1825. Il alla s'embarquer à Liverpool avec son monde, et arriva vraisemblablement à New-York au commencement de novembre.

C'est le 29 de ce mois de novembre que la troupe de Garcia faisait son apparition sur la scène du Park-Theatre, en donnant la première représentation du *Barbier de Séville* avec la distribution que voici (1) :

Rosina	Marie Garcia.
Berta	Mme Garcia.
Almaviva	Garcia père.
Don Basilio	Angrisani.
Bartolo	Rosich.
Figaro	Manuel Garcia (fils).
Fiorillo	Crivelli.

(1) Carlo Angrisani, artiste doué d'une belle voix de basse et excellent musicien, était déjà vieux à cette époque, si, comme le disent ses biographes, il était né à Reggio vers 1760. Il avait tenu avec succès l'emploi de *basso cantante* dans les grandes villes d'Italie et à Vienne, et en 1817 appartenait au King's Theatre, de Londres, où il avait connu Garcia. Il s'était essayé dans la composition et avait publié deux recueils de nocturnes à trois voix. Domenico Crivelli, fils du célèbre ténor Gaetano Crivelli, était né à Brescia le 7 juin 1793 (il est mort le 11 février 1857). Chanteur et compositeur aussi, il avait été élève de Millico, de Fenaroli et de Zingarelli. Il fut plus

Ici, il nous est impossible de remonter aux sources pour obtenir des renseignemenst précis et circonstanciés. Mais tous les chroniqueurs, tous les biographes, se faisant l'écho des journaux américains de l'époque, sont unanimes pour constater que le succès, un succès éclatant, accueillit à New-York les artistes européens, et que la plus grande part de ce succès était surtout pour la jeune Marie Garcia, qui, à peine âgée de dix-sept ans, supportait tout le poids du répertoire et donnait déjà les premières preuves du talent qui devait bientôt la rendre si célèbre. Ce répertoire comprenait *Otello*, *la Donna del Lago*, *Cenerentola*, *Semiramide*, *Don Giovanni*, *Tancredi*, *il Turco in Italia*, *Romeo e Giulietta*, sans compter deux ouvrages que Garcia écrivit expressément pour sa fille : *l'Amante astuto* et *la Figlia dell'aria*.

J'ai déjà dit qu'avec une physionomie légendaire comme celle de la Malibran il fallait se tenir en garde contre certaines anecdotes, certains récits destinés à augmenter encore ce caractère légendaire, à donner à cette physionomie quelque chose d'extraordinaire, d'extra-humain, si l'on peut dire, et qui touche au merveilleux. Justement, à propos de ce séjour en Amérique, une anecdote assez

tard professeur de chant au Conservatoire de Naples. Il a publié une bonne méthode de chant, diverses compositions profanes et religieuses, et a écrit un opéra resté inédit. Les renseignements manquent sur Mme Barbieri et sur Rosich, qui jouait les basses bouffes.

curieuse a couru de tous côtés et s'est assez répandue pour que Legouvé lui-même ait cru devoir s'en emparer et la reproduire dans l'intéressante notice qu'il a consacrée à l'illustre artiste (1). Je la rapporte moi-même d'après le récit de Legouvé :

C'était à New-York. Garcia entre dans la chambre de sa fille et lui dit de cette voix devant qui tout tremblait :

— Vous débuterez samedi, avec moi, dans *Otello*.

— Samedi! mais c'est dans six jours.

— Je le sais bien.

— Six jours pour répéter un rôle comme celui de Desdemona, pour m'habituer à la scène!

— Pas d'objections! vous débuterez samedi et vous serez excellente, ou sinon, à la dernière scène..., quand je suis censé vous frapper d'un coup de poignard, je vous frapperai réellement!

Comment résister à un pareil argument? Elle répéta, elle joua, elle eut un succès immense et trouva à la fin un effet tout à fait inattendu, surtout pour son père. Ceux qui ont vu la Malibran dans Desdemona se rappellent quel caractère nouveau elle avait imprimé au personnage. Mme Pasta y était sublime, mais elle jouait le rôle en femme de vingt ans. La Malibran lui en donna seize. C'était presque une jeune fille. De là un charme délicieux d'innocence, de faiblesse touchante, de naïveté enfantine, mêlé d'explosions d'indignation ou de terreur qui faisaient courir le frisson dans toute la salle. A la dernière scène, quand Otello marche sur Desdemona, le poignard levé, la Pasta allait au-devant du coup, forte de sa vertu et de

---

(1) *Maria Malibran,* par Ernest LEGOUVÉ. — Paris, Hetzel, s. d., in-12 de 48 pages.

son courage; la Malibran se sauvait éperdue, elle courait
aux fenêtres, aux portes, elle remplissait cette chambre
de ses bonds de jeune faon épouvanté! Or, le jour de son
début, quand son père la saisit au milieu de sa fuite et
tira son arme, elle entra si profondément dans son double
personnage d'artiste et de fille, l'expression effrayante
des yeux louches de son terrible père lui sembla tellement
son arrêt de mort, qu'arrêtant la main qui s'abaissait sur
elle, elle la mordit jusqu'au sang. Garcia poussa un cri
sourd de douleur qui passa pour un cri de fureur, et
l'acte s'acheva au milieu d'un délire d'applaudissements.

Plusieurs raisons me portent à mettre en doute
la véracité de cette anecdote. D'abord, je ferai
observer que la troupe de Garcia ne débuta pas à
New-York par *Otello*, comme l'a cru Legouvé,
mais, on l'a vu, par *le Barbier;* en second lieu, un
membre de la famille de Bériot (1) m'a affirmé
de la façon la plus positive que le fait consigné
dans ce récit et bien souvent reproduit était in-
venté de tout point; enfin, en ce qui concerne ce
fait de l'incident de la représentation d'*Otello*, je
remarque que la comtesse Merlin en donne une
version toute différente, et qui sans doute est aussi
fantaisiste que la première. La jeune Marie Garcia
n'était pas plus heureuse avec son père en Amérique qu'elle ne l'avait été en Europe (ce fut même
là, comme nous allons le voir, l'une des causes

(1) Le célèbre violoniste Charles de Bériot, dont il sera question
plus loin, fut, on le sait, le second époux de Mme Malibran.

déterminantes de son mariage). Partant de là, la comtesse raconte l'incident à sa manière, dans les termes que voici : — « ... L'intérieur de la famille devint orageux. Mme Garcia, douce personne, comme un ange de paix tâchait de calmer la violence de caractère de son mari ; mais la tempête devenait de jour en jour plus forte. Un soir, on jouait *Otello*. La matinée avait été marquée par des scènes violentes. Maria chantait le rôle de Desdemona, et son père celui du Maure. Au moment où celui-ci, les muscles contractés, les yeux étincelants, s'approche de sa maîtresse pour la tuer, Maria s'aperçoit que le poignard qui brillait dans la main de son père est un véritable poignard. Elle le reconnaît, la lame est bonne... son père l'avait acheté d'un Turc et examiné devant elle peu de jours auparavant. Marie croit déjà sentir le froid du fer dans sa poitrine... Epouvantée, hors d'elle-même : « Papa ! papa ! s'écrie-t-elle (en espagnol), *por Dios, no me mate* (2) ! » Il n'en était rien, comme on peut le croire : le poignard du théâtre étant brisé, Garcia y avait simplement substitué le sien. »

L'incident prend ici, on le voit, un caractère presque dramatique. Mais je crois, je le répète, qu'il n'y a pas lieu d'attacher plus d'importance

(1) « Papa ! papa ! pour Dieu, ne me tuez pas. »

et plus de créance à ce récit qu'au précédent.

Les représentations de la troupe de Garcia se continuèrent à New-York, à raison de deux par semaine, pendant près de neuf mois, c'est-à-dire jusqu'au mois d'août 1826, sans que leur succès se ralentît un instant. Malgré ce succès, Garcia se vit pourtant obligé d'abandonner l'Amérique du Nord, « la rigueur du climat, dit un biographe, portant atteinte à l'organe des chanteurs ». Quoique cette raison paraisse singulière, il est certain qu'il quitta New-York pour s'en aller avec sa troupe à Mexico, d'où, après un séjour d'une année et demie environ, il devait revenir en Europe, non sans avoir été victime d'un événement dramatique que son biographe espagnol raconte ainsi : — « Après dix-huit mois de séjour dans la capitale du Mexique, il sentit le besoin du repos et voulut revenir en Europe ; il rassembla ce qu'il avait de plus précieux, et se mit en route pour la Vera-Cruz, où il devait s'embarquer ; mais son convoi fut arrêté en chemin et pillé par une bande de brigands qui lui enlevèrent tout ce qu'il possédait, entre autres choses de prix une cassette qui contenait mille onces d'or. »

Mais en se rendant à Mexico, Garcia avait laissé à New-York sa fille, qu'un mariage avait soustraite à ses brutalités et qui déjà ne faisait plus partie de sa troupe. Les détails relatifs à ce mariage sont toujours restés un peu obscurs, en raison du pays où il fut contracté, et il est assez difficile de les faire connaître d'une façon précise. Ce qu'on sait, c'est qu'un banquier français, François-Eugène Malibran, établi à New-York, s'était épris de Mlle Garcia, et que, malgré l'énorme différence d'âge qui les séparait, puisqu'il avait quarante-cinq ans et qu'elle n'en comptait que dix-sept, elle ne repoussa pas ses hommages (1). Il y avait à cela, dit-on, deux raisons. La première, c'est que, malgré les succès qu'elle avait obtenus en Amérique, elle éprouvait à cette époque, paraît-il, une étrange répugnance pour le théâtre, qu'elle devait aimer plus tard à la folie, et que le premier effet de l'union qui se présentait à elle était de lui faire abandonner une carrière qui, pour le moment, lui paraissait odieuse. La seconde raison, et peut-être la plus forte, était l'ardent désir

(1) Il était né à Paris le 14 novembre 1781. La famille Malibran était originaire des Pyrénées françaises, où elle était établie dès le dix-huitième siècle. Le père d'Eugène Malibran, Pierre-Louis Malibran, était allé s'installer comme négociant à Cadix, où il avait épousé, en 1761, Maria des Anges de Santivánez, et d'où il vint se fixer à Paris vers 1781. Il eut sept enfants, trois fils et quatre filles, dont les six premiers naquirent à Cadix, et dont le dernier, seul, Eugène, vit le jour à Paris. Des deux fils aînés, l'un, Jean, vint à Paris en 1792, prit du service, devint lieutenant dans la 7e demi-brigade, puis fut capitaine d'état-major à l'armée d'Italie et en 1801 fut fait prisonnier par les Anglais à la Dominique. Il mourut, sans postérité, à la Trinité de Cuba. L'autre, Pierre, fut planteur à la même Trinité, où il mourut en 1840, laissant à ses deux fils et à ses quatre filles une fortune considérable. — Je tiens ces renseignements très précis d'un descendant de la famille.

qu'elle avait d'échapper enfin, par le mariage, à l'autorité violente de son père, qui ne cessait de s'appesantir sur elle de la façon la plus cruelle et la plus douloureuse. La situation de Malibran semblait très brillante aux yeux de tous, et c'était en apparence un parti plus que sortable. Garcia, fort mal disposé d'abord à ce sujet, finit pourtant par consentir, en accordant même à sa fille une dot de cinquante mille francs. Bref, après quelques combats intérieurs dans la famille, le mariage fut décidé, et il se conclut, devant le consul de France à New-York, le 23 mars 1826, c'est-à-dire la veille même du jour où Mlle Garcia accomplissait sa dix-huitième année.

Mais en changeant sa vie, en quittant son père pour prendre un époux, la pauvre enfant n'avait fait que transformer son malheur, ce qu'elle ne devait pas tarder à comprendre. En réalité, et quelque séduisante qu'elle fût, on assure qu'en la recherchant Malibran avait tout simplement voulu faire une affaire et visé surtout les cinquante mille francs de sa dot. S'il faut s'en rapporter à tout ce qui a été dit à ce sujet, la situation de ce prétendu banquier, que chacun croyait fort belle et très solide, était au contraire dans l'état le plus déplorable ; les cinquante mille francs en question lui avaient servi à donner pour un instant le change à ses créanciers, mais quelques mois s'étaient à peine écoulés que non seulement son prestige s'était évanoui, mais qu'il était déclaré en faillite. Certains prétendent même qu'il fut mis en prison de ce chef. Je ne me charge pas d'éclairer cette question fort obscure, et je me borne à exposer les faits tels qu'ils ont été rapportés.

Mais qu'on s'imagine, en de telles circonstances, la situation morale et matérielle de l'infortunée jeune femme ! Liée à un époux qu'en raison de son âge elle ne pouvait aimer et que la conduite de celui-ci lui interdisait d'estimer, éloignée de sa famille, qui, nous l'avons vu, avait gagné le Mexique, plus éloignée encore de l'Europe, où tout semblait pourtant la rappeler, elle restait sans lien moral, sans appui, presque sans ressources, et ne sachant que devenir. C'est alors que, pour la première fois sans doute, la décision de caractère et l'énergie dont elle devait donner tant de preuves par la suite, eurent occasion de se manifester. Elle résolut en effet de quitter l'Amérique et de revenir en France, pays qu'elle aimait par-dessus tout, et une fois cette résolution prise, elle ne tarda pas à l'exécuter. Dans quelles conditions se sépara-t-elle de son mari ? C'est ce qu'il serait difficile de dire. Ce qui est certain, c'est qu'elle s'embarqua, seule, à New-York, dans les derniers jours d'octobre 1827, et qu'elle était à Paris au commencement de décembre.

CHAPITRE II

Arrivée à Paris. — Mme Malibran trouve asile chez les sœurs de son mari. — Ses relations avec la comtesse Merlin. — Elle débute avec éclat au Théâtre-Italien. — Son triomphe dans une représentation extraordinaire à l'Opéra. — Mme Malibran et la critique. — Souplesse et variété de son talent. — Ses progrès incessants.

La conduite de Mme Malibran avait été tellement irréprochable, tellement à l'abri de toute critique, de toute tentative possible de malveillance, qu'à son arrivée à Paris, c'est dans la famille même de son mari qu'elle trouva tout d'abord l'hospitalité. Elle alla en effet demander asile à ses deux belles-sœurs, dont l'une, Mme Chastelain, était veuve avec deux fils et deux filles, dont l'autre n'était point mariée, et c'est là qu'elle passa plusieurs mois avant de prendre sa complète indépendance.

Les seuls rares détails que l'on puisse découvrir sur les premiers temps de son séjour à Paris au retour d'Amérique se trouvent dans le livre intéressant de la comtesse Merlin, source unique de renseignements un peu étendus sur l'illustre artiste, au point de vue intime et familier ; encore faut-il dire que ce livre est inexact en bien des points, l'auteur n'ayant pas assez contrôlé même ses propres souvenirs. Voici ce que nous raconte la comtesse au sujet de l'arrivée de sa jeune amie :

Maria n'avait pas encore vingt ans lorsqu'elle arriva à Paris, au mois de décembre 1827. Elle alla habiter chez la sœur de M. Malibran. Bien que née à Paris, la solitude à laquelle l'avaient soumise ses études et son extrême jeunesse ne lui avaient pas permis d'y former des relations d'amitié. Elle s'y trouva donc, en revenant au bout de quelques années, complètement isolée : le souvenir de l'intérêt que je lui avais témoigné dans son enfance la conduisit chez moi. La pauvre créature, lancée d'au delà des mers, se trouvait sans guide, sans protection, sans argent, dans un dénûment presque complet, et m'apparut avec ses beaux cheveux noirs et soyeux, tombant en longues boucles sur ses épaules, une étroite et courte robe de mousseline, ses beaux yeux, ses lèvres qui respiraient la force et la jeunesse, ses vingt ans et son immense talent. Tout cela me frappa de vertige !... La pitié, l'intérêt, l'admiration se partagèrent tour à tour mon cœur. Je la mis au piano, je la trouvai adorable.

... Peu de jours après, je réunis chez moi, un matin, une sorte de jury musical, composé en partie d'incrédules. Ils furent, comme je m'y attendais, étonnés et charmés à la fois de la voir et de l'entendre. Maria était belle de son talent sur la scène, mais son véritable triomphe était dans les improvisations intimes. C'était là où, livrée à ses propres inspirations, elle devenait le génie même de la musique. Quelle richesse d'idées neuves, quel goût exquis lorsqu'elle donnait une nouvelle vie à un air, en le parant tantôt de mille nuances suaves, tantôt des vives et brillantes couleurs de l'arc-en-ciel !... Au bout de quelque temps, elle finissait par électriser de telle façon ceux qui l'écoutaient qu'on ne se sentait plus posé sur la terre : on croyait marcher sur les nuages. C'est que la tête était au ciel !...

Mme Malibran se fit entendre ainsi à diverses reprises dans le salon très fréquenté de la comtesse Merlin, et aussi dans celui de la comtesse Meroni. Ces succès intimes préludaient à ceux qu'elle ne devait pas tarder à remporter devant le grand public. Ils eurent tant de retentissement que l'Opéra s'en était ému, que déjà il songeait à s'attirer la jeune cantatrice et qu'il lui avait fait des propositions. Le départ subit de Mlle Cinti (Mme Damoreau), qui venait de quitter brusquement ce théâtre, l'avait mis dans un grand embarras, et Fétis, en le constatant, s'exprimait ainsi dans la *Revue musicale :*

Les cantatrices de l'ordre de Mlle Cinti sont fort rares. Il s'en présente une : c'est Mme Malibran, fille de Garcia, arrivée récemment à Paris. Son talent est remarquable, et le long séjour qu'elle a fait à Paris dans son enfance lui rend la langue française familière; mais les conditions qu'elle impose paraissent, dit-on, fort dures à l'administration (on parle de 50 000 francs d'appointements et de quatre mois de congé). On assure qu'on lui a offert 35 000 francs et un congé de trois mois. Si l'on ne peut réussir à conclure cet engagement, je serais tenté de conseiller d'accorder à Mlle Garcia tout ce qu'elle demande, afin d'avoir quelqu'un qui assure l'avenir de l'établissement et qui fasse recette, si je ne savais que ces sortes d'exemples sont dangereux; car après les talents indispensables viennent les talents utiles, qui ont aussi leurs prétentions. C'est un grand mal que cette augmentation progressive du traitement des acteurs; c'est par là que périssent toutes les entreprises théâtrales; mais ce mal, qui est la conséquence de la rareté des sujets, ne cessera que lorsqu'on aura pris des mesures utiles pour former beaucoup de chanteurs.

Mais avant de signer un engagement quelconque, Mme Malibran allait remporter un grand triomphe public. Un événement artistique se préparait précisément à l'Opéra, une représentation au bénéfice du grand chanteur Galli, pour laquelle son concours fut sollicité et sans peine accordé (1). Cette représentation, donnée le 14 janvier 1828, réunissait les artistes des Italiens et ceux de la troupe anglaise qui occupait alors, concurremment avec eux, la salle Favart. Le spectacle comprenait *Semiramide*, jouée par Mme Pisaroni (Arsace) et Mme Malibran (Semiramide), deux actes de *Romeo and Juliet*, avec miss Smithson, et un acte du *Barbier* avec Mlle Sontag.

L'ensemble d'un tel programme était bien fait pour affriander le public; mais ce qui attirait surtout celui-ci, c'était la présence de Mme Malibran. On savait que l'étranger s'occupait d'elle, que Londres, particulièrement, lui avait fait des offres

---

(1) Galli était alors l'un des artistes les plus remarquables et les plus aimés du Théâtre-Italien.

brillantes, et l'on se pressait pour l'entendre, dans la crainte de ne l'entendre qu'une fois. Aussi la foule fut-elle grande à l'Opéra pour cette circonstance exceptionnelle. L'attente des spectateurs ne fut point trompée. Bien que Mme Malibran eût pour partenaire redoutable dans le rôle d'Arsace cette cantatrice admirable qu'était la Pisaroni, elle fut elle-même une Semiramide incomparable, et son succès fut immense, spontané, prodigieux. Ce fut plus que de l'enthousiasme, ce fut du délire. Sa beauté, sa jeunesse, son talent firent tourner toutes les têtes, et dès le lendemain son nom était sur toutes les lèvres.

Après cette soirée triomphale, on crut qu'elle allait entrer à l'Opéra, et pourtant il n'en fut rien. Elle refusa décidément toutes les offres qui lui étaient faites par ce théâtre pour accepter celles qui lui venaient du Théâtre-Italien, où elle s'engagea à raison de 50 000 francs pour la saison selon les uns, de 75 000 francs selon les autres, plus un bénéfice. Il ne sera pas sans intérêt de la suivre pas à pas au cours de cette saison, où son talent et sa personnalité s'affirmèrent de la façon la plus absolue, où ses progrès se manifestaient à chaque rôle qu'elle abordait, presque à chaque représentation, où son action sur le public s'étendait chaque jour, où son succès atteignait des proportions qu'on pourrait dire héroïques. C'est ce

que je vais faire, en notant au passage les critiques,
les jugements dont elle était l'objet, critiques et
jugements de plus en plus favorables, et qui bientôt devenaient l'expression de l'admiration la plus
sincère et la plus enthousiaste. N'oublions pas
d'ailleurs que c'est Paris, que c'est la France qui
établit sa gloire, — ce dont elle se souvint toujours — que c'est sans doute au goût raffiné du
public parisien qu'elle dut de se corriger de certains défauts, de certaines imperfections qui nui-
saient encore à l'ensemble de son incomparable
talent, et que, par conséquent, un intérêt particulier
s'attache à cette première partie de sa carrière et à
l'opinion que la critique se formait alors de la
nature de ce talent et de l'avenir brillant qui lui
était réservé (1).

Il va sans dire que le début de Mme Malibran
était attendu avec impatience et fut un véritable
événement. C'est le 8 avril 1828 qu'elle parut aux
Italiens, précisément dans ce rôle de Semiramide,
dont elle venait de s'emparer avec tant d'éclat. Le
15 avril, elle jouait *Otello*, le 22, *le Barbier*, le

---

(1) Un fait assez singulier est à mentionner ici. L'année qui pré-
céda l'arrivée à Paris de Mme Malibran, une jeune cantatrice nommée Mlle Garcia avait paru au Théâtre-Italien, d'une façon assez
fâcheuse. Elle avait débuté le 8 mai 1827 dans un opéra peu connu
de Rossini, *Torvaldo e Dorliska*, après quoi elle s'était montrée dans
Tebaldo ed Isolina, puis dans *Tancredi*, le tout sans aucun succès.
Qu'était cette demoiselle Garcia, dont plus jamais il ne fut question, et
qui n'avait de commun que le nom avec la famille de Mme Malibran?

Ier mai, *Cenerentola*, et peu de jours après, *Roméo et Juliette*. Elle ne perdait pas son temps. Fétis, qui la suivait avec un intérêt très attentif, signalait ainsi son succès dans *Semiramide* :

Les applaudissements les plus vifs ont éclaté après que Mme Malibran eut chanté l'air *Bel raggio lusinghier*. La beauté de sa voix, la variété de ses accents et la grâce de ses traits justifiaient ce témoignage de la satisfaction du public ; néanmoins, j'y ai encore noté quelques fioritures qui m'ont paru convenir peu au caractère du morceau, et déceler une certaine ambition de succès plutôt que le sentiment du beau. Mais dans le duo suivant *(Serba mi ognor)*, la cantatrice s'est élevée au style le plus pur en même temps que le plus brillant. La manière charmante dont elle a fait les difficultés, en y mêlant de l'expression, est une véritable création dans l'art du chant. Cette innovation, qui lui est propre, doit, si je ne me trompe, lui assurer de grands succès dans l'avenir, et donne à son talent un caractère particulier. Il est difficile d'imaginer rien de plus beau que ce duo tel qu'il a été chanté, à la seconde représentation de Mme Malibran, par cette cantatrice et Mme Pisaroni.

La scène du trône a été l'occasion d'un nouveau triomphe pour Mme Malibran ; la largeur de son style dans le récitatif, la manière neuve et expressive dont elle a dit le quintette *Qual mesto gemito,* et les proportions qu'elle a su mettre dans cette grande scène, ont justifié pleinement les applaudissements qu'elle a reçus. Malheureusement la fatigue a commencé à se faire apercevoir dans le mouvement final, particulièrement dans l'ensemble et vers la phrase *Tutto annunzia de'Numi il furore*. Il était évident que Mme Malibran ménageait ses moyens

pour le second acte ; mais l'effet du morceau en a reçu un
notable dommage.

Dans les deux duos du second acte : *Se la vita ancor
t'è cara* et *Ebben! a te ferisci,* Mme Malibran a retrouvé
la plus grande partie de ses moyens : ce n'est qu'à la fin
du dernier que la fatigue s'est fait apercevoir de nouveau ;
mais alors le succès était complet, *quoique peut-être le public
ne sache point encore quelle est la portée de cette cantatrice.* Quant à moi, je puis lui prédire la plus brillante
réputation si sa santé se fortifie, car la nature lui a donné
tout ce qui fait les grands talents ; l'expérience fera le reste.

Mme Malibran ne fut pas moins heureuse dans
Otello, où le souvenir de Mme Pasta était resté si
chaud et si vibrant. Ecoutons encore Fétis :

Elle a réussi complètement dans le rôle de Desdemona,
l'un des plus difficiles qui soient au théâtre italien. L'étendue de sa voix, qui réunit à la fois les belles cordes du
contralto avec celles du soprano élevé, lui a donné les
moyens de varier la physionomie des morceaux au point
de leur donner un aspect neuf et particulier. Je n'en citerai point de préférence, parce qu'elle m'a paru également
bien dans tous. La phrase si belle : *Se'l padre m'abbandoni* du finale, que Mme Pasta rendait avec un accent si
déchirant, avait pris dans la bouche de Mlle Sontag un
air enfantin très différent de l'expression que l'auteur a
voulu lui donner ; mais Mme Malibran l'a rendue avec
une énergie et un effet vraiment admirables. Dans le dernier duo elle a réuni toutes les facultés de son âme et de
son talent, et est parvenue à porter à son comble l'enthousiasme de l'auditoire.

Le public, qui s'est tenu en garde jusque-là sur les

impressions que Mme Malibran produisait sur lui, paraît avoir été vaincu sans retour dans *Otello*, et avoir enfin reconnu toute la puissance de ce beau talent. Ce qui me confirme dans mon opinion sur la prééminence future de Mme Malibran à l'égard des autres cantatrices, ce sont les progrès considérables que je remarque dans son goût. Chaque jour ce goût devient plus pur, plus sage, et déjà elle n'abuse plus de la facilité qu'elle a reçue de la nature. Ce n'est plus l'ambition de faire beaucoup, mais de bien faire, qu'elle montre. Qu'elle continue à suivre cette route, et bientôt elle n'aura plus de rivale.

Après ces deux figures émouvantes et tragiques de Sémiramis et de Desdémone, Mme Malibran offrit au public la physionomie mutine, juvénile et souriante de la Rosine du *Barbier de Séville*, et c'est merveille de voir comme elle sut se transformer et donner à ce rôle, si différent des deux précédents, son allure propre et sa couleur particulière, de façon à se concilier tous les suffrages et à emporter un égal succès. Je m'adresse cette fois à un autre critique pour constater ce succès :

Dès qu'elle parut dans *il Barbiere di Siviglia*, dit celui-ci, on fut frappé d'abord de la nouveauté et de la vérité nationale de l'ajustement de Rosine. Sous le rapport du costume, on peut dire qu'elle a opéré une réforme au Théâtre-Italien, où cette partie de l'art a toujours été si mal observée. Mais quand on entendit la débutante, ce fut encore une autre surprise : au lieu de faire de Rosine une amoureuse forte, elle en fit une petite espiègle, pleine de grâce, de finesse et de naïveté. C'était une création véritable, et les amateurs l'admirèrent d'autant plus sous cette forme inattendue qu'elle avait déployé plus d'amour, de terreur et de douce mélancolie dans le personnage de Desdemona; mais un des caractères distinctifs du talent de Mme Malibran, c'est sa prodigieuse flexibilité; elle est toujours différente selon l'esprit de son rôle, et toujours la même par le naturel qu'elle sait y mettre. Dans la scène de la leçon, elle produisit un grand effet par le talent remarquable avec lequel elle exécute sur le piano, et surtout par l'heureux choix qu'elle fit du fameux air du Cabello : *Yo que soy contrabandista...* Enfin, c'est surtout dans le personnage de Rosine que, profitant de l'heureuse flexibilité de gosier que lui a donnée la nature, elle y remplit le double emploi de *soprano-contralto;* elle a su aussi y introduire beaucoup de traits nouveaux, qu'un goût sévère ne peut qu'admirer dans sa bouche, mais qu'une virtuose moins habile ne pourrait hasarder sans se perdre (1).

Après *le Barbier* vint *Cencrentola (Cendrillon),* où elle se montra encore aimable, piquante et pleine de grâce. Puis, retournant au tragique, Mme Malibran apparut sous les traits de Roméo dans le *Romeo e Giuletta* de Zingarelli. La tentative était hardie, étant donné le souvenir puissant, d'aucuns disent ineffaçable, que Mme Pasta avait laissé dans ce rôle. Aussi, malgré l'ascendant que Mme Malibran avait conquis sur le public, celui-ci resta d'abord un peu rétif; mais les artistes lui rendirent aussitôt justice. « Mme Malibran avait

(1) *Biographie universelle et portative des contemporains.*

de l'enrouement, dit Fétis ; mais sa volonté nerveuse et son talent ont triomphé de cet obstacle, surtout dans le second et le troisième acte. Au lieu de l'air de *Sigismondo*, qui avait été placé dans cet ouvrage par Mme Pasta, elle a chanté au second acte un air de Mercadante avec une perfection digne des plus grands éloges. Dans la scène du tombeau, elle ne me paraît pas avoir dit une seule phrase qui ne fût de la plus belle inspiration. Pour la première fois elle faisait entendre les belles cordes de sa voix de contralto dans toute sa plénitude, et elle en a tiré des effets admirables. Sa verve, son enthousiasme se sont maintenus contre la froideur du public, et ce n'était pas un médiocre effort. Qu'elle continue sans se décourager ; quand ce bon public saura qu'il peut applaudir sans se compromettre, il la dédommagera avec usure. » Et quelques jours plus tard, après la seconde représentation : « Excitée dans son amour-propre, plutôt que découragée par la froideur que le public avait montrée, Mme Malibran s'est surpassée à la seconde représentation de *Romeo*. Sa voix était plus libre, plus pure, et ne gênait point ses inspirations, qui, de l'aveu des artistes et des meilleurs juges, ont été admirables comme l'exécution. »

Enfin, c'est avec un véritable sentiment d'admiration que Fétis, revenant de nouveau sur ce sujet, parle encore de Mme Malibran dans *Romeo*; cette fois, le public avait été subjugué par l'artiste :

Ce que j'avais prévu à l'égard de Mme Malibran s'est justifié dans les dernières représentations de *Romeo*; après avoir été en garde contre le talent que la cantatrice déploie dans ce rôle, le public s'est laissé aller à son enthousiasme. Les applaudissements tenaient du délire à la représentation de mardi dernier : il est vrai que Mme Malibran s'y est montrée supérieure à ce qu'elle a été la première fois. Outre que l'enrouement qui avait nui au développement de ses moyens n'existait plus, cette espèce de communication de confiance si nécessaire pour arriver au plus haut degré du bien dans les représentations dramatiques, s'était établie entre l'auditoire et l'actrice, et celle-ci, ayant banni toute crainte, se livrait à toutes ses inspirations.

Les progrès de Mme Malibran tiennent du prodige. Dans ses premiers débuts, son chant était défiguré par un luxe d'ornements dont l'exécution était admirable, mais dont le goût était répréhensible. Il a suffi de l'avertir de ce défaut pour qu'elle ait compris la juste mesure de l'emploi des fioritures. Elle en devint plus avare chaque jour, et par suite elle les choisit mieux. Douée par la nature d'une imagination très vive et d'une grande énergie de sentiments, elle invente à chaque instant des formes nouvelles dont quelques-unes sont hasardées, mais qui pour la plupart sont heureuses. Et cependant, comme je l'ai déjà remarqué, elle n'a pas vingt ans. Pour être placée à la tête de toutes les cantatrices de l'époque, il ne lui manque que deux ou trois années de voyages dans les principales villes de l'Europe.

On voit que Mme Malibran — et c'est là le propre des vrais grands artistes — s'efforçait chaque jour, et s'attachait sans cesse à faire mieux qu'elle n'avait fait jusqu'alors. Quoi qu'en dise Fétis, elle avait vingt ans à l'époque où il en parlait en termes si chaleureux, mais elle n'avait que vingt ans. Et n'est-il pas extraordinaire de voir une artiste de cet âge, non seulement faire preuve de qualités musicales d'un ordre élevé, non seulement joindre à ces qualités exceptionnelles un talent scénique tel qu'il excitait l'étonnement et l'admiration, mais encore et surtout de montrer tant de souplesse et de variété soit dans l'exécution vocale, soit dans l'interprétation dramatique, tantôt émouvante et pathétique jusqu'au déchirement, tantôt légère, sémillante et gaie jusqu'à la folie, aujourd'hui Semiramide, Desdemone ou Romeo, demain Cendrillon ou Rosine, ou tout autre de même genre? Ce n'était même pas l'un des caractères les moins curieux de ce talent merveilleux que sa facilité à se prêter à tous les styles et à se présenter sous tous les aspects. Et comme elle y était aidée par la nature de sa voix, dont la prodigieuse étendue lui donnait la faculté singulière de briller soit comme soprano, soit comme contralto, elle se plaisait plus tard à certains tours de force consistant à aborder tour à tour, dans le même ouvrage, les rôles les plus opposés tant au point de vue de la voix proprement dite que de l'exécution musicale et scénique. Elle ne se bornait pas à jouer, dans le genre sérieux, *Tancredi*, *Fidelio*, *Norma*, *i Puritani*, dans le genre léger *le Barbier*, *Cenerentola*, *l'Elisir d'amore*, *il Matrimonio segreto*, mais on la vit devenir dans *Don Juan* tantôt Anna, tantôt Zerline, dans *Semiramide* tantôt la reine, tantôt Arsace, enfin dans *Otello* tantôt Desdemona et tantôt... Otello lui-même. Pour ce dernier, c'était une véritable excentricité, et je ne ferai point difficulté d'avouer qu'il y avait là un peu de... comment dirai-je? je dirais volontiers un peu de cabotinage, si ce mot n'était presque méprisant, par conséquent injuste, pour une artiste de cette taille et de cette valeur. Ce qu'il faut constater, c'est que tout cela témoigne d'une personnalité vraiment extraordinaire, exubérante en tous les sens et sous tous les rapports, comblée par la nature des dons les plus précieux et les plus divers, chez qui un sens artistique d'une intensité rare était encore aiguisé, affiné, complété par une intelligence absolument supérieure que rien ne pouvait arrêter ni étonner, et qui semblait deviner ce qu'elle n'avait pas appris.

CHAPITRE III

Mme Malibran s'éloigne de la famille de son mari pour se réfugier
chez la comtesse de Sparre (Mlle Naldi). — Sa rentrée au Théâtre-
Italien. Enthousiasme du public. — Elle joue un opéra nouveau,
Clari, d'Halévy, qui est pour elle un nouveau triomphe. — Engagée
au King's Theatre de Londres, où elle produit un effet foudroyant. — Ses appointements à cette époque.

Mme Malibran avait donné, le 1er juillet, sa dernière représentation au Théâtre-Italien. Cette
représentation, composée du premier acte du *Barbier* et des deux derniers actes d'*Otello*, était à
son bénéfice, et elle avait excité de la part du
public un enthousiasme indescriptible, qui s'était
traduit par des acclamations, des rappels, des
ovations de toute sorte, et surtout par une véritable
pluie de bouquets. Après une saison si active et si
bien remplie, qui n'avait pas été certainement de
sa part sans un violent effort physique et intellec-
tuel et sans une fatigue excessive, la cantatrice
sentait le besoin d'un repos qui devait lui être en
effet fort nécessaire. Elle alla rejoindre à la campagne, en son château de Brizay, son aimable amie
la comtesse de Sparre, femme charmante qui,
retirée alors de la vie militante, n'en avait pas

moins été elle-même une artiste fort distinguée.

La comtesse de Sparre était la fille d'un chan-teur bouffe, nommé Naldi, avec lequel Garcia s'était lié à Londres, alors que tous deux faisaient partie de la troupe du King's Theatre. Ils s'étaient retrouvés à Paris en 1819, au Théâtre-Italien, et Garcia avait été, l'année suivante, la cause bien involontaire de la mort de son ami, que Fétis raconte ainsi : — « Il mourut malheureusement chez le célèbre chanteur Garcia, son ami, qui l'avait invité à voir l'essai d'une nouvelle marmite, dite *autoclave*, pour cuire les viandes. Naldi ayant fermé et assujetti la soupape de cet appareil, la vapeur concentrée fit explosion. Tout l'apparte-ment fut bouleversé, et Naldi, frappé par les éclats de la marmite, expira sur-le-champ. »

Mlle Naldi, qui avait été engagée aux Italiens avec son père, avait obtenu à ce théâtre de réels succès, particulièrement dans *Tancredi* et *Romeo e Giulietta*, qu'elle jouait avec Mme Pasta. Plus âgée de quelques années que la fille de Garcia, elle s'était intéressée à elle et l'avait prise en affection. Lorsque Mme Malibran, mariée, revint d'Amérique à Paris, elle retrouva son amie, mariée aussi, ayant épousé le comte de Sparre et, par suite, quitté le théâtre. On a vu qu'à son arrivée, Mme Malibran s'était fixée auprès des sœurs de son mari. Mais il paraît qu'elle n'eut pas lieu, pour

diverses raisons, d'en être très satisfaite, et, décidée au bout de quelque temps à échapper à une
situation qui lui pesait, c'est chez la comtesse de
Sparre qu'elle alla chercher un refuge et un asile.
La comtesse Merlin, qui ne parle que d'une sœur
de M. Malibran, raconte ainsi la fuite de la jeune
femme de cette maison qu'on paraissait vouloir
transformer pour elle en prison :

Maria ne tarda pas à être mécontente de la famille de
M. Malibran. Elle se plaignait de la tutelle hostile à
laquelle on voulait soumettre sa personne et son argent;
mais le besoin d'appui, la crainte du blâme à cause de
son extrême jeunesse et de l'entière indépendance où elle
allait se trouver livrée, lui donnèrent la force de prolon-
ger de quelques semaines encore son séjour chez sa belle-
sœur. Pourtant un beau jour, dans un moment d'humeur
et lorsque ses hôtes ne s'en doutaient pas, elle fit venir
une voiture de place, y mit ses effets, s'établit à côté et
se fit transporter chez Mme Naldi.

Profitant de la liberté que lui donnait sa position, elle
aurait pu demeurer seule; mais entourée d'adorateurs, si
jeune, elle sentit dans la pureté naïve de ses intentions la
nécessité d'un appui, et se soumit volontairement à la
surveillance d'une ancienne amie de sa famille, femme
sévère et d'austères mœurs. Et c'était vraiment touchant
de la voir se plier aux conseils et aux petits sacrifices que
son amie exigeait d'elle, lui soumettant avec résignation
cette volonté si impérieuse partout ailleurs; et lorsque,
par quelques boutades ou vivacités, elle craignait de
l'avoir offensée, l'accablant de caresses et lui demandant
pardon avec l'abandon d'un enfant. Elle lui montrait

toutes les lettres qu'on lui adressait, ainsi que celles qu'elle écrivait. C'était Mme Naldi qui touchait son argent, le plaçait et ne lui donnait que le strict nécessaire.

Peu de temps avant sa mort, à l'époque où sa fortune était si brillante, Maria disait à un ami en lui montrant un petit châle usé qu'elle portait : « Je fais usage de ce vieux châle de préférence à tout autre ; c'est le premier châle de cachemire que j'aie porté, et j'éprouve un certain plaisir à me rappeler toute la peine que j'ai eue à obtenir de Mme Naldi qu'elle me permît de l'acheter. »

Après trois mois de repos, Mme Malibran reparaissait au Théâtre-Italien, le 2 octobre, dans *Otello*, et y retrouvait tout son succès. « Le rôle de Desdemona, si favorable à la sensibilité expressive de cette grande cantatrice, disait Fétis, a été une nouvelle occasion de triomphe pour elle. Jamais elle n'avait eu plus d'élévation dans son style ; jamais elle n'avait tant ému l'auditoire. On dit que l'émotion qu'elle a éprouvée elle-même a été si forte qu'elle a eu une violente attaque de nerfs après la représentation. » Après *Otello* elle joua *le Barbier*, où son frère vint débuter sans succès dans le rôle de Figaro, puis *Cenerentola*, puis *la Gazza ladra*. Elle se fit entendre aussi dans plusieurs concerts donnés à ce théâtre, et l'un d'eux, où elle chantait un air de Mercadante, lui valait ce nouvel éloge enthousiaste de Fétis, de sa nature peu accessible à l'enthousiasme : — « Le récitatif de cet air est très favorable au développement de la belle expression dramatique de Mme Malibran. Presque toujours la partie vocale y est à découvert, ce qui exige de la cantatrice une grande sûreté d'intonation et beaucoup d'aplomb; mais Mme Malibran possède au plus haut degré toutes les qualités nécessaires. La voix la plus belle, la plus étendue, la plus égale, la plus pure, l'intonation la plus parfaite, l'expression la plus vraie, le style le plus élevé et la plus grande richesse d'invention dans les fioritures, sont les moyens de séduction qu'elle a prodigués dans cet air et qui ont assuré son triomphe. Les progrès de cette jeune virtuose tiennent du prodige. Encore deux années de travail et de réflexions sur son art, et Mme Malibran sera arrivée au plus haut point de perfection où l'on puisse atteindre dans l'art du chant et dans l'expression dramatique. »

Mais un nouveau succès l'attendait. Le 9 décembre (1828), le Théâtre-Italien offrait à son public un spectacle auquel celui-ci n'était guère habitué : la première représentation d'un opéra *inédit*, écrit expressément pour lui par un jeune compositeur français et dont la principale interprète était précisément Mme Malibran, qui, toujours heureuse d'être utile à autrui, n'avait pas hésité à tendre la main à un jeune artiste, à l'aider de toute la puissance et de toute l'autorité de son

talent dans une circonstance aussi périlleuse. L'ouvrage s'appelait *Clari*, et son auteur n'était autre
qu'Halévy, Halévy encore à ses débuts, et qui,
revenu de Rome depuis peu de temps, n'avait encore donné à l'Opéra-Comique qu'un acte intitulé
l'Artisan et, avec son ami Rifaut, un petit opéra
de circonstance, *le Roi et le Batelier* (1).

Clari obtint un très grand succès, grâce à la
musique d'Halévy, que je n'ai pas à apprécier ici,
et grâce aussi à Mme Malibran. La *Revue musicale* faisait en ces termes la part de l'un et de
l'autre : — « Le succès est d'autant plus flatteur que
l'auditoire, presque entièrement composé de gens
à prévention, n'était pas disposé à l'indulgence :
un Français qui avait écrit un opéra italien paraissait un extravagant, tout au plus digne de pitié.
Il a fallu vaincre ce public moutonnier ; heureuse-

(1) Le sujet touchant de *Clari*, tiré d'une « nouvelle » qui avait
eu un grand retentissement, avait paru à l'Opéra, sous forme de ballet
(Clari ou *la Promesse de mariage)*, le 19 juin 1820. Les auteurs
étaient Milon pour le scénario et Rodolphe Kreutzer pour la musique,
et le rôle principal était joué d'une façon admirable par Mlle Bigottini. Le succès éclatant de ce ballet s'était traduit par une centaine
de représentations. C'est un poète florentin, réfugié politique, Pietro
Giannone, qui avait écrit le livret de l'opéra italien, dont les interprètes étaient, avec Mme Malibran, Donzelli, Zuchelli, Graziani et
Profeti, Mmes Marinoni et Rossi. Quelques années plus tard, ce
sujet devait être repris par Dennery et Gustave Lemoine et transporté, sous forme de drame populaire, au théâtre de la Gaîté, où il
allait faire courir tout Paris. Le titre de *la Grâce de Dieu*, sous
lequel il se produisit alors, est resté présent à toutes les mémoires. Et
la Grâce de Dieu donna naissance à son tour à un autre opéra italien, la *Linda di Chamounix* de Donizetti.

ment M. Halévy avait pour interprète Mme Malibran, qui, après avoir été méconnue, jouit aujourd'hui de toute la faveur du public. Avec toute autre, le succès n'aurait pas été certain, malgré l'intérêt du sujet et le mérite de la musique. Aussi grande actrice que cantatrice admirable, cette virtuose a été parfaite d'un bout à l'autre de son rôle; mais dans le troisième acte surtout elle a été au-dessus de tous les éloges. Il y a toujours des choses qui étonnent le public dans la manière dont elle joue ses rôles pour la première fois : il ne sait ce qu'il doit penser; mais insensiblement il finit par la comprendre et par l'admirer. Je ne citerai aucun morceau de préférence dans son rôle; elle les a chantés tous à merveille, et comme elle seule sait chanter. Ce n'est qu'aux variations finales qu'elle aurait pu paraître faible, si les émotions qu'elle venait de faire partager si vivement ne lui avaient servi d'excuse suffisante. Il n'y a plus de chant possible après cet entraînement. Le public a voulu revoir après la représentation celle qui venait de lui procurer des plaisirs si vifs, et l'a applaudie avec enthousiasme. » Un autre écrivain disait de Mme Malibran à propos de cet ouvrage : « Elle obtint un succès fou dans *Clari*, et prêta à ce rôle toute la magie de son expression (1). »

(1) *Biographie universelle et portative des contemporains.* — Le succès se prolongea pour la cantatrice et pour le compositeur;

La fin de la saison ne fut pas moins brillante
pour Mme Malibran que l'avait été le commencement. On pourrait dire que l'enthousiasme du public à son égard allait toujours croissant, si vraiment la chose était possible; mais cet enthousiasme avait pris des proportions telles que désor-
mais il ne pouvait s'accroître. Après avoir donné,
le 2 avril (1829), sa dernière représentation, qui
était à son bénéfice et dont la recette dépassa
14 000 francs, Mme Malibran partit pour Londres.
Un brillant engagement l'appelait en cette ville,
qu'elle n'avait pas revue depuis sa première et
timide apparition à la scène, et où le bruit de ses
triomphes à Paris la faisait attendre avec une
curiosité d'autant plus impatiente. Elle retrouva
du premier coup au King's Theatre (dont le directeur alors était Laporte, le fils du fameux arle-
quin du Vaudeville), avec plus d'expansion peut-
être encore, ses succès du Théâtre-Italien, et le
public anglais, après lui avoir fait un accueil éclatant le 22 avril, à son début dans *Otello*, l'acclama

voici ce qu'on lisait dans le *Moniteur universel* du 21 janvier 1830 :
« Samedi 23, on donnera au Théâtre-Italien la reprise de *Clari*,
opéra dû à M. Halévy, jeune compositeur français qui a déjà fait
preuve d'un vrai talent. Cet opéra a été redemandé par les amateurs
impatients d'y voir encore Mme Malibran, qui a créé avec tant de
succès le rôle de Clari. Les nombreux admirateurs de cette grande
cantatrice ne la verront que deux ou trois fois dans ce rôle. Le
départ de Donzelli, fixé au 31 de ce mois, par suite d'un congé
auquel cet artiste a droit d'après son engagement, forcera de sus-
pendre la pièce. »

avec une véritable frénésie dans *Semiramide*, *Romeo e Giulietta* et *la Gazza ladra*.

Mme Malibran allait se retrouver, à Londres, aux côtés de la toute charmante Mlle Sontag, à qui elle n'avait pas été sans faire quelque tort pendant son séjour à Paris. Le talent gracieux, délicat et un peu tranquille de Mlle Sontag, jusqu'alors très prisé du public des Italiens, avait été quelque peu atteint par le voisinage de celui de Mme Malibran, si plein de fougue, de passion, de grandeur et d'imprévu, et les succès de la cantatrice allemande s'en étaient ressentis. De là, entre les deux artistes, une rivalité dont les journaux du temps portent des traces brûlantes et qui amena de vives polémiques entre tel et tel d'entre eux, selon que leurs sympathies les portaient de l'un ou de l'autre côté. Parmi les partisans les plus ardents de Mme Malibran dans cette petite guerre de plume se firent surtout remarquer Vitet et Louis Viardot, ce dernier qui devait plus tard épouser sa sœur.

Fétis, qui voyait les choses de près, a parlé ainsi de cette rivalité des deux cantatrices dans sa notice sur Mlle Sontag : — « Au mois d'avril (1828), cette charmante cantatrice se rendit à Londres, où elle excita le plus vif enthousiasme par son talent, et l'intérêt de la haute société par l'agrément de sa personne et la décence de ses manières. La représentation qu'elle donna à son bénéfice, à la

fin de la saison, produisit la somme énorme de
2 000 livres sterling, environ 50 000 francs. De
retour à Paris, elle y vit commencer entre elle et
Mme Malibran une rivalité qui, dans l'esprit ardent de celle-ci, prit un caractère d'irritation et
même de haine (1). Comme il arrive toujours, les
partisans des deux cantatrices contribuèrent à
donner à cette rivalité un caractère d'aigreur plus
prononcé chaque jour. Il en résulta même des
scènes fâcheuses lorsqu'elles furent engagées toutes
deux au Théâtre-Italien de Londres, pendant la
saison de 1829. Ce ne fut pas sans peine que l'auteur de cette notice, qui se trouvait alors dans la
même ville, parvint à opérer entre elles un rapprochement. Une circonstance imprévue lui vint en
aide dans cette entreprise : elles avaient promis
toutes deux de chanter dans un concert qui devait
être donné dans l'hôtel de lord Saulton, au bénéfice d'un musicien d'orchestre nommé Ella (devenu
plus tard le fondateur de la *Musical Union* et le
rédacteur des *Miscellaneous records* de cette société). L'auteur de cette biographie, qui s'était
engagé à y accompagner au piano Mlle Sontag et

(1) Ici, de toute évidence, Fétis exagère. Quelle que fût son immense supériorité, Mme Malibran n'était pas sans doute exempte de quelque sentiment de contrainte, voire d'irritation, devant les succès d'une autre cantatrice. Mais elle était trop généreuse et elle avait le cœur trop haut placé pour que jamais ce sentiment pût dégénérer en haine.

Mme Malibran, leur proposa d'y chanter ensemble le beau duo de Semiramide et d'Arsace, et parvint à les y déterminer. C'était la première fois que leurs voix se trouvaient réunies : l'effet de ce morceau ne peut se décrire, car ces deux grandes cantatrices, cherchant à se surpasser mutuellement, parvinrent toutes deux à un degré de perfection où elles ne s'étaient pas encore élevées. Ce fut par suite du succès de ce rapprochement que l'entrepreneur du Théâtre-Italien de Paris conçut le projet de faire jouer dans *Semiramide* et dans *Tancredi* Mme Malibran et Mlle Sontag, dont la réunion offrit le modèle d'une perfection qu'on n'entendra peut-être plus (1).

(1) A propos de Mme Malibran et de Mlle Sontag, je recevais de Legouvé, à la suite d'un article paru dans le recueil où fut d'abord publiée cette étude, la lettre que voici :

« Cher Monsieur,

« Voulez-vous me permettre de joindre à votre intéressant article sur Mme Malibran et Mlle Sontag un fait dont j'ai été témoin ?

« C'était à une soirée chez M. Bouilly, l'auteur de *l'Abbé de l'Épée* et des *Contes à ma fille*. Mme Malibran s'y était surpassée. Le concert fini, un admirateur maladroit s'approche d'elle, et croit ne pouvoir lui faire de plus beau compliments que de rabaisser Mlle Sontag et de dire qu'elle était froide.

« — Froide ! réplique vivement Mme Malibran. Il ne lui manque qu'une chose, c'est d'avoir souffert. Qu'il lui vienne un chagrin, et vous verrez si elle est froide !

« Quelques mois plus tard, arrivait un incident pénible qui fit grand bruit alors dans Paris. Attaquée injustement dans son honneur de femme, blessée au cœur par l'accueil offensant et injuste du public, Mlle Sontag quitta la scène et ne voulut reparaître que quand son innocence fut reconnue. Elle rentra dans un des rôles les plus pathétiques du répertoire, celui de donna Anna de *Don Juan*. Elle y fut

Cette saison de 1829 à Londres fut extrêmement brillante, grâce à la présence simultanée de Mlle Sontag et de Mme Malibran; mais il n'y a que justice à constater que celle-ci surtout enthousiasma le public et qu'elle excita de sa part de véritables et unanimes transports d'admiration. Après la clôture du théâtre elle fut engagée pour divers festivals dans les provinces, entre autres à Bath et à Birmingham, et c'est ici que se place une anecdote originale, dont je ne saurais garantir l'authenticité, mais qui, étant donnés le caractère hardi et la nature même du tempérament excentrique de Mme Malibran, me paraît réunir tous les dehors de l'exactitude. Elle est, en tout cas, assez curieuse pour être rapportée.

En même temps qu'elle, était engagée à Birmingham une jeune cantatrice anglaise déjà fameuse et fort distinguée d'ailleurs, miss Paton, qui, plus tard, devint Mme Wood. En sa qualité de compatriote, on avait fait à celle-ci, en dépit de l'immense renommée de Mme Malibran, une part prépondérante sur les programmes, et le premier de ces programmes lui attribuait six morceaux, tandis que deux airs seulement devaient être chantés

sublime. — « Eh bien, dit Mme Malibran, n'avais-je pas raison ? » Ce mot profond et touchant mérite, ce me semble, de ne pas être perdu.

« Bien des compliments,

« E. Legouvé. »

par Mme Malibran. Cela ne pouvait passer sans
quelque protestation de la part de cette dernière,
qui, dès qu'elle eut connaissance du fait, s'empressa
d'aller réclamer auprès du directeur du festival.

— C'est bien là le programme arrêté par vous?
lui dit-elle.

— Certainement, madame.

— Permettez-moi de m'étonner qu'on ne m'accorde que deux airs, alors que miss Paton est
désignée pour chanter six grands morceaux. C'est
une inégalité fâcheuse, et il y a là une injustice
que j'espère que vous voudrez bien réparer.

— C'est impossible maintenant. Le programme
est entre les mains des souscripteurs, et nous ne
saurions y rien changer.

Mme Malibran insiste, déclare qu'elle ne demande point qu'on réduise la part de miss Paton,
mais seulement qu'on les traite sur le pied d'égalité
et qu'on lui accorde, à elle, le même nombre de
morceaux. Rien n'y fait, et avec toute la courtoisie possible, on lui déclare de nouveau que le
programme ne saurait être modifié.

— C'est bien décidé? réplique-t-elle alors. Vous
ne voulez pas?

— Mais c'est impossible, lui dit-on encore.

— C'est bien ; je me ferai justice moi-même.

Le soir venu, la salle comble, le concert commence. On entend d'abord le chanteur Philipps, puis miss Paton, puis le fameux ténor Braham. Enfin vient le tour de Mme Malibran, dont l'apparition est accueillie par un murmure général de satisfaction et de curiosité. L'orchestre attaque la ritournelle de la cavatine du *Barbier : Una voce poco fa*, et on peut se rendre compte du triomphe de la cantatrice, qui plus que jamais, en cette circonstance, voulait affirmer la splendeur de son talent. Le morceau était à peine terminé qu'une immense salve d'applaudissements éclate de toutes parts ; et lorsque le violoniste Mori, l'un des directeurs du concert, se présente sur la scène pour offrir son bras à Mme Malibran, un cri général : *Encore! encore!* l'oblige à se retirer (1). Mme Malibran salue alors en guise de remerciement, puis, faisant signe à l'orchestre de se taire, s'assied au piano et redit la cavatine, d'une façon plus admirable encore, cette fois en s'accompagnant elle-même. Les acclamations redoublent à la fin du morceau, et au moment où Mori se prépare à reparaître pour la reconduire, Mme Malibran, lui faisant un signe de tête et un sourire, reste au piano et attaque sans tarder une de ces chansons espagnoles qu'elle tenait de son père et qu'elle chantait avec un entrain et une verve incomparables. Cette chanson

---

(1) On sait que les Anglais ne disent pas *bis,* comme nous, mais se servent du mot français : *encore!* pour exprimer leur désir de voir recommencer un morceau.

met le feu aux poudres, et c'est alors à qui, du parterre, des loges, des galeries, manifestera son enthousiasme avec le plus de véhémence et d'animation. Mori veut se montrer encore ; il est accueilli par des huées et des sifflets, et forcé de se retirer de nouveau. Mme Malibran, qui s'était levée pour saluer, se remet au piano, et toujours s'accompagnant, chante successivement et coup sur coup un lied allemand, un air français, et enfin, pour terminer, une chanson anglaise, qui, on le comprend, est accueillie par un immense tonnerre d'applaudissements et des acclamations sans fin. La salle entière était debout, criant, vociférant, les hommes battant des mains, les femmes agitant leurs mouchoirs, tous en proie à une sorte de délire. Mme Malibran, très émue, on le conçoit, d'une telle manifestation, peut enfin se retirer au bras de Mori, et à peine sortie de scène, reçoit les hommages et les félicitations non seulement de tous les artistes présents, mais du directeur même du festival, qui, d'abord stupéfait de son incartade, venait aussi la complimenter sur son succès. Elle, lui adressant alors son plus aimable sourire, lui dit simplement :

— Je vous avais bien dit que je me ferais justice moi-même.

Mme Malibran recevait, dit-on, 70 guinées, soit environ 1 750 francs pour chacun de ces festivals.

C'est ici peut-être le lieu de donner quelques détails précis sur les appointements de Mme Malibran aux Théâtres-Italiens de Paris et de Londres,
dont on a beaucoup parlé, mais généralement d'une
façon inexacte. La comtesse Merlin dit que lorsqu'elle fut réengagée à notre Théâtre-Italien, par
le directeur Laurent, pour l'hiver de 1829, ce fut
« sous les mêmes conditions que l'année précédente, c'est-à-dire 800 francs par représentation et
un bénéfice ». Ceci est une erreur, et la preuve
en est dans le texte de ce reçu, qui nous montre
qu'elle recevait alors 1 000 francs par soirée :

THÉATRE ROYAL
ITALIEN ET ANGLAIS (1)
—

Reçu de M. E. Laurent la somme de *mille* francs,
pour appointements de ma 2ᵉ réprésentation de la semaine
courante.

M.-F. MALIBRAN.

Ce 14 novembre 1829.

Et la saison suivante, un autre reçu, daté du
13 janvier 1831, nous apprend qu'elle touchait
1 075 francs par représentation, tandis qu'un troi-

(1) Une troupe d'acteurs anglais occupait allors la salle Favart,
concurremment avec les chanteurs italiens, et le titre officiel du
théâtre, on le voit, s'en trouvait modifié.

sième, du 31 décembre suivant, mentionne une somme de 1 250 francs.

En ce qui concerne Londres, Mme Merlin n'était pas mieux informée en disant que Mme Malibran y était engagée « pour 75 guinées par représentation »... Seulement elle était ici au-dessus de la vérité, tandis que tout à l'heure elle était au-dessous. Le *Dictionary of music and musicians* de sir George Grove, évidemment bien renseigné sur ce point particulier, s'exprime ainsi dans la notice sur Mme Malibran : « ... Réengagée à l'Opéra italien dans la même capitale (Paris) en janvier 1830, elle fut payée 1 075 francs par représentation. C'était moins que ce qu'elle avait reçu de Laporte à Londres; car il lui avait donné 13 333 fr. 33 c. par mois, somme singulière, à moins que cela ne voulût dire 40 000 francs pour trois mois (1), et elle avait stipulé de ne paraître que deux fois par semaine, ce qui portait le coût de chacune de ses apparitions à 1 666 fr. 66 c. Bien qu'elle continuât à ne pas exiger d'appointements plus élevés à l'Opéra italien de Paris en 1830 et 1831, et que le prix de son chant dans les concerts particuliers de Londres en 1829 fût de 25 guinées, cependant M. Alfred Bunn (auteur dramatique, alors *manager* du théâtre de Drury-Lane) l'en-

---

(1) Ce qui est bien évident.

gagea après pour dix-neuf soirées, à raison de 125 livres (3 125 francs) par soirée, payables d'avance... »

On voit que, dès ce moment, le talent de Mme Malibran était coté à un prix extraordinaire, ce qui donne la note de l'empressement du public à son égard et de l'admiration qu'il excitait. J'aurai d'ailleurs l'occasion de revenir sur ce sujet.

CHAPITRE IV

Apparition de Mme Malibran à Bruxelles, où elle fait sensation. — Rencontre avec Charles de Bériot. — Elle reparaît au Théâtre-Italien, où elle excite de nouveau l'enthousiasme. — Ses qualités morales. — Sa générosité. — Deux lettres intéressantes.

A peine Mme Malibran avait-elle terminé ses engagements en Angleterre qu'elle était appelée en Belgique, où l'on avait le plus vif désir de la connaître. Elle arriva à Bruxelles dans les premiers jours d'août, et le 11 de ce mois elle paraissait dans un grand concert donné au théâtre de la Monnaie, où elle chantait un air de *Cenerentola*, la cavatine du *Barbier*, une tyrolienne, et avec Mlle Dorus, le duo de *Semiramide*. Elle se faisait entendre de nouveau, le 15, dans la salle du Grand-Concert, et le 17 elle jouait à la Monnaie (en français) le rôle de Rosine du *Barbier de Séville*. Il est presque superflu de dire que son succès fut éclatant (1). Invitée peu de jours après

(1) Voici le programme de la séance donnée au Grand-Concert : 1º Ouverture de Rossini; 2º Air de Rossini : *Di tanti palpiti* (Mme Malibran); 3º Duo sur des motifs de *Moïse*, de Rossini, pour harpe et violon, de Ch. de Bériot, exécuté par Mlle d'Espourrin et l'auteur; 4º Tyrolienne à deux voix (Mme Malibran et Mlle ***);

au château de Chimay, où la musique était en grand honneur, Mme Malibran s'y retrouvait en présence du grand violoniste Charles de Bériot, avec qui elle s'était rencontrée précédemment à plusieurs reprises, et qui allait bientôt tenir une si grande place dans son existence. La comtesse Merlin a fait en ces termes le récit de l'incident caractéristique qui signala cette nouvelle rencontre des deux grands artistes :

... M. de Bériot, né en Belgique et artiste distingué, avait passé à Paris l'hiver qui venait de s'écouler. Maria l'avait rencontré quelquefois dans des réunions où le concours de leurs talents avait été appelé. Bien que le connaissant fort peu, elle éprouvait un certain intérêt pour lui, tant à cause de son talent, qu'elle admirait avec la véhémence naturelle de son imagination, que parce qu'elle le savait malheureux dans ses affections... Le malheur est un moyen bien puissant pour réussir sur le cœur d'une femme passionnée et délicate ; aussi Maria, tout en plaignant Bériot, l'aimait sans s'en douter. La fin du printemps vint les séparer, et Maria le retrouva à Bruxelles. Un soir, ils étaient au château de Chimay ; Bériot venait de jouer un concerto de sa composition. Au milieu des applaudissements, Maria s'approche de lui, et pâle, les yeux humides, elle lui prend les mains dans ses mains

5° Variations pour piano et violon, composées et exécutées par Osborne et de Bériot ; 6° Duo de Rossini (Mme Malibran et Mlle ***) ; 7° Symphonie de Beethoven ; 8° Fantasie pour piano, de Pixis, sur la *Dernière pensée de Weber*, exécutée par Osborne ; 9° Air de Rossini (Mme Malibran) ; 10° Air varié pour violon, composé et exécuté par Ch. de Bériot ; 11° Romances françaises et espagnoles (Mme Malibran).

tremblantes, et avec une expression indéfinissable, lui dit : « Je suis bien heureuse de vos succès !... — Merci, merci, lui dit Bériot tout en écoutant plusieurs personnes qui le félicitaient à la fois, et moi je suis bien flatté de votre suffrage. — Mais non, ce n'est pas cela, mon Dieu ! ! !... Ne voyez-vous pas que je vous aime !... »

Troublé, charmé en face d'un sentiment si sincère et si naïvement exprimé, Bériot ne savait pas s'il rêvait, ou si Maria, entraînée par un enthousiasme du moment, n'avait pas proféré des paroles irréfléchies...

Dès ce moment, une liaison intime de cœur s'établit entre les deux artistes.

Le 28 octobre Mme Malibran était de retour à Paris, où, se séparant de Mme de Sparre, elle s'installait définitivement chez elle, dans un petit hôtel qu'elle avait loué au n° 46 de la rue de Provence. Dès le 4 novembre elle faisait sa rentrée au Théâtre-Italien dans *la Gazza ladra*, où un critique l'appréciait en ces termes : — « Dans *la Gazza ladra*, sa belle voix parut n'avoir pas toujours le *brio*, l'éclat argentin que réclament les mélodies élevées qui s'y retrouvent si souvent et que Mmes Mombelli et Fodor attaquent d'une manière victorieuse ; mais dans la bouche de la nouvelle virtuose, le rôle de Ninetta prit une autre physionomie ; elle y déploya toute la puissance dramatique et cette grâce irrésistible qui cause tant de jouissance aux *dilettanti*. Il faut surtout l'entendre disant la fameuse cavatine avec autant d'éclat que d'expression, et y ajoutant des traits d'un goût exquis, qui font qu'elle semble moins suivre que commander l'orchestre. Elle imprime au premier duo une véhémence, une chaleur d'exécution qui, pour ceux qui l'ont entendue dix fois, excitent des transports d'enthousiasme aussi vifs que la première. *Io tremo parente*, dits avec une expression pleine de vérité, et dans un mouvement plus vif et plus agité, font toujours frissonner l'auditoire (1). » C'est dans le cours de cette saison que Mme Malibran chanta *Tancredi* et le *Romeo e Giulietta* de Zingarelli avec Mlle Sontag pour partenaire dans les rôles d'Aménaïde et de Juliette, et c'est alors aussi qu'on vit les trois rôles du *Don Juan* de Mozart tenus par Mmes Malibran, Sontag et Heinefetter.

Garcia, de retour du Mexique, avait reparu au Théâtre-Italien dans *le Barbier de Séville*. Usé avant l'âge, il n'avait plus que les restes de sa belle voix d'antan, et son admirable talent même avait faibli. Le public respectait pourtant la grande renommée de celui qu'on appelait « le vieux lion », et la direction du théâtre, sachant quels malheurs l'avaient accablé à son départ d'Amérique, lui accorda une représentation à bénéfice, dans laquelle il devait jouer *Otello* avec sa

(1) *Biographie universelle et portative des contemporains.*

fille. Legouvé a rapporté, au sujet de cette représentation, une anecdote assez plaisante :

La violence de Garcia avait jeté bien souvent des
orages dans leur affection. Ils étaient brouillés mortellement et séparés depuis longtemps, quand Garcia arriva à
Paris, déjà vieux et aigri. Une représentation s'organisa
au Théâre-Italien. On lut sur l'affiche : *Otello. M. Garcia
jouera Otello; Mme Malibran, Desdemona.* J'assistai à
cette soirée. Je n'ai jamais vu attente publique si frémis-
sante ! Garcia paraît, puis la Malibran, puis Lablache,
qui représentait le père. Fut-ce la présence de sa fille? Je
ne sais, mais le vieux lion retrouva tous les sublimes
rugissements de sa puissante voix ! Elle-même, électrisée,
bouleversée par ce rapprochement si plein de pathétiques
amertumes, rencontra au premier acte, dans le délicieux
duo avec la nourrice, dans le finale, des accents d'une
mélancolie désespérée, qui étaient comme un écho anticipé
de la romance du Saule, et, ce premier acte achevé, le
rideau tomba au milieu d'un véritable délire d'applaudissements. Je dis le rideau tomba... n'allons pas si vite.
Dans le finale, Otello est placé à la droite du spectateur,
tout près de la coulisse, et Desdemona, du côté gauche, à
la même place. Or, pendant que le rideau tombait, quand
il ne fut plus qu'à une très petite distance du plancher, je
vis les pieds de Desdemona se tourner vivement et courir
vers les pieds d'Otello. Un rappel formidable éclate, le
rideau se relève, ils paraissent ensemble, seulement ils
étaient presque aussi noirs l'un que l'autre. En se jetant
dans les bras de son père, elle s'était marbré le visage de
la couleur d'Otello, sa figure à lui avait déteint sur elle.
C'était comique ! eh bien, personne n'eut la pensée de
rire. Le public, à demi instruit, comprit ce que ce spec-

tacle avait de touchant, ne vit pas ce qu'il avait de gro-
tesque, et applaudit avec transport ce père et cette fille
réconciliés par leur art, par leur talent, par leur triomphe ;
ils s'étaient embrassés en Rossini (1) !

C'est au cours de cette saison que le Théâtre-
Italien devait représenter un opéra nouveau, intitulé *Fausto*, dont la musique était due à
Mlle Louise Bertin, fille du directeur du *Journal
des Débats*, et dans lequel Mme Malibran était
appelée à remplir l'un des principaux rôles. « Le
Théâtre-Italien, disait à ce sujet *le Moniteur*, journal officiel et par conséquent bien informé,
donnera lundi 1er mars, au bénéfice de M. Inchindi,
la première représentation de *Fausto*, opéra semi-
seria en quatre actes, dont les principaux rôles
seront remplis par Mmes Pisaroni, Malibran,
MM. Bordogni, Graziani et le bénéficiaire (2). »
Et trois semaines après : « Quelques jours encore,
et une jeune émule de nos grands compositeurs va
faire entendre sa partition de *Fausto* sur la scène
dotée déjà des accords magnifiques de Rossini, de
Weber (!!), de Paër, etc. (3). » Que se passa-t-il
pourtant, et quelles difficultés se présentèrent au
cours des études et des répétitions de *Fausto?*
C'est ce que je ne saurais dire. Toujours est-il que

(1) *Maria Malibran*, par Ernest LEGOUVÉ. (Paris, Hetzel, s. d.,
in-12.)
(2) *Moniteur universel*, 16 février 1830.
(3) *Ibid.*, 7 mars 1830.

l'ouvrage ne fut pas joué alors, et qu'il ne parut à la scène qu'un an plus tard, le 7 mars 1831. Mais cette fois, Mme Malibran ne concourait plus à son interprétation.

Mme Malibran devait quitter Paris le 9 avril pour se rendre de nouveau à Londres, en passant par la Belgique et la Hollande, où elle avait promis de se faire entendre. Sa dernière représentation fut fixée au 3 avril, pour son bénéfice. En voici le programme, tel que le donnait le *Figaro* de ce jour :

THÉATRE-ITALIEN

Au bénéfice de Mme Malibran-Garcia

Une scène de PYGMALION (1)

TANCREDI

Opéra semi-seria en deux actes, musique de Rossini. Argirio, Bordogni ; Orbassano, Levasseur ; Buggeo, Trévaux ; Tancredi, mesd. Garcia ; Amenaide, Damoreau ; Isaura, Prossi.

Le succès fut immense, et la bénéficiaire fut fêtée comme on peut l'imaginer. « La représentation au bénéfice de Mme Malibran, disait encore le *Moniteur*, a été des plus brillantes. Après avoir ravi les spectateurs dans *Tancredi* et *Pimmalione*, comme virtuose et comme grande comédienne, la

_____

(1) C'était le *Pimmalione* d'Asioli.

bénéficiaire n'a pu se soustraire à l'empressement, aux acclamations des nombreux admirateurs de son beau talent. Elle a reparu tenant par la main Mme Damoreau-Cinti, qui bientôt a quitté la scène pour laisser une rivale amie respirer le parfum des fleurs dont on avait jonché le théâtre. Couronnes, bouquets tombaient de toutes parts... »

Excellente camarade, âme élevée et compatissante, toujours prête à être utile à autrui, à mettre son talent et le prestige de sa présence au service de qui les réclamait, Mme Malibran eut, pendant ce rude hiver de 1829-1830, de nombreuses occasions de prouver que son obligeance et son désintéressement étaient à la hauteur de ce talent incomparable. Le 3 janvier 1830 nous la voyons paraître à l'Opéra, dans une représentation au bénéfice de Mme Damoreau; c'est à cette occasion qu'elle chanta, avec elle et Mlle Sontag, le premier acte du *Mariage secret* de Cimarosa et ce délicieux trio féminin dont l'exécution étonnante par ces trois artistes révolutionna en quelque sorte le Paris musical et fut, durant plusieurs semaines, le sujet de tous les entretiens (1). Peu de jours après,

---

(1) « Jamais réunion de cancatrices de cette force n'avait eu lieu chez nous; c'était ce que l'on pouvait entendre de plus parfait. Mme Damoreau fit les honneurs de sa maison en offrant la partie de Carolina à Mlle Sontag; elle garda celle d'Elisetta, la seconde; Mme Malibran se plaisait à paraître sous les habits de la vieille tante Fidalma. Des applaudissements frénétiques, furibonds, éclatèrent de

le 18, elle se montre dans la représentation de retraite de Mlle Sontag, que le mariage arrache au théâtre, et elle joue une dernière fois avec elle *Tancredi*. Le 24 on la retrouve à l'Opéra, dans un spectacle extraordinaire au bénéfice des pauvres, concourant à l'exécution du second acte de *Tancredi* et du premier acte de *Don Juan* (1). Enfin, le 24 mars, aux Italiens, cette fois au bénéfice de l'orchestre, elle joue un acte d'*Otello*, un acte des *Nozze di Figaro* et un acte de *Romeo e Giulietta*, paraissant ainsi tour à tour dans ces trois personnages si différents, on pourrait dire si opposés, de Desdémone, de Suzanne et de Roméo.

On voit que, comme je le disais, elle était toujours prête à prodiguer son talent en faveur de tous ceux à qui il pouvait être utile. Mais là ne se bornait pas la bonté de cette femme adorable, dont il semblait que le cœur saignât devant toute infortune et à qui rien ne coûtait pour la soulager. Sa correspondance, sur ce point, est instructive et vaut qu'on s'y arrête quelque peu. J'ai sous les yeux deux lettres d'elle, datant précisément de

toutes parts lorsque ces voix ravissantes attaquèrent l'ensemble du trio : *Lo Faccio in inchino*. » (CASTIL-BLAZE, *l'Académie impériale de musique*, t. II, p. 213.)

(1) Le vieux roi Charles X assistait à ce spectacle, dont la recette s'éleva à 41.559 francs et atteignit, avec les offrandes, le chiffre de 53 029 francs.

cette époque, et qu'elle adressait à un ami dont je
regrette de ne pas connaître le nom ; la lecture de
ces lettres en dira plus long que tous les éloges :

29 novembre 1829.

Voulez-vous venir mardi, à 5 heures ? Je vous donnerai les cinq mille francs que je vous ai offerts. Mais en
cachette, sans que ma propre mère s'en doute, car je ne
lui ai pas dit. Je suis déjà assez fâchée que vous connais-
siez l'emploi que je veux en faire. C'est si doux de le
cacher même à la personne la plus intime ! J'ai peur que
vous ne soyez un tant soit peu bavard, et alors, adieu
plaisir ! Je souhaite que ce monsieur, dont je ne veux pas
même savoir le nom, ne se doute pas que j'aie rien à faire
dans ce qui le concerne. Ayez-en *tout l'honneur*. Pourvu
que je sache que ce brave soi-disant portier est hors
d'une situation qui aurait peut-être compromis l'établissement de sa fille, *c'est tout* ce que mon cœur désire. Les
bénédictions qui vous sont adressées par cette famille vous
sont dues ; car, sans votre compassion pour elle, je n'aurais
jamais connu l'état malheureux dans lequel ils vivaient.

Ainsi, je ne vois pas de nécessité à ce que vous *sachiez,*
comme vous dites, « mon aimable vous » à chaque instant. Gardez-vous-en !

Mon petit Bul m'a plu infiniment. Je crois qu'il ne
manque pas d'esprit, et qu'il a bon cœur. J'ai cru remarquer qu'il m'aimait de suite, et cela, par un sentiment de
reconnaissance. Si vous lui avez dit que je pouvais contribuer à son placement dans l'école, je verrai dans ses
larmes de la reconnaissance, si non, j'y verrai un caractère aimant.

Je vous demande pardon de mon gribouillage, mais je vous écris presque avec une brosse. Sans plus de phrases je me signe

M.-F. Malibran.

On voit par cette lettre que non seulement elle était charitable dans des conditions et dans des proportions assez rares (car, en tout temps, 5 000 francs constituent une somme importante), mais qu'elle l'était au sens le plus noble et le plus élevé, puisqu'elle ne voulait pas être connue de ceux qu'elle secourait d'une façon si largement généreuse, et que même elle se refusait à les connaître. Il y a là une délicatesse d'âme, et comme une sorte de pudeur dans la bienfaisance, dont bien peu seraient capables.

Voici, adressée à la même personne, une seconde lettre, qui n'est pas moins intéressante que la première :

Ce 16 janvier 1830.

C'est encore moi, qui viens vous *supplier à genoux* d'écouter cette excellente petite femme que je vous envoie, persuadée que vous ferez *tout ce qui dépendra* de vous pour donner une place, quand même de maître d'hôtel, à son mari, M. G... *Ils n'ont pas le sou. Trouvez quelque chose!* oh! je vous en prie! Si vous saviez comme mon cœur est gros! Je voudrais faire quelque chose qui pût les tirer de la misère complète dans laquelle ils se trouvent. N'ayez pas trop l'air de connaître leur misérable état...

Avec leurs appointements de théâtre ils ont vécu bien mal, devant payer des dettes qui ne sont pas toutes acquittées ; et ce qu'il leur reste est pour payer ce qu'ils doivent antérieurement. Ils ont un enfant... Quand ils auront vendu leurs petits meubles ils restent *(sic) entièrement sans rien*. Vous êtes bon, vous ferez tout au monde pour les tirer de l'abîme dans lequel un seul pas va les précipiter si vous ne venez promptement à leur secours !

Pardon, mille fois pardon de vous importuner de la sorte, mais je m'intéresse beaucoup à cette *amie d'enfance,* tant par son malheur que par connaissance ancienne, que je ne puis assez vous la recommander ainsi que son mari.

Recevez l'expression de ma vive reconnaissance.

M.-F. Malibran.

CHAPITRE V

Retour à Londres. — Son jugement sur Mme Méric-Lalande. — Elle fait *furore*. — Ses préoccupations. — Désir de voir casser son mariage. — Théâtre, concerts et soirées. — Prodigieuse activité. — Anecdotes curieuses. — Mme Malibran s'estime fière d'être née en France.

Comme l'année précédente, nous allons, après la saison de Paris, retrouver Mme Malibran à Londres, dès le mois d'avril. Elle était réengagée au King's Theatre, où elle devait se rencontrer cette fois non plus avec Mlle Sontag, devenue comtesse Rossi et femme d'ambassadeur, mais avec une artiste française, Mme Méric-Lalande, qui venait de passer plusieurs années en Italie, où elle avait obtenu d'éclatants succès et où elle avait créé trois opéras de Bellini, *il Pirata*, *la Straniera* et *Zaira*. Dans la lettre qu'on va lire, Mme Malibran montre qu'elle n'avait pas été sans quelque préoccupation de ce côté, ce qui se comprend d'ailleurs, Mme Lalande arrivant en Angleterre précédée d'une immense réputation ; et comme elle ne devait débuter — c'est-à-dire faire sa rentrée — qu'après l'apparition de celle-ci, elle était fort aise de pouvoir l'entendre et la juger d'abord.

Cette lettre, dans laquelle elle fait connaître à un ami de Paris son impression sur la cantatrice, était malicieuse, on peut dire injuste, et ne témoigne pas sans doute d'une extrême indulgence. Mais quoi ? Mme Malibran était femme, elle était artiste, et certainement jalouse de succès. Elle avait ses faiblesses évidemment, voire ses travers, comme tout être humain. Que servirait de les cacher ? Elle était assez belle et assez bonne pour qu'on les lui puisse pardonner aisément. Par les lignes que voici, qui contrastent singulièrement avec celles que je citais tout à l'heure, on verra qu'elle avait aussi de l'esprit, un esprit gamin parfois, vif, amusant, plein de charme et de fantaisie :

Mon bon, mon meilleur ami,

Je ne voulais vous écrire que lorsque j'aurais eu quelque chose d'intéressant à vous dire, mais je romps la glace et j'écris sans but aucun, excepté cependant l'idée de vous faire lire un peu mon griffonnage, qui, je n'en doute pas, vous fera tressaillir de joie et de bonheur, qui vous en donnera pour plusieurs jours, etc... Je dis cela parce que je juge des autres par moi-même. Je vous vois d'ici vous donnant une bonne tape avec la main droite sur le front et sur la cuisse, en disant : « Mon Dieu, est-elle !... Mais il n'y a que les femmes... bonnes, bonnes, mille fois bonnes... » Et moi, je réponds à cela : « Vrai, vrai, cent millions de fois vrai. »

Voyons si je pourrai rapapilloter une nouvelle. Parlons du début de Mme Lalande.

Je suis au théâtre avec lady Flynt, sa fille et son mari. Me voilà, ma lorgnette braquée sur mes deux quinquets, sans bouger, attendant, après l'ouverture, que le pirate, représenté par Donzelli, fasse son apparition (1).

L'ouverture... Hum!... Comme ci, comme ça. Elle ne fait pas grand effet. On lève le rideau. Jolie décoration. On applaudit l'ouverture. Un bon décorateur est l'artiste le plus important pour la réussite d'une ouverture.

Le pirate arrive... Un air bien beuglé, bien hurlé, lui vaut des applaudissements non mérités, qu'il reçoit en faisant trente-six mille courbettes et révérences... jusque dans les coulisses. L'air n'est pas mal, il y a de l'originalité.

Changement de décoration.

Venga la bella Italiana! (2) disait *mon petit moi,* qui s'impatientait.

Enfin, la voilà! dis-je en m'avançant au dehors de la loge pour mieux voir. Imaginez une femme frisant la quarantaine (3), blonde, visage d'ouvrière en journée, sans presque pas de bonne expression, pas jolie taille, ayant de commun avec moi le plus vilain pied du monde, coiffée désavantageusement et habillée *idem.*

Commence le récitatif... Sa voix tremble si fort que je ne puis juger si elle est aigre, douce ou autrement... J'attends patiemment la cavatine pour pouvoir juger. Commence la cavatine... Elle file un son⁓⁓⁓

Me voilà à plaindre cette malheureuse, qui ne trouve pas son courage. Elle finit son air, qui est très joli et

---

(1) Il s'agit d'*Il Pirata,* de Bellini.

(2) « Vienne la belle Italienne. » Ceci est de la raillerie, et Mme Lalande n'était ni belle, ni Italienne.

(3) Ceci est inexact. Mme Lalande, née en 1798, était loin de la quarantaine en 1829.

qu'elle chante toujours avec cette maudite continuation ondoyée... Elle est couverte d'applaudissements, d'encouragements. Mille révérences, d'usage à Londres seulement, et dont on lui a dit l'effet, lui valent des salves prolongées.

Arrive le beau duo que vous connaissez. Elle chante ce duo froidement et toujours en tremblant. Enfin, pour ne pas vous ennuyer plus longtemps, elle finit l'opéra comme elle l'a commencé. Elle a un bel air à la fin, où elle est folle. On vient de tuer son *consorte* (1) et son amant. Elle arrive avec ce petit enfant qui bâille, parce qu'il aime mieux faire dodo que d'entendre un air *lacrimoso* qui a besoin d'être chanté et surtout joué d'une manière tout opposée pour y produire un effet délirant. Il en a résulté qu'elle n'a pas fait le moindre effet. On l'a cependant redemandée après. Elle est arrivée recueillir les applaudissements les plus anonymes, les plus unanimes, veux-je dire, qui aient jamais été donnés, car on disait bien généralement qu'elle n'était pas bonne. Mais je n'ai pas voulu la juger comme tout le monde, au premier abord, j'ai attendu.

Or, *vien il meglio,* comme dit Suzanne. J'ai découvert que cette manière de chanter et de filer le son était une qualité immuable, fixe, éternelle! Vous comprenez combien nos voix iront peu ensemble..., deux à deux, comme trois chèvres. Ses notes du milieu sont comme un fil de fer tendu qui produirait un petit son rouillé, perçant, et peu ou pas du tout agréable.

L'opéra n'est pas mauvais, il s'en faut, mais il y a beaucoup de faiblesses. Il y a un trio magnifique entre les deux rivaux et l'épouse qui est si fidèle amante du Pirate,

(1) Son mari.

que le rival et époux se trouve tout bonnement aux pieds
de sa femme, qui ne veut pas consentir à le suivre malgré
son humble posture. Un autre que moi aurait expliqué
d'une manière plus intelligible cette scène, qui ressemble
beaucoup à celle d'Otello, Iago et Desdemona; mais
comme je sais à qui j'ai affaire, je ne me donne pas la
peine d'écarter les ténèbres qui règnent généralement
dans toutes mes descriptions.

Comme le proverbe qui dit : « L'on apprend à hurler
avec les loups » est vrai! Je m'aperçois que je ne dis plus
un mot ni écris une phrase sans intercaler une de ces
interminables parenthèses. Vous verrez par là comme c'est
amusant, lorsqu'on veut savoir une chose qui vous intéresse, de n'en venir jamais au but, de tergiverser sans
cesse, d'ondoyer l'intérêt de l'histoire et d'aller en zigza-
guant... Enfin, vous savez ce que je veux dire. C'est un
avis que je vous donne en passant, parce que je ne veux
pas d'inutilités dans les lettres que j'attends de vous jour-
nellement, qui m'instruiront des progrès de vos santés ou
de la décadence d'icelles.

M.-F. MALIBRAN.

Le succès de Mme Méric-Lalande avait été médiocre, et comme elle ne faisait point d'argent, le
début de Mme Malibran s'en trouva avancé
quelque peu. C'est elle qui nous le fait savoir, dans
une autre lettre adressée au même ami :

Ce 29 avril 1830.

Je débute, parce que Laporte est un peu dans la
débine; il est en décadence. Le petit succès de Mme La-

lande le défrise, et il m'attend comme le Messie pour le
tirer du bourbier dans lequel il est *jusque z'au cou*. Vous
savez que les ramoneurs font toujours leur début le 1ᵉʳ du
joli mois de mai, en dansant dans les rues, habillés en
chie-en-lit et couverts de rouge!... Je suis bien aise de ne
pas paraître ce jour-là, de peur de la comparaison. Il y
en aura tant d'autres à faire sans celle-là!...

Vous saurez que la peur me galope tellement que j'en
suis malade. Passons à autre chose. Je vais déjeuner. Ce
soir, après l'opéra, vous saurez comment j'ai été.

M.-F. Malibran.

Le lendemain, en effet, nouvelle lettre :

Le 30 avril 1830.

Voilà une corvée de passée. J'ai débuté hier au soir
dans la *Cenerentola*. Mon ami, j'ai fait ce qui s'appelle
furore en Angleterre, car à Paris, j'aurais pris mon succès pour une demi-décadence. Cependant mon entrée a
été belle. On m'a redemandée à la fin, et je puis dire que
j'ai été complètement applaudie par toute la salle, le parterre comme les loges. L'on trouve ma voix plus forte que
l'année passée. On a été enchanté de ma petite figure, ce
qui m'est fort égal; je vous le dis seulement parce que je
vous dis tout. On m'a trouvée bien portante et pleine de
moyens, ce qui est vrai en effet. J'ai fait preuve de la
plus grande complaisance en consentant à débuter un
jeudi, qui est un jour d'Italiens où personne ne va au
théâtre, c'est-à-dire que l'on n'a l'habitude de jouer que
pour les bénéfices. Aussi, malgré que la salle n'était pas
tout à fait pleine, on a été étonné de voir autant de

monde ; et comme c'était à cause de moi qu'on était venu,
cela me met terriblement à la mode.

J'ai vu, en traversant le théâtre, mon ami *Louchard*,
auquel j'ai fait un salut gracieux, comme je le fais quand
je ne veux pas en faire deux. Demain, je répète la même
chose, et je crois que je chanterai bien mieux. Ce soir, je
chante un air au concert des artistes... *vétérinaires*.

Faut-il que je vous dise de nouveau que vous me tenez
lieu de tout? Vous le savez mieux que moi. C'est à vous
que je dois le peu de bonheur dont je jouis maintenant et
dont j'ai joui à Paris. Vous êtes si bon ! Aussi je porte
une bague qui est le parfait emblème de notre amitié : un
nœud qui ne peut se défaire ; plus on tire, plus il serre.
N'est-ce pas que c'est l'image de la plus parfaite et solide
affection, de la plus durable et plus pure amitié? Oui,
plus j'y pense et plus je comprends par cette amitié l'éternité, car il me semble que je dois vous rencontrer après
que je serai morte, et que je vous aimerai encore et de
même. Comme c'est beau l'éternité, dans ce cas. Mais il
y a des choses dans ce monde de mort et de misères qui
dureront une éternité...

J'avais écrit, dans mon désespoir, à Viardot, qui a fait
tout ce qu'il a pu pour me consoler. J'étais si malheureuse
que j'ai dit à lady Flynt, ma bonne amie, quel était mon
malheur (1). Elle en a parlé à un de ses amis, un excel-

---

(1) Tout ceci a trait à la grande préoccupation de Mme Malibran,
qui, depuis longtemps déjà, songeait aux moyens de faire casser son
mariage ou d'obtenir le divorce. Cette jeune femme ne pouvait supporter l'idée d'être enchaînée à jamais à un homme qui auprès d'elle
était un vieillard, et qui sans doute, étant donnée la différence des
conditions et des milieux, ne pouvait ni la comprendre, ni l'apprécier. D'ailleurs, je l'ai dit, il est impossible de savoir ce qui s'était
passé entre eux. Quoi qu'il en soit, six années devaient s'écouler avant
qu'elle pût en arriver à ses fins.

lent homme, qui m'a dit que dans un pareil cas il avait été lui-même tiré d'embarras en consultant un monsieur de ses amis, un lord fort âgé (il a soixante-dix ans), qui, à ce qu'il paraît, connaît les lois comme ses poches. Ce matin, à midi, sir Georges Warender, qui est *le vieux ami* du *plus vieux,* viendra me parler de cela. Comme je ne risque rien en prenant des renseignements, je lui en dirai autant qu'il faudra (pas davantage) pour qu'il me donne un avis salutaire qui soulage un peu mon âme oppressée.

Si vous étiez bien près de moi et que je pusse vous parler, je ne chercherais pas ailleurs un remède à ma douleur. Mais, mon ami, je vous en prie, ne me faites pas de surprise. Lorsque le jour heureux où je dois vous revoir viendra, dites-le-moi bien longtemps d'avance, afin que j'avale à longs traits, par avance, ce bonheur dont j'aurai bientôt la source... Oui, vous en êtes la source la plus pure ; vous pouvez seul faire lever la tête à cette fleur qui est courbée vers la terre ; vous la faites renaître, vous lui faites reprendre, par votre esprit, toute sa force, toute sa vigueur... La pensée !... Et cette fleur est celle qui ne vous quitte jamais, qui est toute pour vous, parce que vous êtes bon, parce vous savez consoler les affligés, parce que vous leur donnez des conseils de père, parce que vous êtes leur frère, parce que vous êtes le mien, et parce que... parce que... Ah ! ma foi, je n'en finirais plus avec mes *parce que,* s'il fallait tous les faire passer en revue devant M. le...

Maintenant je vous quitte, je vais m'habiller pour attendre mon homme, *ami du vieux ami*, et puis je vais à ma répétition.

Adieu papa, maman, frère, sœur, adieu tout, tout, là.

M.-F. MALIBRAN.

Le lendemain encore, autre lettre, celle-ci écrite
en deux parties, l'une le matin, l'autre le soir, pour
annoncer sa seconde représentation et son second
succès :

Ce 1er mai.

J'ai eu du monde toute la journée pour répéter, je n'ai
pu vous écrire, mon bon ami ; la voiture est en bas,
elle m'attend pour aller au théâtre, où elle me quittera,
ainsi que ma pantoufle, si je tarde ; mon cocher deviendra
ainsi que ma pantoufle, mes bagages en écurie, mes chevaux une
belle paire de souris.

Je vous écrirai le succès de ce soir, soirée fashionable à
Londres, pour notre théâtre.

. . . .

Je viens de jouer, mon bon et sincère ami ; jamais, mon
cher, jamais, de toute la saison, on n'avait vu une *pleine*
aussi grande. On a renvoyé du monde en grande quantité. J'ai mieux chanté que jeudi. Tous mes camarades
sont enchantés de moi et ont l'air de m'aimer infiniment.
Ils sont venus me féliciter après l'opéra, et ils disaient
entre eux en s'en allant : Voilà ce qui s'appelle chanter !... Voilà une véritable artiste... Quel talent !...

Cela m'a beaucoup amusée, en même temps que je suis
fâchée que cela soit, pour la peine que cela peut leur faire.
Mais cela est...

M.-F. Malibran.

Le fait est que son triomphe au cours de cette
saison fut plus grand encore que précédemment.
Le théâtre, lorsqu'elle jouait, regorgeait littérale-

ment de spectateurs, on la demandait dans tous les concerts publics ou particuliers, on se l'arrachait dans le monde, chez la duchesse de Canizzaro, chez lord Wellington et bien d'autres, enfin on ne lui laissait pas un instant de répit. « On sait, disait à ce sujet Castil-Blaze, on sait ce que c'est que la vie d'un chanteur dans la capitale de l'Angleterre, la vie d'un chanteur dramatique du plus grand talent. Trois ou quatre matinées concertantes l'attendent après la répétition, et quand le rideau tombe et qu'il peut s'échapper du théâtre, les soirées commencent, se prolongent jusqu'au jour. Le virtuose monte en voiture pour aller de l'une à l'autre. Mme Malibran tenait tête à tous ces engagements; bien plus, elle donnait le dimanche à ses amis, et ce jour, d'un repos absolu pour l'Angleterre, était encore, pour Marietta, un jour de joyeuses fatigues. Elle jouait, folâtrait comme une enfant avec sa famille et ses nombreux amis; elle leur prodiguait les trésors de sa voix, les agréments de son esprit. » Mais les succès prodigieux de Mme Malibran étaient tels que son activité artistique ne pouvait plus se borner à Londres même. Sa renommée grandissait si bien chaque jour et se répandait à tel point de tous côtés que certaines villes de province, désireuses, on pourrait dire avides de connaître son talent et de l'admirer à leur tour, sollicitaient instamment

sa présence les jours où il n'y avait point de représentation italienne dans la capitale et où elle
pouvait s'en éloigner momentanément. Il arrivait
même qu'elle se produisait le même jour dans deux
villes différentes. C'est ainsi qu'elle écrivait le
26 mai, toujours au même ami : — « ... Mercredi,
je vais à Bath, après le concert *ancien;* j'arrive jeudi
à neuf heures du matin, je chante deux morceaux
à une heure, je pars, et dans une heure je me
trouve à Bristol pour jouer le soir le troisième acte
d'*Otello* avec Donzelli. Je gagne mes 120 guinées
et j'arrive le lendemain à Londres pour recommencer. » Il fallait vraiment que cette jeune
femme, si frêle en apparence, fût douée d'une
santé de fer et d'une force inébranlable de volonté
pour supporter sans faiblir une telle existence et
résister à de si invraisemblables fatigues. Pourtant,
et sous ce rapport, nous en verrons bien d'autres
lorsqu'une fois elle aura mis le pied en Italie et
qu'elle partagera son temps entre ce pays, qui l'ac-
clame et la réclame de tous côtés, la France, qu'elle
aime toujours, l'Angleterre, où on la rappelle sans
cesse, et la Belgique, patrie de Charles de Bériot,
son second époux. C'est à partir de ce moment surtout qu'on a peine à la suivre dans tous ses
voyages et toutes ses pérégrinations.

Mais revenons en Angleterre, où son nouveau
séjour nous fournit d'ailleurs quelques faits inté-

ressants, touchant surtout le caractère de la grande artiste. Celui-ci entre autres, qui est assez curieux.

On conçoit sans peine que Mme Malibran, jeune, belle, adulée de toutes parts et dans tout l'éclat d'un génie admirable, maîtresse absolue de ses actions, devait être le point de mire des poursuites d'une foule de courtisans et d' « adorateurs », dont quelques-uns sans doute éprouvaient pour elle une passion sincère, tandis que d'autres lui faisaient l'outrage de supposer qu'en sa qualité de femme de théâtre certains procédés ne pouvaient manquer d'être victorieux avec elle. C'est ainsi que, dit-on, un riche banquier anglais s'était permis de lui faire parvenir en bank-notes une somme de 100 000 francs, jugeant un tel argument irrésistible et de nature à lui aplanir les voies; il put s'apercevoir bientôt qu'il s'était trompé, la destinataire lui ayant purement et simplement retourné son envoi. Mais voici le fait original.

C'était un soir, pendant une représentation d'*Otello* au Kings' Theatre. Mme Malibran se trouvait en scène avec Donzelli, lorsqu'un immense bouquet vient tomber à ses pieds; elle le ramasse, et du milieu des fleurs s'échappe un papier qui retombe à terre. Donzelli se baisse, relève le papier et s'apprête à le remettre à sa compagne, lorsque toute la salle en demande à grands cris la lecture. Sur un signe de Mme Malibran, qui a vu et compris de quoi il s'agit, Donzelli s'avance jusque sur le trou du souffleur et lit à haute voix : — « Banque d'Angleterre. Bon pour *mille* livres sterling, qu'il vous plaira de payer à vue au porteur. » Puis, devant l'étonnement et les sourires des spectateurs, Donzelli, à qui Mme Malibran venait de dire quelques mots à l'oreille, fait signe qu'il veut parler, et au milieu d'un profond silence, prononce ces mots : — « Mesdames et messieurs, nous regrettons de ne pouvoir lire en entier le contenu de ce billet, qui nous est parvenu par erreur et qui est adressé aux pauvres de la métropole. » On juge si un tonnerre d'applaudissements accueillit ces paroles. Il était vraiment impossible de se tirer avec plus de grâce et d'esprit d'une situation délicate.

Une autre anecdote, à laquelle l'excellent Lablache, qui faisait partie de la troupe, se trouve aussi mêlé à son avantage, nous donne encore une preuve du tact et de la délicatesse de Mme Malibran. En ce temps où la tyrannie des princes, nationaux ou étrangers, s'appesantissait sur l'Italie avec une cruauté terrible et engendrait d'innombrables conspirations, les proscrits politiques de ce malheureux pays cherchaient un refuge dans tous les Etats libres. L'un d'eux, fixé depuis un assez long temps à Londres, venait d'obtenir l'autorisation de rentrer dans sa patrie ; mais sa misère

était telle qu'il se trouvait dans l'impossibilité de
payer les frais de son voyage. L'idée lui vint de
s'adresser à Lablache, son compatriote, pour le
prier de s'intéresser à lui et de lui venir en aide.
Lablache en parle aussitôt à ses camarades, réunis
au théâtre pour la répétition, et leur propose de
se cotiser pour procurer au malheureux les moyens
d'aller rejoindre sa famille. Donzelli donne
50 francs, Mme Lalande de même. Se retournant
alors vers Mme Malibran, restée silencieuse, Lablache lui dit : « Et toi, Maria, que me donneras-
tu? — Comme vous tous », répondit-elle. Et
Lablache, enchanté, s'empresse d'aller porter son
petit trésor au pauvre diable qui l'attendait
anxieusement. Mais le soir, pendant le spectacle,
Mme Malibran, prenant Lablache à part, lui dit :
« Mon ami, voici 250 francs que vous ajouterez à
ma part pour votre protégé; je n'ai pas voulu
tantôt, pour ne blesser personne, paraître donner
plus que les autres. N'en dites rien. » Lablache,
au comble de la joie, court le lendemain, dès
le matin, chez son homme... qu'il ne trouve pas,
celui-ci, ne voulant point perdre de temps, étant
déjà parti pour s'embarquer. Que faire? Sans se
décourager, Lablache s'informe, court au port, se
presse et arrive... juste au moment où le bateau
venait de quitter le ponton. Il saute alors dans
une barque, se fait conduire jusqu'au bâtiment,

l'aborde, remet à son protégé la somme qui venait
de lui être confiée, et repart comme il était venu.

La saison théâtrale terminée, Mme Malibran
avait quitté Londres pour aller chanter dans divers festivals de province où elle était appelée.
Elle se trouvait à Norwich lorsque lui parvint la
nouvelle de la révolution de Juillet. Elle se souvient alors qu'elle est Française de naissance, elle
s'en vante et elle adresse à un ami la lettre très
curieuse et très charmante que voici :

Norwich, août 1830.

Je suis contente, fière, glorieuse, vaine au dernier
point d'appartenir aux Français! Vous pleurez d'avoir
été absent? Il n'y a pas de jour que je ne sois désolée,
moi, femme, de n'avoir eu un œil ou une jambe cassée
dans la mêlée de cette cause de l'âge d'or! N'est-ce pas
le vrai âge d'or que de se révolter pour sa liberté et de
rejeter en même temps même l'apparence d'une usurpa-
tion sur les autres peuples? Je vous assure qu'en pensant
à Paris je sens mon âme s'élever! Croyez-vous que des
soldats armés de fusils auraient pu m'empêcher de crier :
Vive la liberté? On me dit que tout n'est pas encore tranquille en France. Écrivez-le-moi; j'irai. Je veux partager le sort de mes frères. La charité bien ordonnée, dit-on,
commence par soi-même! Eh bien, les autres sont *mon
soi-même*. Vive la France!...

M.-F. MALIBRAN.

Et quelques semaines après, le 1ᵉʳ octobre, au moment de revenir à Paris, elle écrivait encore de Birmingham une lettre où je trouve les lignes suivantes : — « Quand je pense que dans vingt-quatre jours je dois être dans mon noble pays, mon cœur pétille de bonheur. Il me semble que je dois voir les visages français changés, je me figure les voir rayonnant de liberté, les yeux pleins de ce regard de feu et de bonheur qu'inspire toujours la conviction du bien qu'on a voulu faire. Tout ceci est bien plus clair dans mon crâne que sur le papier, faible *Mercure* de mes idées... L'on me dit que tout n'est pas fini... Si j'avais pu perdre un bras pour une cause pareille, je croirais en avoir gagné deux par la force de la conviction d'avoir servi à quelque chose en maintenant le droit de la nature. Je commence à m'enflammer. Adieu. Assez causé comme ça. » Cette femme charmante était acquise à toutes les idées nobles et généreuses.

CHAPITRE VI

Nouvelle rentrée au Théâtre-Italien, nouveaux triomphes. — Mme Malibran et le général La Fayette. — Fatigue et maladie. — Repos
forcé. — Elle reparaît au Théâtre-Italien, mais ne peut terminer
la saison. — Part pour Bruxelles, où elle donne un concert avec
Bériot.

C'est au mois de novembre 1830 que Mme Malibran allait revoir ce Paris qu'elle aimait tant, ce
Paris où elle était née, qui avait fait sa renommée,
et auquel elle revenait toujours avec une joie profonde! C'est encore dans ce rôle pathétique de
Desdemona, qui lui avait valu ses premiers
triomphes, qu'elle se présentait de nouveau devant
le public du Théâtre-Italien, toujours heureux de
la revoir, de l'applaudir et de l'acclamer. Son talent sans cesse grandissant montrait bien quelle
artiste était en elle, toujours soucieuse de faire
mieux, jamais satisfaite, cherchant et s'attachant,
à l'aide d'un travail obstiné, opiniâtre, incessant,
à devenir chaque jour supérieure à elle-même, s'ef-
forçant enfin d'atteindre, avec la perfection, un
idéal peut-être impossible à définir et à saisir, mais
qu'elle poursuivait avec une intelligence, une té-

nacité et un courage que rien ne pouvait lasser.
C'est à cette époque qu'un critique parlait d'elle
en ces termes : — « Depuis près de trois années que
Mme Malibran remplissait ainsi la scène, on avait
remarqué des progrès sensibles, mais parfois aussi
quelques inégalités dans son exécution. Livrée avec
passion à l'étude de son art, elle portait quelquefois sur la scène un peu de fatigue; parfois ses
immenses moyens avaient pu trahir son zèle. On
n'a pas eu lieu de faire depuis cette remarque; son
talent a acquis toute sa force, et malgré sa jeunesse on peut dire que chez elle l'admirable virtuose, la grande comédienne, la femme séduisante
est formée. Aussi, lorsqu'au mois de novembre
1830 elle fit sa rentrée dans le rôle de Desdemona,
sa voix avait acquis plus de vigueur et d'intensité
dans les sons graves, et ses sons hauts lui obéis-
saient presque toujours avec la même exactitude.
Les amateurs n'oublieront jamais le plaisir qu'ils
éprouvaient lorsque, dans *il Barbiere di Siviglia*,
ils la virent pour la première fois remplir la scène
avec Lablache. Aucune cantatrice n'a été plus
populaire, n'a excité des transports d'enthousiasme
plus frénétiques, parce qu'elle a porté à l'Opéra
italien un abandon, une expression de jeu dont on
n'avait pas encore vu d'exemple à ce théâtre. Les
critiques la blâmèrent, sans trop d'injustice, d'exagérer son jeu; mais à la scène elle séduit, elle fas-

cine, elle entraîne ceux-là même qui, le rideau baissé, lui font ce reproche (1). »

Mme Malibran avait retrouvé ici tous ses admirateurs ; elle y retrouva tout son succès en se montrant de nouveau dans les ouvrages qui avaient fondé sa jeune et si éclatante renommée : *Tancredi*, *il Barbiere*, *Romeo e Giulietta*, *la Gazza ladra*, *Cenerentola*... Ce n'était pas sa faute si le répertoire du Théâtre-Italien restait un peu trop immuable et comme figé en lui-même ; elle n'eût certes pas demandé mieux que de contribuer pour sa part à l'enrichir, et son zèle infatigable n'eût reculé pour cela devant aucun effort. Les premiers opéras de Bellini, dont la fortune était si grande en Italie, n'étaient pas encore parvenus jusqu'ici, et quant à ses deux chefs-d'œuvre, *Norma* et *la Sonnambula*, ce n'est qu'en 1831 qu'ils allaient, l'un et l'autre, paraître à la lumière. Mme Malibran les trouverait au cours de son premier voyage au delà des Alpes, et, s'en emparant après Mme Pasta, elle leur donnerait une interprétation si prodigieuse, si inattendue, si sublime, que sa gloire en grandirait encore et que l'enthousiasme excité par son génie prendrait des proportions inconnues jusque-là, même dans ce pays de l'enthousiasme.

Chose assez singulière, Mme Malibran se retrou-

1) *Biographie universelle et portative des contemporains.*

vait cette fois ici avec Mme Méric-Lalande, qu'elle avait, nous l'avons vu, jugée un peu sévèrement et sans doute un peu superficiellement à Londres, et que le directeur du Théâtre-Italien, M. Laurent, avait appelée à Paris. Chose plus singulière encore, les deux artistes jouèrent ensemble dans *Semiramide*, mais alors Mme Malibran abandonna le rôle de Semiramide à Mme Lalande, pour prendre, elle, celui d'Arsace, où d'ailleurs elle n'obtint pas moins de succès. Elle prit part aussi, en jouant avec elle *Tancredi*, au bénéfice de Mme Lalande. Il faut croire, au surplus, qu'elle était revenue sur le compte de cette artiste vraiment distinguée et qu'elle finit par lui rendre pleine justice, car à la date du 10 février 1830, elle lui envoyait une bague accompagnée d'une lettre tout amicale dans laquelle elle la priait d'accepter ce bijou « en témoignage de ses sentiments d'estime et d'admiration ».

Je viens de nommer de nouveau *Tancredi*, et c'est le lieu de faire connaître une jolie anecdote, de citer un fait qui montre que le tact et l'esprit d'à-propos n'abandonnaient jamais Mme Malibran. Elle fut liée très intimement avec le général La Fayette, qui la prit en grande affection et qui plus tard devait lui venir puissamment en aide lors du procès relatif à la dissolution de son mariage ; mais on ne sait guère de quelle façon originale elle fit sa connaissance. Le fait vaut la peine d'être rappelé. On était à la fin de 1830, et nul n'ignore à quel point était immense à ce moment la popularité du général. Le rideau allait se lever au Théâtre-Italien sur le premier acte de *Tancredi;* La Fayette assistait au spectacle et, acclamé par la foule à son entrée dans la salle, il avait pris place dans une loge, non loin de la scène; tous les yeux étaient fixés sur lui. L'ouvrage commence, et le silence s'établit. Arrive l'entrée de Mme Malibran. Tancrède paraît, le casque en tête et l'épée au côté, et, avant de chanter, s'avance vers la rampe, fixe La Fayette, tire son épée et fait fièrement au vieux soldat le salut des armes. On devine si, à cette époque d'effervescence générale où l'émotion gagnait si facilement tous les cœurs, un tonnerre d'applaudissements accueillit ce mouvement aussi heureux qu'inattendu.

Au cours de cette saison nouvelle, Mme Malibran ajouta un ouvrage à son répertoire. Elle apprit, pour le jouer au bénéfice de Lablache, le rôle principal d'un vieil opéra bouffe de Gnecco, *la Prova d'un opera seria.* Ce n'était pas là toutefois ce qui pouvait l'occuper beaucoup et lui donner grand mal. Mais on ne pourrait supposer un instant qu'elle restât inactive ici; et si, à ses études ordinaires ne venaient pas s'en joindre de nouvelles, on peut être assuré qu'elle trouvait le moyen d'employer son temps en conscience. A Paris comme à Londres, son talent était recherché dans le monde autant qu'il était apprécié au théâtre, en sorte que chaque jour elle se voyait sollicitée de tous côtés. D'autre part, son tempérament excessif et fougueux la poussait au plaisir avec une ardeur égale à celle qu'elle apportait au travail, et les plaisirs qu'elle recherchait étaient loin d'être toujours les plus tranquilles. Amazone intrépide, il lui arrivait de monter à cheval dès les premières heures de la matinée et de n'en descendre que pour se rendre à la répétition, quand elle ne recommençait pas une fois celle-ci terminée. Et le soir, après le spectacle, que ce fût dans une de ces assemblées du grand monde où son talent était coté au plus haut prix, ou bien dans une réunion intime et amicale où elle n'en était pas moins prodigue, elle chantait, riait et dansait jusqu'à quatre ou cinq heures du matin. Toujours en mouvement, connaissant peu le repos, se dépensant de toutes façons, elle usait de tout sans ménagement, avec la fougue naturelle de son caractère, sans souci du lendemain et de la fatigue qui pouvait s'ensuivre, sans songer à la limite de ses forces, et se moquant de tout pourvu qu'elle fît ce qui lui plaisait.

Aussi sa santé se ressentait-elle parfois de ce régime, et lui arrivait-il de ne pouvoir remplir ses obligations envers le public. Témoin ce billet, qu'elle adressait un jour à Severini, régisseur du Théâtre-Italien :

> Mon cher Severini,
>
> Ni moi, ni mon travail, nous ne sommes rien, avec ou sans la moindre comparaison avec l'immense éternité de notre Seigneur Dieu! Cependant, tout Dieu qu'il est, il lui a fallu un jour de repos après six jours de création. Je n'ai travaillé, je n'ai créé qu'un misérable jour, et comme vous pouvez bien le penser, un jour ne me suffit pas pour me reposer. Je ne suis pas comme Pénélope, je ne peux pas le lendemain défaire la fatigue de la veille; je suis même tout le contraire. La veille, je ne suis pas malade, mais le lendemain je n'en puis plus. En rentrant hier soir chez moi, j'ai été très malade; aujoud'hui j'ai une courbature, ou, pour mieux dire, un torticolis dans tous les membres. J'ai toutes les peines du monde à barbouiller ce peu de mots.
>
> Ainsi donc, mon cher Severini, point de Malibran demain. Je ne puis pas même jouer Rosina!
>
> Ayez pitié de la pauvre courbaturée.
>
> M.-F. Malibran.
>
> Ce mercredi soir.

Son amie la comtesse Merlin raconte que, s'étant engagée à chanter chez elle, en une soirée de grande cérémonie, elle apprit tout à coup que le Théâtre-Italien, dont ce n'était pas jour de spectacle, avait pourtant organisé, précisément pour cette date, une représentation extraordinaire à bénéfice dont elle faisait partie. Pour comble de malechance, elle devait jouer encore le lendemain. Après avoir inutilement tenté auprès de M. Laurent, le directeur, de faire remettre le spectacle, comme celui-ci l'engageait vivement, surtout en vue du lendemain et de la fatigue qui pouvait en résulter pour elle, à ne pas se rendre à la soirée où elle était conviée : « Du tout ! lui répondit-elle ; je chanterai au théâtre, parce que c'est mon devoir ; mais après, j'irai chez Mme Merlin, parce que c'est mon plaisir. » Et Mme Merlin ajoute : « A une heure du matin, Maria, après avoir joué *Semiramide*, parut dans mon salon, y chanta jusqu'à deux ou trois heures du matin, soupa ensuite, valsa et ne partit qu'au jour (1). »

(1) On lisait dans la *Revue de Paris* : — « Il y a eu un concert chez Mme Merlin vendredi 7 janvier (1831). La réunion a été, comme chaque année, composée du plus grand nombre des *dilettanti* de la haute société parisienne. On va chez Mme Merlin pour entendre de la bonne musique. Ainsi on y écoute, et on lit sur tous les visages qu'on n'est pas pressé que le concert finisse. Rossini tenait le piano. Mme Merlin, Mme Rimbault, M. Blanchart et Mme de Sparre se sont joints aux artistes du Théâtre-Italien, Mme Malibran, MM. David, Lablache et Donzelli. Mme Merlin a été aussi brillante que toujours ; voix puissante et agile. Beaucoup de belles personnes composaient l'auditoire. — Lundi 10 janvier, concert chez M. Bonfils. Grand luxe, des salons magnifiques, des dames du faubourg Saint-Germain et de la Chaussée d'Antin, des ducs et des agents de change, des étrangers de tous les pays. Rossini au piano, tous les chanteurs artistes de profession, Mme Malibran, Mme Tadolini, MM. David, Lablache, Donzelli et Zucchelli ; morceaux de musique très bien choisis, entre autres un duo de Fioravanti chanté par Mme Malibran et par Lablache, un terzetto de l'opéra *la Pietra del Paragone* chanté par Lablache, Donzelli et Zucchelli, un air de

Telle était la femme : excessive en tout, volontaire autant qu'on peut l'être, et ne connaissant point d'obstacle à ce qu'elle prétendait faire. C'est encore Mme Merlin qui nous en offre un exemple singulier, et dont les suites auraient pu être fâcheuses :

Elle ne se retirait pas toujours avec bonheur de ce jeu hardi, et souvent sa santé s'en ressentait, mais c'est alors qu'elle faisait des prodiges.

'Ainsi, après avoir passé la nuit au bal la veille d'un jour où elle devait jouer, elle se leva à midi, monta à cheval, partit à jeun et ne rentra qu'à six heures. A peine eut-elle dîné qu'elle fut obligée de se rendre au théâtre. Elle s'habilla à la hâte pour jouer le rôle d'Arsace; mais agitée, fatiguée, à la suite d'un dîner précipité, ce pauvre Arsace avec ce beau casque déjà en tête et ses cheveux bouclés, au moment de paraître sur la scène perdit pied et s'évanouit. On ramena Maria dans sa loge, et c'était à qui en aurait le plus de soin. Le malheureux directeur ne savait où donner de la tête; on présentait à la patiente vingt flacons ouverts à la fois pour la faire revenir à la vie... Par malheur, il se trouva dans le nombre une coupe qui contenait une mixture d'huile et d'alcali, dont Maria faisait usage pour friction extérieure, lorsqu'elle souffrait du mal de gorge. Un officieux imprudent l'approche de ses lèvres, elle les applique... Un instant après, d'énormes cloches se forment sur sa belle bouche!... Que faire? Elle ne saurait plus se présenter sur la scène. Changer le spectacle? Il était trop tard. Comment s'y prendre? « Atten-

Donna Caritea chanté par Mme Malibran et un quintette de *Matilde di Shabran.* »

dez, dit Maria, qui était tout à fait revenue à elle ; attendez, laissez-moi faire. » Et prenant une paire de ciseaux qui se trouvaient sous sa main, elle se place devant sa glace et fend d'un bout à l'autre, vivement et sans hésiter, la peau qui boursouflait ses lèvres. L'état dans lequel elles restèrent, on ne saurait le décrire. Mais Maria joua le rôle d'Arsace et chanta admirablement en face de Semiramide-Sontag.

On voit de quel courage, en somme, elle était capable, et de quelle conscience elle donnait la preuve lorsque, par son imprudence, elle se sentait en faute vis-à-vis du public. Elle avait, en réalité, le sentiment de ses devoirs envers celui-ci beaucoup plus que telle artiste de ce jour que l'on pourrait nommer. Et l'on peut croire pourtant que ce public lui aurait pardonné bien des écarts en faveur de son admirable talent, talent auquel son père, le vieux Garcia, assurément exigeant et difficile, rendait à cette époque l'hommage éclatant qu'on va voir.

Une nièce de Garcia et sans doute un peu son élève, fille de son frère, cherchait alors à se produire, et Garcia écrivait à un agent théâtral de Bologne, nommé Benelli, dans le but de lui faire obtenir un engagement en Italie. « Elle a, lui disait-il, une voix très rare de *soprano sfogato* » ; et il ajoutait : « Mais je ne voudrais pas la faire débuter ici (à Paris), parce qu'après la Malibran

il faut être tragique et comique à un degré supérieur, et je ne crois pas que ma nièce soit *aussi
sublime que sa cousine* pour l'action scénique, bien
que sa voix soit meilleure. En Italie, on n'exige
point la même délicatesse d'action qu'en France :
c'est pourquoi je désire la produire d'abord sur
un bon théâtre d'Italie, après quoi je suis certain
de sa réussite à Paris. » Voilà certainement le
plus bel éloge, fait par un bon juge et dont on
connaît la sévérité, du talent de Mme Malibran.

Cette saison de 1830-1831 ne fut pas moins
brillante pour elle que les précédentes, et l'on n'a
qu'à consulter les journaux du temps pour se
rendre compte de l'enthousiasme qu'elle ne cessait
d'exciter. Sa voix semblait pourtant, à la fin, ressentir quelque fatigue, si bien qu'elle prit le parti
de consacrer tout l'été suivant au repos, au lieu
de retourner comme d'habitude à Londres. La
Revue musicale du 30 avril 1831 nous l'apprend
en ces termes : — « La clôture du Théâtre-Italien a
lieu aujourd'hui. Quelques-uns des chanteurs sont
engagés au théâtre de Londres et partiront inces-
samment. Mme Malibran, à qui un engagement
avantageux avait été offert pour Bologne, l'a
refusé. Elle veut se reposer pendant l'été prochain,
afin de se préparer aux fatigues de l'hiver. Nous
ne pouvons que la féliciter d'une résolution qui
aura pour effet de rendre de l'élasticité et de la

fraîcheur à son organe, dont l'altération est quelquefois très sensible (1). »

Ce repos ne paraît pourtant pas lui avoir été aussi profitable qu'elle eût pu l'espérer, bien que sa rentrée au Théâtre-Italien, qui s'effectua le 8 novembre 1831 dans *la Gazza ladra*, ait été très brillante, ainsi que le constatait la *Revue de Paris* :

— « Mme Malibran nous est rendue avec toute la fraîcheur, tout le charme, toute la verve de son talent. Elle a été accueillie avec l'enthousiasme qu'excitera longtemps encore, nous l'espérons, cette imagination féconde et hardie, dont un goût pur réprime bientôt les écarts passagers. Seule, cette grande cantatrice attirerait encore la foule, et elle

(1) C'est vers cette époque que paraissait en Allemagne un livre dont une traduction française était donnée l'année suivante sous ce titre : *Lettres écrites de Paris pendant les années 1830 et 1831,* par L. Bœrne, traduites par F. Guéran (Paris, Paulin, 1832). La *Revue musicale*, en rendant compte de cet ouvrage, en reproduisait ce passage relatif à Mme Malibran, dans lequel l'admiration s'exprime avec cette subtilité d'analyse, parfois un peu niaise, familière à certains cerveaux allemands : — « Que n'auriez-vous pas éprouvé si vous aviez entendu la Malibran ? Il semblait que mon cœur s'était changé en une harpe dont les anges jouaient. L'oreille écoutait en dedans... je m'attachais avec une véritable anxiété au mot terrestre, afin de ne pas perdre terre et ne pas être enlevé par ces accents spirituels. Dieu a donné à la Malibran un certificat avec la signature de sa création, personne ne peut la contrefaire. C'était comme une campagne fleurie de tous les sentiments tendres et fiers, calmes et élevés, doux et amers de l'homme, avec tout le luxe de couleurs, toutes les douces exhalaisons et tous les étourdissements des fleurs les plus variées... Elle ne chantait pas seulement de la bouche, tous les membres de son corps chantaient. Les accents jaillissaient en étincelles de ses yeux, de ses doigts ; ils coulaient de sa chevelure, elle chantait encore quand elle se taisait. »

est secondée par Rubini, qui a justifié près d'elle
sa réputation de premier ténor de l'Italie, et par
Lablache, si admirable comme chanteur, et plus
admirable encore comme comédien. La rentrée de
Mme Malibran a eu lieu dans *la Gazza ladra*. Tous
les *dilettanti* étaient à leur poste, à l'orchestre
comme dans les loges. Si une légitime émotion a
empêché d'abord Mme Malibran de justifier les
applaudissements qui la causaient, elle avait déjà
retrouvé toute la puissance de sa voix dans le
duo : *Come frenar il pianto*. Comment blâmer une
excessive sensibilité à laquelle on doit une partie
des élans si souvent sublimes de ce talent passionné ! » Mais après avoir joué *la Gazza*, après
s'être montrée de nouveau dans *Otello* et dans
la Prova d'un opera seria, Mme Malibran est
obligée de s'éloigner de la scène pendant plusieurs
semaines, sinon par une maladie grave, du moins
par une longue et sérieuse indisposition. On ne la
voit reparaître à ce théâtre que le 8 janvier 1832,
dans un grand concert auquel prennent part, avec
elle, de Bériot, Henri Herz, Santini, Bordogni,
Rubini, Lablache, Mme Tadolini et Mme Schrœder-
Devrient. Et sa santé était alors si peu raffermie
que la *Revue musicale*, dans son compte rendu de
la soirée, était amenée à en constater le fâcheux
état, ainsi que les efforts vraiment courageux qu'elle
faisait pour dompter le mal en présence du public.

Après avoir parlé de tous les artistes qui avaient pris part au concert, ce journal disait : — « Reste Mme Malibran, qui n'a chanté que deux morceaux, mais deux morceaux de choix et placés tout à la fin du concert; l'air de Mercadante, *Se m'abbandoni*, et le duo de *la Gazza*. Mme Malibran était fort souffrante, horriblement enrhumée; les phrases du récitatif, dans son air, ont été entrecoupées de quintes de toux des plus violentes, au point de laisser croire qu'elle ne pourrait continuer. C'était dans toute la salle un sentiment indicible de souffrance et de sympathie; et pourtant, malgré la grave altération de sa voix, Mme Malibran est parvenue à faire oublier ses souffrances à ceux qui l'écoutaient. A chaque phrase de chant la pitié faisait place à l'admiration, tandis qu'à chaque temps de repos le mal reprenait le dessus et faisait renaître la compassion. Cette alternative d'angoisse et de plaisir a duré tant que Mme Malibran a été en présence du public. C'est là une de ces victoires qu'un grand artiste seul peut remporter, mais qui sont funestes à celui qui triomphe. Certes, pour ma part, me voilà convaincu plus que jamais que Mme Malibran est la première cantatrice de notre temps, mais Mme Malibran ne devrait pas acheter la gloire en ruinant, en sacrifiant peut-être son avenir. »

J'ai dit déjà que le livre de la comtesse Merlin,

précieux en ce qui concerne certains souvenirs intimes, était, au point de vue de l'exactitude des
faits artistiques, très sujet à caution. En voici
une preuve. Mme Merlin, qui, je ne sais pourquoi,
parle de certaine rancune du public envers
Mme Malibran, écrit ceci : — « Le 8 janvier (1832),
elle donna *Otello* pour sa représentation d'adieu
Rien ne saurait être comparé à son jeu sublime, à
l'accent touchant de sa voix. L'auditoire, électrisé,
revint à elle avec amour, avec remords peut-être,
mais il n'était plus temps. Comme un beau cygne,
les ailes déjà déployées, Maria fit ses derniers
adieux au public parisien et s'envola pour toujours. » Or, on vient de voir ce qu'était cette pré-
tendue représentation d'*Otello*, qui se réduisait à
deux morceaux chantés dans un concert. La seule
chose vraie du petit récit dramatique de la comtesse Merlin, c'est que ce fut là la dernière apparition de Mme Malibran devant ses admirateurs
parisiens. Encore ne faut-il voir dans ce fait
absolument rien de préconçu, comme l'écrivain
semble s'efforcer de le faire croire, mais simplement un effet du hasard et des circonstances. Trop
souffrante pour remonter sur la scène, incapable de
terminer la saison commencée, elle se vit condamnée à un repos absolu de quelques semaines, et
ne reprit contact avec le public que le 24 mars, à
Bruxelles, dans un concert donné avec Bériot au

théâtre de la Monnaie (1). On va voir bientôt que son premier voyage en Italie, *sans engagement*, voyage absolument inopiné et imprévu, fut le fait de son humeur toujours un peu fantasque, et nullement le résultat de je ne sais quel différend imaginaire avec le public français qu'elle adorait, à qui elle devait sa gloire, et dont elle était loin de songer à se plaindre. Par la suite, un enchaînement de circonstances, les sollicitations dont elle était l'objet de tous côtés, des préoccupations artistiques ou privées (ces dernières n'étaient pas toujours les moins importantes), et enfin sa mort si précoce et si rapide, firent qu'elle n'eut plus l'occasion de reparaître à Paris, où d'ailleurs elle se retrouvait à chaque instant, et toujours avec joie. Hasard ou fatalité, oui ; volonté, non.

(1) Voici le programme de ce concert : 1. Ouverture de Weber ; 2. Air varié pour piano, de Henri Herz, exécuté par Henri de Fiennes ; 3. Cavatine d'*Otello* (Rossini), chantée par Mme Malibran ; 4. Air varié, composé et exécuté par Ch. de Bériot ; 5. *Deep sea,* ballade anglaise, et romances françaises par Mme Malibran ; 6. Ouverture de Snel ; 7. Fantaisie pour le violoncelle, composée et exécutée par Platel ; 8. Variations de *Cenerentola* (Rossini), par Mme Malibran ; 9. Concerto de violon, composé et exécuté par de Bériot ; 10. *Bonheur de se revoir* et *le Petit Tambour,* chantés par Mme Malibran. — « Si l'on n'a pas entendu Mme Malibran, disait le *Courrier belge,* il est impossible qu'on puisse se figurer toutes les merveilles de sa voix, tantôt pleine, grave, imposante, et tout à coup douce, flûtée et légère... »

CHAPITRE VII

Mme Malibran à Bruxelles. — Départ imprévu et subit pour l'Italie, en compagnie de Lablache et de Bériot. — Elle apprend à Rome la mort de son père. — Elle paraît pour la première fois au théâtre Valle, puis est engagée à Naples, et partout excite l'admiration. — Mme Malibran et le roi de Naples. — Représentations à Bologne. — Le violoniste Ole Bull. — Retour à Rome. — Mme Malibran chez Horace Vernet, à l'Académie de France. — Voyage à Bruxelles.

Nous voici arrivés à l'époque étonnamment active de l'existence de Mme Malibran. Jusqu'ici elle s'était, comme la plupart des chanteurs de notre scène italienne, uniquement partagée entre Paris et Londres. Une fois qu'elle aura mis le pied sur le sol italien, elle révolutionnera tellement ce pays par son talent si grandiose, si original, d'un caractère si neuf et si plein d'imprévu, après un instant de surprise et d'hésitation de la part de ses auditeurs elle y excitera tellement d'enthousiasme, que bientôt toutes les villes se l'arracheront, se la disputeront à prix d'or, lui faisant des conditions inconnues jusqu'à elle et ne lui laissant pas un moment de loisir ou de repos. Rome, Naples, Milan, Venise, Lucques, Bologne, Sinigaglia, toutes veulent la posséder, toutes sont avides

de l'entendre, jalouses de l'admirer, impatientes
de l'applaudir, si bien que pour les satisfaire elle
court chaque jour de l'une à l'autre, arpentant sans
cesse les grands chemins, aujourd'hui ici, demain
là, après-demain ailleurs, interrompant une saison
à Naples pour aller se faire acclamer à Rome et
retournant à Naples à tire d'aile, puis faisant un
saut d'Italie en Angleterre et franchissant ainsi
six cents lieues pour se rendre à Londres, où elle
s'en va chanter en anglais *la Sonnambula*, qu'elle
vient de faire entendre en italien aux compatriotes
de Bellini; se mesurant à Londres avec *Fidelio*,
où elle se montre admirable, à Bath, à Liverpool
ou à Manchester avec les oratorios de Bach ou de
Hændel, où elle déploie d'incomparables qualités
de style et d'expression, n'hésitant pas à se présenter au public anglais dans des ouvrages inédits
de Balfe ou de Chelard, tandis qu'à Naples elle
apprend et crée des opéras nouveaux de Pacini de
Vaccaj, de Coccia et de Persiani; enchantant partout ses auditeurs, enivrée par leurs applaudissements, fière de ses triomphes, n'épargnant pour les
obtenir ni son temps, ni ses soins, ni sa peine,
trouvant encore, par guise de distraction, le moyen
de donner de temps à autre un concert en Belgique
ou en Allemagne, et par-dessus tout riant, s'amusant, courant à cheval, faisant des excursions fatigantes, des explorations parfois dangereuses, sans

oublier les malheureux et les aumônes qu'elle sème sur son chemin ; usant la vie enfin de toutes façons et par tous les bouts, toujours courageuse, toujours laborieuse, toujours consciencieuse, dévouée à l'art autant qu'au plaisir, ne voulant pas sacrifier le plaisir à l'art, et faisant à elle seule ce que trois êtres bien doués ne suffiraient pas à accomplir. Telle elle était, telle nous allons la voir pendant les quatre années si remplies qui nous mèneront à sa dernière heure.

Mme Malibran était allée se reposer à Bruxelles, où, ainsi qu'on l'a vu, elle avait donné un grand concert avec de Bériot. C'est de là qu'elle partit tout à coup et à l'improviste pour l'Italie. Lablache, revenant de Londres par la Belgique pour se rendre, en passant par Paris, à Milan, à Rome et à Naples, s'était arrêté à Bruxelles et avait été lui rendre visite. « Pourquoi ne viendriez-vous pas faire un tour en Italie ? » lui dit-il. Il n'en fallait pas davantage avec un caractère aussi aventureux. L'idée sourit aussitôt à Mme Malibran, qui l'accueille avec sa vivacité ordinaire et se propose de partir avec lui. Mais Lablache était pressé et devait se mettre en route dès le lendemain. Qu'à cela ne tienne ! En moins de vingt-quatre heures, dit-on, elle avait préparé son voyage et se trouvait prête à l'accompagner. En effet, dans les derniers jours de mai 1832, Lablache, Mme Malibran et

de Bériot s'éloignaient de Bruxelles et prenaient
ensemble le chemin de l'Italie. Ils se rendirent
d'abord à Milan, d'où, après avoir pris quelques
jours de repos, Mme Malibran se dirigea sur
Rome. On peut croire que dès son arrivée en Italie
le désir se manifesta partout de la connaître, de
la voir et de l'entendre. Aussi, à peine était-elle
à Rome, que la direction du théâtre Valle s'empressait de lui demander quelques représentations.
Elle s'engagea en effet pour un mois, et c'est
quelques jours avant de commencer ces représentations qu'elle apprenait subitement la triste nouvelle de la mort de son père (1). Cette nouvelle
ne lui étant parvenue que par les journaux, elle n'y
voulait pas croire d'abord et, se refusant à l'évidence, se raccrochait dans sa douleur à un espoir
impossible, ainsi qu'en témoigne cette lettre, qu'elle
adressait aussitôt à son ami Louis Viardot :

Rome, ce 21 juin 1832.

C'est donc un sort auquel il faut sans cesse s'attendre
et dont nous devons prendre philosophiquement notre
parti! En si peu de temps voir tant de monde emporté, et

(1) Garcia était mort non le 2 juin, comme Fétis le dit dans la
Biographie universelle des musiciens, mais le 9, ainsi que lui-
même l'avait constaté alors dans son journal *la Revue musicale.*
D'autre part, Mme Merlin commettait une erreur en fixant au mois de
juillet le départ de Mme Malibran pour l'Italie, puisqu'on voit que
dès le mois de juin elle était à Rome.

parmi ce monde notre meilleur ami et mon pauvre père?...
Je n'ai su que ce matin, à trois heures après-midi, que ce
désolant malheur était arrivé, grâce à l'ambassadrice de
France, qui depuis avant-hier m'a donné les journaux à
lire, ce qui d'abord nous a mis au courant de cette épouvantable rechute de révolution (1). Aujourd'hui, ils
avaient annoncé la malheureuse nouvelle à Ch... en
cachette de moi; j'ai de suite découvert ce qu'il cherchait
en vain à me cacher.

Mon pauvre ami!! Quelle douleur aiguë j'éprouve!...
C'est le poignard de la douleur qui me perce le cœur
mille fois dans un instant. Je ne puis cependant y croire
sans une nouvelle officielle. J'écris à ma mère et n'ose
pas lui dire ce que j'ai appris. Vous savez que je n'avais
pas voulu répondre à cette lettre que ni vous ni moi ne
pouvions concevoir de sa part! J'ai eu cependant mille
fois la plume à la main, je ne pouvais plus y tenir de
besoin d'écrire, de savoir de leurs nouvelles; et depuis
avant-hier que j'ai appris les derniers événements de
Paris, il m'a pris une inquiétude si vive au sujet de mon
père, que je craignais mêlé dans cette affaire, peut-être en
allant au convoi, que j'allais écrire, quand tout à coup je
reçois la fatale nouvelle!!...

Au moins rassurez-moi sur votre compte et sur celui de
Léon. Dites-nous, car nous n'avons plus de nouvelles
depuis deux mois, dites-nous si vous n'avez pas couru
quelque danger. Si le choléra ou la révolution avait pu
entraîner *l'autre!*... Dites-moi que je n'ai pas à pleurer
la mort de mon pauvre père... Louis, je ne sais plus
depuis deux mois des nouvelles de madame L... Depuis

(1) Il est ici question de la terrible insurrection des 5 et 6 juin 1832
qui ensanglanta Paris à l'occasion des funérailles du général La-
marque.

son départ je n'ai pas reçu *une seule* lettre, je n'en puis
plus. Engagez-la donc à m'écrire à Rome, n° 45, *piazza
della Minerva*. J'attends de vos nouvelles comme une
personne qui a eu des convulsions, et qui n'a presque pas
cessé de pleurer, et qui attend un léger soulagement à ses
peines. Malheureusement, je ne puis rompre un engagement que j'ai fait ici pour jouer un mois trois fois par
semaine, il y douze jours. Le directeur a fait beaucoup
de dépenses, les costumes sont faits, les décorations aussi,
il a engagé plusieurs sujets à cet effet. Vous connaissez
mon cœur, ne me blâmez pas. Le jour après la Saint-
Pierre je débute par *Otello*. La compagnie est mauvaise.

Embrassez ma mère de notre part, ma sœur, mon
frère, et... Ce n'est pas possible, les journaux ont menti!
Puissiez-vous m'embrasser de sa part!

Votre sincère amie.

M.-F. MALIBRAN.

La nouvelle, on l'a vu, était malheureusement
vraie, et Garcia était mort, âgé seulement de cin-
quante-sept ans, emporté par une congestion pul-
monaire.

Ce fut un véritable événement, on le croira sans
peine, que la première apparition de Mme Malibran sur une scène italienne. L'immense renommée
de la cantatrice justifiait suffisamment l'impatience
de ceux qui avaient le désir de l'entendre, dès
qu'on apprit à Rome qu'elle allait se produire en
cette ville. L'annonce de ses représentations avait
été faite d'ailleurs avec grand fracas, à telles en-
seignes que la direction du théâtre Valle avait cru

pouvoir mettre à profit la circonstance pour ma-
jorer d'une façon excessive le prix des places, qui,
pour quelques-unes d'entre elles, avait été quadru-
plé. Il en résulta naturellement un certain mécontentement de la part du public, mécontentement
qui aurait pu être préjudiciable à l'artiste, car il
se traduisit le premier soir par quelques sifflets
assez nourris. Mais il faut constater que ces sifflets s'adressaient à l'*impresa*, et non à la cantatrice, dont le succès au contraire fut éclatant,
ainsi que nous l'apprend cette note de la *Revue
musicale* : — « Des nouvelles récentes arrivées de
Rome parlent des succès d'enthousiasme que
Mme Malibran a obtenus dans la représentation
de son début et dans les suivantes. Les Romains,
qui n'ont rien entendu de semblable à cette grande
cantatrice, lui témoignent une admiration sans
bornes. Elle s'est fait entendre pour la première
fois à Rome, sur le théâtre Valle, dans la soirée
du 30 juin dernier. Elle a chanté dans l'*Otello*
de Rossini, où elle a excité le plus vif enthousiasme. Les applaudissements ont été unanimes. Le
ténor Salvi, qui chantait avec elle, a été très bien
accueilli du public (1). »

(1) *Revue musicale*, 11 août 1832. — On a vu, par sa lettre à
Louis Viardot, que Mme Malibran s'était trouvée, dès son arrivée à
Rome, en relations avec l'ambassade de France; de même, elle fut
reçue aussitôt à la Villa Médicis et accueillie comme on peut le penser par Horace Vernet, alors directeur de l'Académie de France. On

Ce succès, dont le retentissement fut énorme par toute l'Italie, attira tout spécialement l'attention du fameux Barbaja, le très célèbre *impresario* des deux théâtres royaux de Naples, le San Carlo et le Fondo. Barbaja fit aussitôt offrir à Mme Malibran, qui l'accepta, un engagement de douze représentations pour ces deux théâtres, et elle avait à peine terminé son contrat avec Rome qu'elle partait en toute hâte pour Naples, où elle devait débuter le 6 août, toujours par *Otello*. C'est encore la *Revue musicale* qui va nous renseigner sur l'accueil qu'elle reçut en cette ville : — « On nous écrit de Naples que Mme Malibran a débuté le 6 août au Fondo avec un immense succès. Elle chantait le rôle de Desdemona. Une vive émotion l'a l'abord privée d'une partie de ses moyens, mais elle s'est remise bientôt et a été couverte d'applaudissements pendant toute la soirée. Quoique les prix fussent triplés, les ambassadeurs de Russie et d'Autriche ont été forcés, pour n'avoir pas retenu

écrivait de Rome, à ce sujet, à la *Revue de Paris*, le 12 juillet : « La chaleur est excessive, et si elle n'empêche pas les Romains de courir au spectacle, malgré le prix élevé des places, c'est que nous possédons Mme Malibran. Les six représentations qu'elle a données ont été suivies avec le même empressement. Secondée par M. de Bériot, elle nous a fait passer deux soirées délicieuses chez M. Horace Vernet. La peinture se plaît à rendre à la musique les galanteries qu'elle veut bien lui faire : M. Horace a peint les portraits de ces deux virtuoses avec autant de verve et de justesse qu'ils en mettent dans l'exécution d'un air varié, et leur en a fait hommage. Nous avons entendu ces troubadours voyageurs mardi dernier, à une soirée brillante de notre ambassadeur... »

leurs loges à temps, à partager une quatrième de côté (1). L'admirable cantatrice va continuer ses débuts dans la *Cenerentola* et dans *la Gazza* au Fondo, et chantera probablement après Arsace à Saint-Charles, en compagnie de Lablache et de Mlle de Begnis. Elle est engagée pour l'automne à Bologne et pour l'hiver à Milan (2). »

Le 7 septembre, après plusieurs représentations données au Fondo, Mme Malibran faisait en effet son apparition sur la scène de San Carlo, en jouant *le Barbier* de Rossini et le troisième acte du *Romeo e Giulietta* de Zingarelli. Le roi de Naples devait assister à cette soirée, et à l'encontre de ce qu'on pourrait croire, elle en était fort ennuyée. C'est qu'à cette artiste impétueuse, nerveuse à l'excès, au jeu toujours si spontané et si imprévu, il fallait les acclamations du public, l'enivrement des applaudissements, l'enthousiasme d'une salle qu'elle savait remuer jusqu'au fond des entrailles et dans ses replis les plus secrets, il lui fallait cela pour l'exciter elle-même, pour lui faire mettre son talent en pleine lumière et en pleine valeur, pour donner à ses facultés le moyen de se développer dans toute leur puissance. Or,

---

(1) Le fait est exact, et l'on raconte que ces deux personnages, les comtes de Stackelberg et de Lebzellern, se trouvant placés d'une façon assez désagréable, précisément en face du lustre, obtinrent, par faveur spéciale, de le faire remonter pour ce soir-là.

(2) *Revue musicale*, 25 août 1832.

elle avait appris que lorsque le roi était au théâtre,
nul ne pouvait applaudir qu'il n'eût lui-même
donné le signal des applaudissements, et cette
perspective l'inquiétait et la désolait. Que fit-elle?
Elle sollicita une audience du souverain, et lui
témoignant ses craintes, elle l'assura que si elle ne
se sentait pas encouragée, enhardie par les applaudissements auxquels elle était habituée, elle serait
incapable de se montrer telle qu'elle était et resterait certainement au-dessous de ce qu'on attendait
d'elle. Le roi la rassura en souriant, et lui promit
de donner l'exemple et d'entraîner le public. Mais
cela ne lui suffisait pas encore. « Sire, dit-elle, c'est
que ce n'est pas tout. J'ai l'habitude d'être encouragée par le public tout de suite, dès que je parais
sur la scène, avant même de chanter, et si je commence avant d'entendre le bruit des bravos, je ne
puis rien faire et ne suis plus bonne à rien. —
C'est bien, lui répondit le souverain; tranquillisez-
vous; je vous promets de vous applaudir dès que
vous paraîtrez. » Et elle se retira enchantée.

Le soir venu, pourtant, elle ne se sentait pas
complètement rassurée. Au moment d'entrer en
scène, comme elle se trouvait dans les coulisses du
côté opposé à la loge royale, et qu'elle vit les yeux
du prince attachés sur elle, elle le regarda fixe-
ment, et d'un geste plein de grâce, élevant les
deux mains en l'air, elle les joignit à plusieurs

reprises comme lorsqu'on applaudit. Le roi lui fit signe qu'il comprenait, et elle avait à peine mis le pied sur la scène qu'il donna le signal, auquel la salle entière répondit par une immense acclamation. Le succès de la cantatrice fut aussi complet au San Carlo qu'il l'avait été au Fondo.

Profitant de la clôture des deux théâtres qui avait lieu pendant la neuvaine de saint Janvier, du 20 au 28 septembre, Mme Malibran courut à Rome donner deux représentations du *Barbier* qui lui étaient demandées, puis elle revint terminer son engagement à Naples, mais elle ne s'y plaisait plus, comme elle le dit elle-même dans une lettre qu'elle adressait à Mme Merlin : — « ... J'ai bien réussi ici, mais je ne m'y plais pas. J'ai des raisons pour penser qu'on m'apprécie, mais on ne m'applaudit pas au théâtre, et cela me manque, comme le feu qui est la vie. Peut-on chanter sans cela?... Mais on dirait qu'ils sont sourds. Et cela, pourquoi? Parce que je chante mal? Pas du tout. C'est tout simplement parce que je suis trop maigre. Me comprenez-vous?... Non. Eh bien, tant pis, car je ne vous en dirai pas davantage... » Pour qui connaissait la situation, le mot de l'énigme était ceci. Le roi de Naples était... en fort bons termes avec une autre *prima donna*, Mme Ronzi de Begnis, artiste fort distinguée d'ailleurs, mais qui s'était trouvée blessée du succès de Mme Malibran; de sorte que le monarque n'applaudissait plus celle-ci lorsqu'il se trouvait au théâtre, et que son abstention entraînait forcément celle du parterre. Or, Mme Ronzi de Begnis était douée d'un confortable embonpoint, et voilà ce qui faisait dire à Mme Malibran : « Je suis trop maigre. »

Il faut croire cependant, ou que Mme Malibran, lorsqu'elle écrivait à son amie, subissait l'effet d'un de ces mouvements d'humeur mélancolique si fréquents chez elle et qui la portaient à exagérer et à grossir démesurément les moindres faits, ou que les choses changèrent bientôt à son égard d'une façon singulière, car la lettre que voici, adressée de Naples, trois jours après son départ de cette ville, à son ami le fameux éditeur Troupenas, donnera une idée de l'enthousiasme qu'elle avait excité dans le public et de la façon dont cet enthousiasme se manifestait (1) :

Naples, 6 octobre 1832.

Monsieur,

L'intérêt que, je n'en doute pas, vous prenez aux succès de Mme Malibran, qui, en plusieurs occasions, m'a

(1) Troupenas était alors l'un des plus grands éditeurs de musique de Paris, et c'est lui qui publiait les nombreuses romances que composait Mme Malibran, dont il était l'ami dévoué. La lettre ci-dessus était communiquée par lui à la *Revue musicale*, qui la publiait sans signature, dans son numéro du 27 octobre. Je puis dévoiler le nom de l'auteur de cette lettre, resté jusqu'ici inconnu. Celui-ci s'appelait Guillaume Cottrau ; c'était un compositeur fort distingué, Français

parlé de vous comme de l'un de ses meilleurs amis, me
fait espérer que vous recevrez avec plaisir des détails sur
ses succès à Naples, détails dont personne, j'en suis certain, ne contestera l'exactitude.

Notre public s'était d'abord, à la vérité, regimbé en
quelque sorte contre une réputation aussi colossale, et
avait voulu se retrancher dans l'impassibilité d'une Cour
de cassation ; mais bientôt, revenu de l'espèce d'étourdis-
sement où l'avait jeté un talent aussi peu routinier, aussi
sublime à force de naturel, il s'est laissé déborder par un
enthousiasme irrésistible, dont nos annales théâtrales
n'offrent pas d'exemple, au dire de nos plus vieux amateurs. Dix-sept représentations à prix doubles et presque
toujours avec abonnement suspendu, d'anciens opéras tels
qu'*Otello, Cenerentola, Gazza ladra* (trois circonstances
on ne peut plus défavorables dans un pays où il n'y a pas
d'aisance, où les abonnés forment une caste extrêmement
rancuneuse et où, blasé depuis longtemps sur les beautés
de Rossini, on est avide de nouveautés), représentations
presque à la file, ont offert à Mme Malibran une série
toujours croissante de triomphes. Mais le *bouquet* était
réservé pour sa dernière apparition, lundi dernier, dans
la Gazza ladra. L'imagination la plus exaltée, même en se
reportant aux descriptions des jeux du Cirque romain, ne
saurait en effet donner une idée du spectacle électrisant
qu'offrait cette immense salle de Saint-Charles, encombrée
jusqu'aux combles et retentissante d'applaudissements,
d'acclamations, de trépignements et de cris d'enthousiasme.

établi à Naples, et dont le fils, M. Giulio Cottrau, devenu Italien de
fait, est lui-même un musicien délicat et élégant, fort bien vu du
public. Guillaume Cottrau, dont j'aurai encore l'occasion de parler
plus loin, s'était lié avec Mme Malibran dès l'arrivée à Naples de la
grande artiste.

L'objet de ces transports unanimes et répétés vingt-cinq
fois dans le courant de la pièce, redemandé à six reprises,
après la chute du rideau, par une multitude idolâtre qui
ne pouvait se faire à l'idée d'une séparation peut-être
éternelle, n'a pu s'y dérober qu'en lançant du bout des
doigts des baisers dans la salle et en indiquant, par un
geste expressif et gracieux à la fois, son épuisement à la
suite d'un rôle aussi fatigant, et surtout après d'aussi
vives émotions de reconnaissance. Mais ce n'est pas tout;
les plus enthousiastes, et ils formaient une foule nombreuse, s'étaient pressés à la porte de sortie des acteurs,
et à peine eurent-ils reconnu la chaise à porteurs de
Mme Malibran, qu'ils l'escortèrent jusqu'à son hôtel, au
bruit d'acclamations qui mirent en émoi la rue de Tolède,
et la saluèrent avec plus de force dans la cour du palais
Barbaja pendant qu'elle en gravissait l'escalier. Mais ce
qui prouve encore davantage peut-être l'impression extraordinaire de Mme Malibran sur notre public et les progrès
gigantesques qu'elle a fait faire en si peu de temps à son
goût, c'est ce qui s'est passé avant-hier, surlendemain de
son départ, à Saint-Charles. On y donnait un opéra
favori, celui qui, sans contredit, de tous ceux représentés
depuis dix ans, y a eu à plusieurs reprises le plus grand
succès, *l'Esule di Roma*, de Donizetti. Lablache, admirable dans le rôle de Marino, y reparaissait pour la première fois depuis son retour; Mme Ronzi de Begnis, dont
le jeu, la voix et surtout la méthode ont en vérité beaucoup gagné depuis son assez longue retraite du théâtre, et
qui depuis un an formait les délices de notre public, avait
pris le rôle de Mlle Tosi, chanteuse bien inférieure sous
tous les rapports. Eh bien! à tout cela on a fait l'accueil
le plus froid qui se puisse imaginer, et même on a réprimé
par des *chut* nombreux les velléités d'applaudissements

de quelques partisans, à la fin de morceaux ordinaire-
ment d'un effet infaillible, tels que le trio du premier acte
et le duo du second.

Rien au surplus d'étonnant à cette apathie; le brillant
météore a disparu et nous voici de nouveau plongés dans
un demi-jour auquel nos faibles yeux avaient pu d'abord
s'habituer graduellement, mais qui leur est maintenant
insupportable après de tels flots de lumière; car les jouissances théâtrales ne rebroussent pas chemin, et celui que
nous a fait parcourir Mme Malibran est barricadé désor-
mais. Enfin, depuis trois jours, parmi la partie éclairée
d'un peuple dont la vie publique, claquemurée dans une
salle de spectacle, ne trouve que là quelque développement à un besoin d'activité, à une libre manifestation
d'opinion comprimée partout ailleurs, il n'est question
que de ce départ, sur la réalité duquel on s'interroge
mutuellement avec le vague espoir de trouver dans la
réponse un motif d'en douter; et, cette attente déçue, on
se rabat sur celle plus ou moins reculée de revoir cette
prestigieuse cantatrice, à laquelle le gouvernement, qui
prend pour son compte les grands théâtres l'année prochaine, a fait, dit-on, les offres les plus brillantes.

Agréez, etc.

G. COTTRAU.

Nous verrons, en effet, et quoi qu'elle en ait dit,
Mme Malibran retourner à Naples non seulement
l'année suivante, mais chaque année ensuite, et
produisant toujours sur le public la même impression et le même enchantement. Mais n'anticipons
pas.

Tandis qu'elle s'y trouvait encore, l'*impresario*

de Bologne, Azzolini, était venu l'entendre, et,
frappé d'admiration, lui avait proposé d'aller
donner en cette ville une série de représentations.
Elle accepta, et son contrat terminé avec Barbaja,
elle partit de Naples le 3 octobre pour se rendre à
Bologne, où elle captiva le public dès son début,
le 13 du même mois, dans *la Gazza ladra*. Son
triomphe sembla s'accroître encore lorsqu'elle se
montra ensuite dans *Tancredi*, puis dans *Otello*,
et enfin et surtout dans *i Capuleti ed i Montecchi*,
de Bellini, qu'elle jouait pour la première fois (1).

A ce premier séjour de la grande artiste à Bologne se rattache un incident auquel se trouva

(1) C'est un fait assez singulier, que Mme Malibran joua trois ouvrages différents écrits sur ce sujet puissamment dramatique et qui convenait d'ailleurs si bien à son talent souverainement pathétique et passionné : *Romeo e Giulietta*, de Zingarelli, *Giulietta e Romeo*, de Vaccaj, et *i Capuleti ed i Montecchi*, de Bellini. A propos de ses représentations de ce dernier à Bologne, Mme Merlin écrivait ceci : « L'âme de Maria, si fertile en inspirations nouvelles, avait fait de la dernière scène des *Capuleti* une scène sublime. Lorsqu'elle s'approchait du lit de mort de Giulietta, elle tournait du côté opposé au-devant du théâtre, pour donner le temps à celle-ci d'en sortir, et lorsqu'elle se baissait sur le lit pour la chercher, et qu'elle ne la trouvait plus, après avoir allongé ses bras pour la chercher avec une terreur inconcevable, elle levait les yeux et l'apercevait en face d'elle... Alors, au lieu de venir à Giulietta avec précipitation, en s'écriant : *Giulietta !* elle en approchait en silence, lui palpait la tête, touchait alternativement ses bras, ses épaules, son cou, ses yeux, puis tout à coup, d'une voix étouffée, saccadée, basse et parlante, qui partait du fond de l'âme, elle prononçait : *Giulietta !...* Ce mot était d'un effet magique sur les spectateurs ; un frisson glacial se répandait déjà sur chacun avant qu'elle le prononçât, et plusieurs fois, à Bologne, on fut obligé d'emporter du théâtre des femmes qui ne pouvaient l'entendre sans se trouver mal. »

mêlé le fameux violoniste norvégien Ole Bull,
tout jeune alors et encore à peu près inconnu. La
Société philharmonique de Bologne, dont le président était le marquis Zampieri, devait donner
un concert pour lequel elle s'était assuré le concours de Mme Malibran et de Bériot. Tout semblait marcher à souhait, lorsqu'au dernier moment
les deux artistes, froissés, à tort ou à raison, par
je ne sais quel procédé, dégagèrent leur parole
et refusèrent de paraître au concert. Là-dessus
grand émoi, comme on pense, dans la ville et au
sein de la Société philharmonique. Comment
faire? On s'adresse d'abord à Mme Colbran-
Rossini, alors retirée à Bologne et qui, bien qu'éloignée de la scène depuis une dizaine d'années, avait
laissé par toute l'Italie une renommée brillante;
elle consent à suppléer Mme Malibran. Mais quel
artiste pourra se flatter de remplacer Bériot? On
était aux abois, le jour du concert étant fixé et
tout se trouvant préparé, lorsque Mme Rossini,
passant par hasard dans une rue et devant un
albergo appelé *Casa soldati*, a l'oreille frappée
par les sons d'un violon joué avec une habileté
peu commune. Surprise, elle s'informe, s'enquiert,
et va faire aussitôt part de sa découverte au marquis Zampieri. Celui-ci, sans perdre un instant, se
rend à l'hôtel indiqué, apprend que l'artiste dont
le jeu avait charmé Mme Rossini est un jeune vio-

loniste étranger arrivé depuis peu, qui s'appelle Ole Bull, et se fait conduire en sa présence.

Ole Bull était alors âgé de vingt-deux ans. Il arrivait de France, où sa tentative de suicide à Paris avait intéressé à lui une personne généreuse qui lui avait fourni les moyens d'entreprendre un voyage artistique en Italie. Mais précisément, arrivé depuis quelques jours seulement à Bologne, un retard imprévu dans un envoi d'argent qu'il attendait avec impatience l'avait mis dans une situation très difficile, et il était à bout de ressources. Le marquis Zampieri lui fait connaître le motif de sa visite, lui parle du concert auquel devait jouer Bériot, empêché par une blessure à la main gauche (c'était, vraie ou fausse, l'excuse invoquée par celui-ci), et lui propose de le remplacer ; mais auparavant il lui exprime le désir de l'entendre. Ole Bull ne se le fait pas dire deux fois, saisit son violon, exécute un morceau, et son auditeur, enchanté, prend aussitôt avec lui tous les arrangements nécessaires. Le soir venu, la salle magnifiquement occupée par toute l'aristocratie bolonaise, avec le grand-duc de Toscane et le prince Poniatowski dans la loge principale, Mme Malibran elle-même assistant au concert en compagnie de Bériot, un bras en écharpe, Ole Bull se présente. L'auditoire, que toute cette affaire n'avait que médiocrement satisfait, lui montre d'abord peu de sympathie et l'accueille avec la plus grande froideur. Mais dès le premier morceau la glace était rompue, et au second le virtuose obtint un succès fou, avec applaudissements et rappels réitérés. Il faut rendre cette justice à de Bériot, qu'il n'était pas le dernier à crier bravo! et à acclamer son jeune confrère, dont le talent si original le surprenait et l'enchantait (1).

De Bologne, où son succès n'avait pas été moins éclatant qu'à Naples, Mme Malibran se rendit à Rome pour y passer quelques semaines en toute liberté. Je crois qu'en ce moment un engagement lui était offert à Milan, les journaux l'annoncèrent du moins; mais, fatiguée et un peu souffrante, elle le refusa pour prendre un repos dont elle avait grand besoin. C'est à Rome, chez Horace Vernet,

(1) La date de cet incident ne correspond pas avec celle que Fétis fixe au premier voyage d'Ole Bull en Italie. Elle ne saurait être mise en doute pourtant, car je la tire du livre publié il y a quelques années en Norvège : *Lettres d'Ole Bull*, publiées par Alexandre Bull (son fils), avec une biographie par Jonas Lie. — Ole Bull fit, grâce à cette circonstance, la connaissance de Mme Malibran, dont le talent l'émouvait au delà de toute expression, et qu'il retrouva plus tard à Naples. Lorsque celle-ci mourut à Manchester, il était lui-même en Angleterre, et sous le coup de cet événement, il écrivait à sa femme (une Française, Mlle Villeminot, qu'il avait épousée à Paris) : « ... Cela me paraît impossible! Une femme douée d'une telle chaleur d'âme! La passion la plus intense, un feu, une déclamation! Je me rappellerai toujours à quel point je sanglotais à Bologne en lui entendant chanter Desdemona... Elle te ressemblait d'une prodigieuse façon. Et à présent, morte!... C'est terrible d'y penser... Mais jouissons de la vie. Elle est si courte! Pourquoi la troubler? Ce n'est pas notre destinée. Nous vivrons, voyagerons et mourrons ensemble. Pas vrai, chère Félicie?... »

que Legouvé la rencontra, et je résiste d'autant
moins au désir de lui emprunter le récit de cette
rencontre, qu'il encadre une jolie anecdote, où
l'on retrouve une fois de plus la preuve du sentiment artistique de cette femme étonnante :

L'automne de 1832, dit l'écrivain, reste dans ma mémoire comme marqué d'un signe lumineux. C'est l'époque
de mon premier voyage à Rome. Mes journées se passaient à visiter les monuments, les musées, les palais, les
ruines, les rues, et chaque soir j'allais à la villa Médicis, à
l'Académie de France, dirigée alors par Horace Vernet.
Il en était l'honneur, sa femme la bonne grâce et sa fille
la grâce. Mlle Louise Vernet semblait à la villa Médicis
être dans son cadre naturel. Avec son pur visage de
camée antique, poétisé par je ne sais quel reflet des
vierges de Raphaël, elle passait au milieu de toutes ces
belles statues de l'antiquité ou de la Renaissance, comme
une jeune Romaine de plus. Je n'oublierai jamais le premier jour où je la vis. J'étais au Colysée, seul, assis sur
le dernier gradin de l'amphithéâtre, la tête basse et cherchant sur le sol, avec l'œil de la pensée, comme dit
Shakespeare, la trace des générations disparues. Je lève
les yeux et, tout en haut du cirque, je vois apparaître
entre deux arceaux brisés, se confondant avec le ciel, une
jeune fille éblouissante de beauté, qui se mit à descendre
lentement les degrés inférieurs; il me sembla voir une
prêtresse de Vesta, qui venait prendre sa place dans la
loge réservée à ses pieuses sœurs.

Nos soirées à la villa Médicis se passaient dans un amu-
sement toujours varié. Parfois Mlle L. Vernet prenait le
tambour de basque et dansait le saltarello avec son père,

qui semblait son frère. Tantôt Horace allait chercher l'œuvre du Poussin et nous expliquait le sens, le secret de ses compositions toujours si profondes de pensée... Parfois, à ces causeries sur l'art, succédaient des concerts improvisés. Quelle fut donc ma surprise et ma joie en arrivant un soir à la villa Médicis, d'y trouver, qui? la Malibran. Je vois encore le petit tableau d'intérieur qui s'offrit alors à moi. La Malibran était assise à côté de la table et travaillait. En face d'elle, tout près d'elle, plus bas qu'elle, presque à ses genoux, Mlle L. Vernet, placée sur un petit pouf en tapisserie, l'écoutait les yeux levés. La lampe projetait sa lumière, circonscrite par l'abat-jour et arrondie en auréole, sur ces deux visages, dont l'un représentait la beauté dans toute sa fleur, l'autre le génie dans tout son éclat; tous deux, la jeunesse! A mon premier mouvement de surprise succéda bientôt un espoir, que je communiquai tout bas à Mlle Vernet.

« Ne vous réjouissez pas trop, me répondit-elle. Elle ne chantera pas. Elle est dans une de ses phases de silence. Voilà trois soirées où il n'est pas possible de lui arracher une note. Elle arrive, très gracieuse, très souriante, elle s'assied à la place où vous la voyez, elle prend sa tapisserie, et s'absorbe dans sa pantoufle comme si c'était une partition de Mozart; la grande artiste a fait place à une petite bourgeoise. »

Le quatrième jour, pourtant, la conversation étant tombée sur lord Byron, que Mlle L. Vernet admirait beaucoup, on alla chercher *Childe Harold,* on prit le quatrième chant, le chant consacré à Rome, et comme nous savions tous l'anglais, la soirée se passa à lire, à traduire, à réciter les plus belles strophes; la Malibran, pleine de feu, d'intelligence compréhensive, mêlait à nos enthousiasmes l'originalité de ses remarques; mais il ne sortit de son gosier que des paroles, et quand nous nous séparâmes à une heure du matin, Horace dit en riant : « Allons! Il faut nous résigner! L'oiseau prophète est encore en voyage. »

Le lendemain, nous nous étions tous donné rendez-vous à la villa Pamphili. Les après-midi d'octobre sont admirables à Rome, plus parfumées et plus pénétrantes encore que les matinées de printemps. La Malibran arriva, toujours songeuse. Le cours de la promenade nous amena dans un recoin très ombreux et arrondi comme un petit cirque de verdure. Sur le sol, un fin gazon; de chaque côté, de grands pins parasols entremêlés d'arbousiers; au fond, une source et une fontaine; la source tombait dans un petit bassin de granit; la fontaine était surmontée d'une plate-forme où l'on arrivait de deux côtés par huit ou dix marches de marbre. La fraîcheur de l'eau, la chaleur du jour tentèrent la Malibran, qui courut, comme une enfant, mettre sa tête sous ce flot de source, et en ressortit bientôt ses cheveux tout mouillés. L'eau ayant défait ses bandeaux, elle secoua, pour les sécher, ses cheveux qui tombèrent éparpillés sur ses épaules, et le soleil, perçant le feuillage des pins et des arbousiers par petites flèches d'or, faisait étinceler çà et là les gouttes d'eau cristallisées sur sa tête, et y jetait comme un semis d'étoiles. En relevant le front, elle aperçut la plate-forme qui surmontait la fontaine. Quelle pensée traversa alors son esprit? Je ne sais, mais sa physionomie changea subitement, le rire disparut et fit place à une expression étrange et sérieuse; elle fit un pas vers les dix marches de marbre, les monta lentement, ses cheveux toujours sur ses épaules, et arrivée sur la plate-forme, d'où elle nous dominait tous, elle se tourna vers le ciel et entonna l'hymne à Diane de Norma, *Casta diva!* Était-ce la surprise, la singularité de cette mise en scène, le plaisir d'entendre dans un tel lieu cette voix, inentendue depuis quelque temps? Elle-même, fut-elle émue la première par son apparition sur cette sorte de piédestal? Nul ne peut le dire; mais ses accents, en se prolongeant sous la voûte des arbres, en se mêlant au bruit de l'eau, au souffle de l'air, à toutes les splendeurs de ce jardin, avaient je ne sais quoi de grandiose, qui nous saisit au cœur; les larmes nous coulaient à tous des yeux; aperçue ainsi, au-dessus de nous, dans cet encadrement de ciel et de feuillage, elle nous faisait l'effet d'un être surnaturel; quand elle redescendit, son visage gardait encore une expression de gravité sérieuse, et nos premières paroles d'enthousiasme furent comme empreintes d'un respect religieux.

Après ces quelques semaines passées à Rome, dans le repos et dans un *far niente* qui ne lui était pas habituel, Mme Malibran se sépara de ses bons amis de la villa Médicis et partit pour Bruxelles, où elle s'installa pour quelque temps. C'est là, je crois, qu'elle conclut un nouvel engagement pour Londres, où elle devait, cette fois, chanter en anglais au théâtre Drury-Lane, à partir du 1er mai 1833. Mais déjà, avant de quitter l'Italie, elle s'était engagée à retourner à Naples, où nous allons la retrouver, dès les premiers mois de cette même année 1833, plus triomphante, plus admirable et plus admirée que jamais, au dire d'un témoin dont l'expérience et la sincérité ne sauraient être suspectées.

CHAPITRE VIII

Nouvelle saison à Naples. Triomphe dans *la Somnambule*. — Engagée au théâtre Drury-Lane, de Londres, pour chanter en anglais. —
Elle chante ainsi *la Somnambule*, Bellini présent. — Triomphe
éclatant. — Lettre de Bellini à ce sujet. — Mme Malibran reste
cette fois cinq mois à Londres, puis chante dans des festivals de
province. — Elle repart ensuite pour Naples, où elle joue deux
opéras nouveaux, de Pacini et Coccia. — Son triomphe dans
Norma. — Bologne. — Première apparition à la Scala, de Milan.
Succès fou. — Sinigaglia, Lucques, Milan et Naples.

C'est, je crois, dans le courant du mois de mars
1833 que Mme Malibran arriva à Naples et reparut
devant le public du théâtre du Fondo. Elle ne
devait, cette fois, rester que peu de semaines en
cette ville, mais ce fut assez pour que son triomphe
y fût retentissant, grâce surtout à la merveilleuse
interprétation qu'elle sut donner à *la Sonnambula*,
le premier ouvrage de Bellini dans lequel elle se
montrait. Chose assez singulière, c'est tandis que
Bellini montait à Venise sa *Beatrice di Tenda*
qu'elle jouait ainsi *la Sonnambula* à Naples, et le
compositeur, appelé à Londres par un engagement,
partait pour l'Angleterre sans pouvoir entendre
celle qui donnait à son œuvre une vie si intense
et une si prodigieuse couleur. Mais, chose plus

singulière encore, il allait pouvoir, deux mois plus tard, lui voir jouer précisément à Londres *la Sonnambula*, mais traduite en anglais, sur une scène d'opéra anglais, alors qu'elle venait, au bruit d'applaudissements enthousiastes, de la jouer en italien, sur une scène italienne. Et nous verrons quelle profonde impression il en ressentit.

C'est qu'en effet le triomphe de Mme Malibran fut complet à Naples dans ce rôle délicieux d'Amina, aussi complet comme actrice que comme cantatrice, et nous en avons pour garant le témoignage du plus cher et du plus tendre ami de Bellini, Francesco Florimo, son ancien condisciple au Conservatoire de San Pietro a Majella, qui voua un culte si touchant à sa mémoire et qui ne cessa, au cours de sa longue existence, de poursuivre sa glorification. Dans le livre qu'il a consacré à son ami : *Bellini, memorie e lettere*, Florimo évoque le souvenir de la Malibran à propos de *la Sonnambula* et exprime ainsi son admiration touchant la façon dont elle interprétait ce rôle, rôle que la cantatrice, Mme Pasta, une grande artiste aussi, avait pourtant marqué à sa vive empreinte :

Marie Malibran a été la plus sublime interprète de *la Sonnambula*. Elle savait s'identifier si complètement avec le caractère ingénu et le sentiment naïf de la bergère Amina qu'elle traduisait à la scène avec une véritable perfection les tendres émotions dont elle est agitée et

qu'elle les exprimait dans leur plus exquise vérité, grâce
à une voix animée de la passion la plus pure. Elle pouvait dire qu'elle avait fait de ce rôle une seconde création,
et je me rappelle bien que lorsqu'elle le joua à Naples,
au printemps de 1833, au théâtre du Fondo, l'impression
produite sur les esprits fut telle et si profonde qu'on pouvait presque se demander si les honneurs du triomphe
appartenaient à Bellini, auteur de cette idylle divine, ou
à l'artiste exceptionnelle qui avait su si bien l'interpréter.
Et l'enthousiasme du public était indicible quand la cantatrice inspirée disait ces douces et tendres paroles : *Come
per me sereno — Sopra il sen la man mi posa — Ah! vor-
rei trovar parola — Di un pensiero, di un accento — Non
è questa, ingrato, core,* etc., etc. Mais le morceau culmi-
nant de l'ouvrage, celui où, envahie par le génie qui la
dominait, elle se révélait supérieure à toutes les émules
de son temps, c'était la dernière scène, qui, depuis le récitatif jusqu'à la fin, devenait une véritable création et
montrait dans toute sa splendeur l'élévation et la suavité
de la musique de Bellini. Le célèbre Crescentini (le dernier qui tint le sceptre de notre fameuse école de chant,
malheureusement morte avec lui) disait, après avoir
entendu et admiré la Malibran dans cet opéra, que les
chanteurs du temps passé, Farinelli, Gizzielli, Caffarelli,
Marchesi, Velluti, la Conti, la Pasquali, la Gabrielli et
lui-même auraient pu chanter l'*andante* de la scène : *Ah!
non credea mirarti,* aussi bien que la Malibran, mais non
pas mieux qu'elle. Quant à l'*allegro* qui suit (continuait
Crescentini), aucun, même parmi les célébrités passées,
ne l'aurait accentué avec plus de sentiment, avec une
passion plus intense, particulièrement dans la phrase :
Ah! m'abbraccia, où elle devenait incomparable et trans-
portait le public au plus haut degré de l'enthousiasme.

On conçoit facilement le succès que devait procurer à Mme Malibran une interprétation aussi parfaite d'une œuvre aussi caractéristique. Ce qui est plus difficile peut-être à concevoir, c'est qu'elle apporta la même perfection en chantant cette même œuvre dans une autre langue, et dans une langue aussi peu harmonieuse, aussi peu musicale que la langue anglaise ; et cela au point d'exciter l'enthousiasme et l'admiration non seulement du public, mais de l'auteur en personne, ému jusqu'au fond de l'âme et transporté par des accents pathétique et par la beauté d'une exécution que lui-même peut-être n'aurait osé rêver.

Mme Malibran s'était engagée pour la saison de Londres avec la direction du théâtre de Drury-Lane, où l'on devait jouer l'opéra anglais, c'est-à-dire l'opéra *en anglais*. On avait traduit expressément pour elle *la Sonnambula*, qui faisait son tour d'Europe et qui, après avoir été créée à Milan le 6 mars 1831, avait été déjà jouée au Kings' Theatre de Londres (en italien) le 28 juillet de la même année, et avait fait son apparition à Paris le 28 octobre suivant. C'est dans *la Sonnambula* que Mme Malibran voulait se montrer au public anglais sous ce nouvel aspect, et c'est en effet sous les traits de la candide Amina qu'elle se présenta, le 1er mai 1833, aux spectateurs de Drury-Lane. Pour donner une idée du succès qu'elle obtint, je n'ai qu'à rapporter l'impression qu'elle produisit sur Bellini lui-même, à qui elle était encore inconnue, et à traduire ce fragment intéressant d'une longue lettre qu'il adressait à son ami Florimo :

... Le lendemain de mon arrivée dans ce grand pays du *ciel gris,* qu'on a appelé avec beaucoup d'esprit un *ciel de plomb,* je lus sur les affiches de théâtre (que l'on porte ici à travers les rues) l'annonce de *la Sonnambula* traduite en langue anglaise (protagoniste, Maria Malibran). Surtout pour entendre et admirer la *diva,* qui préoccupe tant le monde musical et que je ne connaissais encore que de réputation, je ne manquai pas de me rendre au théâtre, y étant d'ailleurs invité par une des plus grandes dames de la haute aristocratie anglaise, la duchesse d'Hamilton (qui par parenthèse chante divinement, ayant été élève de notre Crescentini, lequel, comme tu le sais, m'a donné pour elle une lettre de recommandation). Les paroles me manquent, mon cher Florimo, pour te dire à quel point était écorchée, déchirée, et, pour m'exprimer à la napolitaine, *décortiquée,* ma pauvre musique par ces... d'Anglais, d'autant plus qu'elle était chantée dans cette langue que je ne sais plus qui appelle avec raison la langue des oiseaux et particulièrement des perroquets, et dont, du reste, je ne connais pas même une syllabe. C'est seulement quand chantait la Malibran que je reconnaissais *la Sonnambula.* Mais dans l'*allegro* de la dernière scène, et surtout aux mots : *Ah ! m'abbraccia,* elle mit tant d'élan, elle exprima cette phrase avec une telle vérité que j'en fus surpris d'abord, et qu'ensuite j'en ressentis un si grand plaisir que, sans songer que j'étais dans un théâtre anglais et oubliant les convenances sociales aussi bien que les égards que je devais à la dame aux côtés de laquelle

je me trouvais dans sa propre loge, mettant enfin de côté
la modestie (qu'un auteur doit toujours montrer même
lorsqu'il ne l'éprouve pas), je fus le premier à m'écrier
à plein gosier : *Viva! viva! Brava! brava!* et à battre
des mains de toutes mes forces. Ce transport tout méri-
dional et en quelque sorte volcanique, absolument nouveau dans ce pays *froid, calculateur et compassé*, sur-
prit et excita la curiosité des blonds fils d'*Albion*, qui l'un
et l'autre se demandaient quel pouvait être l'audacieux
qui se permettait de pareilles choses. Mais au bout d'un
instant, ayant appris (je ne saurais te dire comment) que
j'étais l'auteur de *la Sonnambula*, ils me firent une telle
fête que, même à toi, je ne saurais le dire par discrétion.
Non contents de m'applaudir frénétiquement, et je ne
pourrais te dire combien de fois, tandis que je les remer-
ciais de la loge où je me trouvais, ils voulurent à tout
prix me voir sur la scène, où je fus presque traîné par
une foule de nobles jeunes gens, qui se disaient enthousiastes de ma musique et que je n'avais pas l'honneur de
connaître. Parmi eux se trouvait le fils de la duchesse
d'Hamilton, dont je te parlais, le marquis de Douglas,
jeune homme dont l'âme enferme toute la poésie de
l'Écosse et le cœur tout de feu des Napolitains. La première personne qui vint à ma rencontre fut la Malibran,
qui, me jetant les bras autour du cou, me dit, dans un
indicible transport de joie, sur mes quatre notes : *Ah!
m'abbraccia!* sans ajouter autre chose... Mon émotion
était au comble; je croyais être au paradis; je ne pouvais
prononcer une parole, et je restais étourdi; je ne me rappelle plus rien ensuite... Les trépignements et les applaudissements répétés d'un public anglais, qui lorsqu'il
s'échauffe devient furieux, nous appelaient sur la scène;
nous nous y présentâmes, en nous tenant l'un l'autre par

la main : figure-toi le reste... Ce que je puis te dire,
c'est que je ne sais si dans ma vie je pourrai éprouver
une plus forte émotion. De ce moment je suis devenu
intime avec la Malibran ; elle m'a exprimé toute l'admiration qu'elle avait pour ma musique, et moi celle que j'avais
pour son immense talent ; et j'ai promis de lui écrire un
opéra sur un sujet conforme à son génie. C'est une pensée
qui déjà m'électrise, mon cher Florimo. Adieu...

Si Mme Malibran, chantant *la Sonnambula* en
anglais, excitait une telle admiration chez l'auteur
de cet aimable chef-d'œuvre, on juge de l'effet
qu'elle devait produire sur des auditeurs anglais,
particulièrement flattés d'ailleurs de lui voir exercer son incomparable talent dans leur langue nationale. Et de fait, elle fit fureur, on peut le dire, en
cette saison de Drury-Lane, ramenant la fortune à
ce théâtre alors délaissé par le public et qui lui dut
un retour de succès inconnu depuis longtemps. Il
ne me semble pas sans intérêt de faire connaître à
ce sujet quelques détails que je rencontre dans une
correspondance adressée de Londres par le compositeur Guillaume Cottrau à un recueil italien du
temps, *Omnibus et omnium*, qui se publiait à
Naples ; ces détails très précis sont d'autant plus
curieux qu'on n'a rien su jusqu'à ce jour de cette
particularité de la carrière de Mme Malibran :

... Le pauvre entrepreneur de Drury-Lane aux abois,
voyant que le patriotisme des Anglais ne se réchauffait
guère à son appel, a fait un dernier effort ; et se rappelant

que Mme Malibran avait commencé il y a cinq ou six ans sa carrière par le soi-disant opéra anglais aux États-Unis, il s'est avisé un beau matin de l'été dernier de dépêcher à Naples Chelard, directeur musical de son théâtre, pour y engager cette merveilleuse artiste, qui n'est pas plus embarrassée pour chanter en anglais qu'en français, en allemand, en espagnol, voire même en napolitain (1).

La mission du *maestro* Chelard était des plus délicates, car il ne s'agissait de rien moins que d'arracher cette ravissante cantatrice à l'Italie, à la patrie des arts, si digne de l'apprécier, et au moment même où sa première apparition à Naples venait d'y réveiller un enthousiasme assoupi depuis longtemps, et de l'en arracher pour prostituer son talent sur une scène secondaire frappée de réprobation, comme nous venons de le voir, et par son spectacle, et par l'inharmonie de la langue, et par la médiocrité des acteurs, et par la composition du public... L'*ultima ratio* des artistes, l'*argomento irresistibile*, comme dit don Basilio, en vint à bout, et d'immenses avantages pécuniaires (2 000 livres sterling pour quinze représentations, outre un bénéfice) déterminèrent l'ingrate à ce sacrifice, dont, heureusement pour le négociateur, les Napolitains ne furent informés qu'après son départ, car ils l'auraient lapidé. Peut-être, hâtons-nous de le dire à l'honneur de Mme Malibran, la difficulté même de la tâche qu'elle s'imposait en acceptant un engagement

---

(1) Grand prix de Rome de 1811. Chelard, qui était un artiste distingué, fut peu heureux en France, où il fit représenter à l'Opéra un *Macbeth* dont le livret lui avait été fourni par Rouget de Lisle, et à l'Opéra-Comique un petit ouvrage intitulé *la Table et le logement*. Il passa la plus grande partie de sa vie à l'étranger, en Italie, en Angleterre, en Allemagne, écrivant divers ouvrages pour ces divers pays, et devint maître de la chapelle du grand-duc de Weimar, où il mourut le 12 février 1861.

semblable séduisit-elle son amour-propre. Dans ce cas, sa noble témérité a été couronnée du plus grand succès.

En effet, son apparition dans *la Sonnambula* de Bellini, traduite d'après son désir en anglais et sans le moindre changement, a été accueillie avec un enthousiasme inouï dans les fastes du théâtre, par une foule pressée jusqu'à la suffocation et dont n'avait pas dédaigné de faire partie, pour une aussi attrayante nouveauté, l'élite du monde fashionable.

Ceux qui ont vu Mme Malibran dans *la Gazza ladra* (et probablement tous nos lecteurs se trouvent dans ce cas) peuvent peut-être se faire une idée du parti qu'elle a pu tirer des premières scènes de coquetterie naïve qui motivent la jalousie d'Elvino; mais ce dont il paraît que l'imagination ne saurait donner qu'un faible avant-goût, c'est le charme pudique et voluptueux dont elle a su entourer la partie poétique de ce rôle, la seconde existence ouverte par le somnambulisme à cette timide villageoise, libre alors de se livrer à tout l'enivrement d'un amour consacré au pied des autels. Jamais, au dire des journaux anglais, la distraction inséparable d'une assemblée nombreuse n'a été subjuguée par un charme aussi puissant : le merveilleux silence universel n'était troublé d'abord que par des tonnerres d'applaudissements, dont la fréquence était seulement réprimée par la crainte de perdre une seule note du chant, et plus tard par des sanglots mal étouffés, des trépignements d'enthousiasme et des exclamations d'extase.

Ce succès sans pareil était d'autant plus beau que Mme Malibran chantait dans une langue étrangère et devant un public très susceptible à cet égard; mais cet obstacle n'a été pour elle qu'un nouveau moyen de triomphe. Les journalistes anglais ne tarissent pas, en

effet, sur son aisance parfaite et sur la supériorité de sa
diction qui, sans trahir l'accent, ne laisse pas perdre une
syllabe, tandis que les chanteurs indigènes, à force d'avaler les voyelles, avaient fini par faire regarder la clarté de
la prononciation comme incompatible avec le génie de la
langue.

Le succès de *la Sonnambula* a été si colossal et les
recettes si abondantes que Mme Malibran n'a pu chanter
que très peu de fois dans deux autres opéras : *the Devil's
bridge* (le Pont du diable), espèce de rapsodie de chants
populaires, de vaudevilles, etc., où elle a été récompensée
de sa complaisance par des applaudissements frénétiques (1), et un opéra, *les Étudiants d'Iéna,* écrit pour
elle par Chelard et qui a réussi, grâce à de beaux chœurs
et à une espèce de pot-pourri de mélodies nationales de
tous les pays, genre de musique si délicieusement chanté,
comme chacun sait, par cette artiste polygotte et cosmopolite (2).

Il y avait une erreur dans cette correspondance
du journal italien, quant au chiffre du traitement
alloué à Mme Malibran. Elle ne recevait pas
2 000 livres sterling pour quinze représentations,
mais bien pour les deux mois de mai et de juin,
durant lesquels elle devait jouer trois fois par

(1) L'auteur était le trop fameux compositeur irlandais William
Balfe, auteur de tant d'ouvrages écrits par lui pour l'Angleterre
(entre autres *the Bohemian Girl),* pour l'Italie et pour la France, qui
lui doit personnellement deux opéras-comiques, *le Puits d'amour* et
les Quatre fils Aymon.
(2) C'est le 4 juin qu'eut lieu la représentation de l'opéra de Chelard, déjà joué en Allemagne et non écrit pour Mme Malibran, ainsi
qu'il est dit ici, mais sans doute arrangé à son intention.

semaine, comme nous allons le voir. Elle eut du reste quelques difficultés avec son directeur, Alfred Bunn, difficultés qui furent assez vite aplanies, mais que nous dévoile la lettre que voici, qu'elle adressait précisément à Bunn, peu de jours après son début et son triomphe :

Saint-James's street, 6 mai 1833.

Mon cher Monsieur Bunn,

Permettez-moi de continuer ma correspondance avec vous en français. Je m'explique peut-être plus clairement en cette langue (1). En réponse à ce que vous me dites au sujet du droit que, selon vous, je ne dois pas avoir de chanter dans aucun concert donné dans une ville où se trouve un théâtre, je vous dirai que tous les juges de la terre, qu'ils soient anglais, français, turcs ou chinois, vous répondront que j'ai, conformément à mon engagement, le droit de chanter dans n'importe quel concert (salle consacrée à des concerts), quel que soit l'endroit où il puisse être situé, ou construit. Mais ceci n'est une question ni de droit ni de juges. Je ne vous réponds en ce sens que pour vous assurer, mon cher directeur, qu'eussiez-vous cent mille diables au corps, vous ne seriez pas de force à lutter avec des cerveaux espagnols. Je pré-

(1) Je suis pourtant obligé de *retraduire* cette lettre de l'anglais, où elle a été traduite, car je tire ces détails et les présents documents d'une brochure publiée à Londres en 1881 sous ce titre : *Templeton and Malibran, reminiscences of these renowned singers, with original letters and anecdotes.* Ce Templeton était le ténor qui servit de partenaire à Mme Malibran dans ses différentes campagnes d'opéra anglais à Londres. Il est mort en cette ville au mois de juillet 1886.

fère donc votre seconde alternative ; vous saurez ainsi que mes intérêts sont pour moi de la dernière considération, et que je ne désire rien tant que de conserver entre nous les relations amicales qui ont existé jusqu'ici. Je propose, en conséquence, de donner, dans le courant du mois de mai, une représentation extraordinaire, en dehors de celles qui sont stipulées dans mon engagement, au bénéfice de la direction de Drury-Lane, à la condition expresse que vous ne mettrez aucun obstacle (mais pas le plus petit obstacle) à toute espèce de concerts qui pourraient m'être offerts. Et maintenant, je m'arrête.

Je vous déclare que c'est pour *la première fois de ma vie!!* Et je m'en fais quelque honneur, car je trouve que vous êtes un peu dur pour moi.

M. F. MALIBRAN (1).

Là ne se borna pas la correspondance de Mme Malibran avec son directeur. Voici une autre lettre dans laquelle elle lui fait part de son peu de sympathie pour un opéra que Bunn lui deman-

---

(1) Les choses s'arrangèrent, et la preuve s'en trouve dans ce fait que l'engagement de Mme Malibran fut ainsi rectifié pour le mois de juin :

« Madame Malibran s'engage par les présentes à jouer soit au théâtre royal de Drury-Lane, soit au théâtre royal de Covent-Garden, pendant le mois de juin, trois fois par semaine, pour la somme de 1 000 livres sterling, aux conditions de son précédent engagement, sauf qu'elle est libre de chanter dans tous les concerts, pourvu que ceux-ci n'entravent pas les représentations ou les répétitions des théâtres susdits. Monsieur de Bériot pourra aussi avoir un concert dans l'un de ces théâtres et toucher les deux tiers de la recette de la soirée.

« M.-F. MALIBRAN.

« Londres, 24 mai 1832 »

dait de jouer, en même temps qu'elle lui parle d'un opéra de Chelard qu'au contraire elle désirait chanter :

10 mai.

Mon cher Monsieur,

Je ne puis pas vous donner tout de suite une réponse décisive. Il faut que je voie le rôle pour savoir s'il me convient. Il faut aussi que j'aie la pièce. Je regrette seulement que vous me proposiez autre chose au lieu de la pièce de Chelard, que je connais *presque par cœur,* ce qui est un immense avantage pour la rapidité du travail. Je connais mon sujet et j'en suis enchanté. Quant à l'autre, je ne le connais pas du tout, paroles ou musique. — J'ai encore une chose à rappeler à votre mémoire. Lorsque je partis pour Londres, sans avoir reçu la remise de M. Rothschild, je comptais recevoir à Londres le premier paiement le 2 mai, ainsi qu'il est stipulé dans mon engagement. Cette condition n'a pas été remplie. J'attribue l'erreur aux immenses occupations que vous cause le théâtre. Néanmoins, je ne suis pas pourvue des fonds nécessaires pour attendre plus longtemps. Je vous prie de m'envoyer, le plus promptement possible, une traite sur le banquier chez qui a été fait le premier *dépôt de mille livres.*

Croyez, mon cher monsieur Bunn, qu'il n'y a pas mauvais caractère de ma part, encore moins manque de confiance, mais véritablement une gêne dans la bourse. Il y a une baisse complète dans les *fonds publics* de ma bourse... O! capitaine Poulihil, ô providence de ces pauvres *chanteurs de musique!* venez à mon aide, sans quoi je ne puis être votre très humble et très obéissante servante ; pas plus que la pauvre Amina, qui s'adresse à vous les mains jointes. Ah ! par pitié, ah ! laissez-moi dormir... jusqu'à ce que le petit sac soit complètement plein de...

Vous savez que ce sera bientôt votre tour.

MARIA.

Je demande la faveur d'une réponse au sujet de l'opéra de Chelard.

L'ouvrage proposé par Bunn ne lui convint pas ; une nouvelle lettre nous l'apprend, dans laquelle son refus de le jouer est formel :

Mon cher monsieur Bunn,

Aussitôt après vous avoir écrit, je me suis mise au piano pour déchiffrer la partition que vous m'avez envoyée. J'ai le regret d'être obligée de vous dire que ce rôle ne me plaît pas du tout et que, quant à la musique, je ne la chanterai jamais. C'est un style tout différent du mien, et qui, en conséquence, ne me convient en aucune façon. Je vous retourne donc la partition, en vous priant de ne plus m'en parler.

Telle est ma réponse, positive et négative.

Ayez l'obligeance, donc, lorsque vous aurez un opéra à me soumettre, ayez l'obligeance, dis-je, de choisir quelque chose qui me convienne et qui soit dans la mesure de mes moyens, et non en dehors des limites du petit pouvoir que je possède.

Avec bien des compliments en hâte.

MALIBRAN.

Enfin, dans une dernière lettre à Bunn, elle insiste de nouveau au sujet de l'opéra de Chelard, qu'elle finit par le décider à monter :

Saint-James's street, mardi.

Mainte et mainte fois, toujours moi et éternellement moi, mon cher monsieur Bunn. J'ai torturé le pauvre Chelard au point de le rendre fou. J'ai besoin d'avoir mon rôle pour le pratiquer, le connaître et pouvoir jouer dans dix jours au plus tard. Je suis sûre que si vous donnez les ordres voulus pour la copie des rôles, nous serons tous prêts, du moins *je* serai prête dans huit jours... Mais... répétitions, rôles, répétitions, rôles, ordres, répétitions, pas de répétitions sans rôles, pas de rôles sans ordres, pas d'ordres sans mes éternelles insinuations ni mes lettres sans fin. Donc, il me semble que vous ne me ferez pas le grand honneur de venir chez moi un quart d'heure pour y avoir une petite conversation tranquille. Quoi qu'il en soit, j'attends votre bon plaisir, noble cousin, et sollicite une réponse quand il conviendra à votre majesté. Plaisanterie à part, je vous en prie, dites *oui* ou *non*, car dans quelques jours il serait trop tard pour donner des ordres pour les copies. Nous n'aurions plus le temps nécessaire pour apprendre.

Croyez-moi

Votre, etc...

Maria M.

Revenons-en à ses succès, qui furent tels que Mme Malibran resta cette fois cinq mois pleins en Angleterre. De Drury-Lane elle passa, au bout de quelques semaines, à Covent-Garden, qui était dirigé par le même entrepreneur, et où se continuaient les représentations lyriques anglaises. « Covent-Garden restera ouvert toute l'année, disait la *Revue musicale* dans son numéro du 20 juillet 1833. Les représentations se borneront à l'opéra et aux pièces à spectacle. Mme Malibran, qu'une indisposition avait forcée d'interrompre les représentations, est entièrement rétablie maintenant et a retrouvé toutes ses ressources dramatiques dans *la Sonnambula.* » Son engagement terminé, elle alla prendre part, les 24, 25, 26 et 27 septembre, au 110ᵉ meeting de l'association chorale de Glocester, Hereford et Worcester, qui se tenait cette fois dans cette dernière ville. Dans ce festival monstre on exécutait, entre autres œuvres, *la Création* d'Haydn, *le Mont Sinaï* de Sigismond Neukomm, *le Jugement dernier* de Spohr, et *le Déluge* de Schneider. L'orchestre était dirigé par Cramer, et les solistes étaient Marie Malibran et Clara Novello, Donzelli, Knyvett, Braham, Ed. Taylor, Vaughan et Philips (1).

Le mois de novembre allait rappeler Mme Mali-

---

(1) Un journal spécial anglais, le *Music trade Review*, disait encore récemment, en parlant de Mme Malibran : « L'expression avec laquelle elle chantait la musique sacrée la faisait désirer dans ce pays (l'Angleterre) aux festivals périodiques, et toutes les fois qu'on pouvait s'assurer son concours, on la saluait toujours comme le grand attrait en de telles circonstances. »

bran en Italie. Mais il va sans dire qu'elle vint se
reposer quelque temps à Paris. Elle y était encore
aux derniers jours d'octobre, car elle assistait,
le 24 de ce mois, à la représentation du Théâtre-
Italien, où Giulia Grisi, alors dans tout l'éclat de
sa beauté et de son jeune talent, jouait pour la
première fois ce rôle de Ninetta de *la Gazza Ladra*
qui avait été un de ses plus grands triomphes (1).
Dès les premiers jours de novembre elle était en
route pour Naples, et un de ses biographes italiens
signale son passage à Bologne se rendant en cette
ville : — « Au commencement de novembre, elle se
trouvait au nombre des spectateurs du Théâtre
Communal de Bologne, où, aussitôt reconnue par
le parterre et par les loges, elle reçut autant de
salutations et d'applaudissements qu'elle en avait
reçus en chantant sur cette même scène l'année
précédente. Elle se montra reconnaissante de ce
souvenir en donnant, dans la soirée du 5, à la
société du Casino, un concert en compagnie de
Donzelli et d'Inchindi (2). »

C'est, je crois, le 14 novembre, que Mme Malibran reparut à Naples dans *Otello*, puis dans *la
Gazza ladra* et *Semiramide*. Dès son arrivée on

(1) On trouve, dans la *Revue musicale* du 26 octobre, un article
intéressant sur cette représentation et sur la présence de Mme Malibran au Théâtre-Italien.

(2) Gaetano BARBIERI, *Notizie biografiche di M.-F. Malibran*
(Milano, Stella, 1836, in-8°.)

avait mis en répétition un opéra nouveau dont elle
devait remplir le principal rôle, *Irene, o l'Assedio
di Messina*. La musique de cet ouvrage était écrite
par le trop fécond Pacini, vieil ami de Rossini.
C'est le 28 novembre qu'*Irene* fit son apparition
sur la scène de San-Carlo, et l'œuvre était si faible
qu'elle n'obtint aucun succès, en dépit de la présence de Mme Malibran, secondée par David,
Reina, Lablache, Ambrogi, Benedetti et une jeune
artiste nommée Garcia-Ruiz, que je suppose précisément être sa cousine, celle dont nous avons eu
connaissance par une lettre de Garcia. Pacini, qui,
en dépit d'un résultat médiocre, était reconnais-
sant envers Mme Malibran de l'aide qu'elle lui
avait prêtée en cette circonstance, lui a rendu,
dans ses *Mémoires*, un hommage mérité. Bien que
les quelques lignes qu'il lui a consacrées à propos
de son *Irene* ne nous apprennent rien de bien nouveau, il ne me semble pas sans intérêt de les reproduire ici :

... Ce génie unique de Maria Malibran, dit-il, soutint
le rôle principal de façon à émerveiller le compositeur et
le public. Cette femme sublime, si pleine de talent, me
produisit une telle impression quand je l'entendis pour la
première fois dans *la Gazza ladra*, que l'on dut m'entraîner hors de la salle de San Carlo parce que, de la loge où
je me trouvais, je donnais un second spectacle ! Jamais, je
dis la vérité, je n'éprouvai une pareille émotion en entendant une cantatrice. Elle était extraordinaire en tout.

D'un caractère affable au delà de toute expression, elle ne faisait aucune distinction entre le riche et le pauvre, le noble et le plébéien. Cinq langues lui étaient familières : l'espagnol, l'italien, l'anglais, le français et l'allemand ; instruite dans l'histoire et les belles-lettres, dans l'art du dessin et de la peinture, enfin en tout ce qu'on peut désirer d'une personne cultivée. On prétendait qu'elle était irrégulière dans sa vie, qu'elle avait le défaut de s'enivrer à table ; mais moi, qui eus le bonheur de vivre avec cette femme célèbre pendant six mois et plus, puisque j'habitais aussi le palais de Barbaja et que je mangeais à la même table qu'elle, je puis affirmer la fausseté des bruits que répandait la malveillance. Son ordinaire était très frugal : le soir seulement, après avoir chanté, elle aimait boire un verre de champagne, ce qui ne me semble pas la caractériser pour une femme peu sobre (1). C'était une vraie amazone ! Elle montait à cheval avec une adresse et une perfection à lutter avec le cavalier le plus accompli ; elle tirait l'épée comme le spadassin le plus expert. En somme, c'était un génie en tout. On me pardonnera de m'être attardé à rappeler les particularités relatives à cette femme étonnante, au sujet de laquelle on peut dire justement : *La nature la fit, puis brisa le moule* (2).

Tout en parcourant son répertoire, dans lequel elle retrouvait ses succès habtiuels, Mme Malibran prit encore part, dans le cours de cette saison de

(1) C'est, en effet, une calomnie que quelques imbéciles, plus sots, je crois, que malveillants, ont essayé de mettre en cours, mais qui, il est à peine besoin de le dire, n'a pas résisté aux témoignages de tous ceux qui ont connu l'illustre artiste.

(2) *Le Mie Memorie artistiche,* di Giovanni PACINI (Firenze, Guidi, 1865, in-18).

Naples, à la représentation d'un second ouvrage nouveau, *la Figlia dell'arciere*, de Carlo Coccia, musicien presque aussi fécond et d'une façon presque aussi fâcheuse que Pacini. Cette fois, et malgré sa présence encore, le fiasco fut complet, et *la Figlia dell'arciere*, jouée le 19 janvier 1834, disparut bientôt sous l'indifférence du public. Je crois que c'est aussi pendant cette saison de San Carlo qu'elle aborda pour la première fois l'un des ouvrages de Bellini qui avaient alors le plus de succès, *i Capuleti ed i Montecchi*, et qui renouvela les triomphes dont elle était coutumière. Mais c'est à propos de son interprétation de cet ouvrage que devait se produire un incident piquant.

A peine cet opéra de Bellini avait-il vu le jour qu'on avait usé envers lui d'un procédé qu'on peut au moins qualifier de singulier et qui, au point de vue de l'art, était réellement barbare. Il existait depuis quelques années, sur le même sujet, un opéra écrit par Vaccaj, sous le titre de *Giulietta e Romeo*. Or, certaines cantatrices eurent l'idée, assurément étrange, de fondre en quelque sorte l'un avec l'autre; c'est-à-dire que comme elles trouvaient la partition de Bellini supérieure à celle de Vaccaj à part le dernier acte, qu'elles jugeaient au contraire meilleur dans celle-ci, elles avaient imaginé de former un *Roméo et Juliette* composite,

comprenant les trois premiers actes de l'opéra de
Bellini et le dernier de celui de Vaccaj. Tel était
le respect qu'on avait, en ces temps éloignés, pour
les droits des auteurs, impuissants à défendre
leurs œuvres contre de tels outrages ! Mme Malibran, trouvant cet usage déjà établi, et en quelque
sorte consacré, eut le tort de se l'approprier, et
c'est dans ces conditions qu'elle joua *i Capuleti*
de Bellini. Cela lui attira quelques railleries spiri-
tuelles de l'auteur du livret, Felice Romani, le
fidèle collaborateur de Bellini, qu'un tel procédé
froissait à juste titre pour son ami. Romani n'était
pas un simple librettiste. Ecrivain distingué et
lettré délicat, c'était un vrai poète, dont les *liriche*
obtinrent des succès mérités, en même temps qu'un
critique plein de finesse, dont la verve était bien
connue et fort appréciée des lecteurs de la *Gazzetta
piemontese*. C'est précisément dans ce journal
qu'un jour, perdant patience après deux années
et publiant un article sur Mme Malibran, il la prit
à partie au sujet de certains changements qu'elle
apportait à la musique des compositeurs, et surtout
de ses privautés avec l'opéra de Bellini. Cet article
était une fantaisie humoristique et piquante, dont
voici le passage carastéristique :

L'ouvrage *(i Capuleti ed i Montecchi)* fit en peu de
temps le tour des deux mondes, porté par les plus grandes
célébrités artistiques, et plut au public chaque fois qu'on

le revit à la scène, bien que deux amis, *il Capriccio* et la Malibran, ornassent le travail du poète et du musicien de façon à le rendre presque méconnaissable.

La Malibran proposait une chose, et *il Capriccio* l'approuvait; et *il Capriccio* suggérait un expédient, et la Malibran l'approuvait; et la Malibran agissait de son côté, et *il Capriccio* d'un autre; et finalement *il Capriccio* et la Malibran manipulaient ensemble, et manipulaient de telle sorte que de ces expédients, de ces essais, de ces manipulations naissait un ragoût, une sauce, une fricassée qui faisait merveille à voir. Long bouillon de Celli, gélatine de Pacini, drogues de Ricci, carottes de Rossi..., il y avait un peu de tout (1). Pour terminer, au quatrième acte fut substitué tout à coup le troisième acte de Vaccaj.

Et la Malibran, belle comme Circé, magicienne comme Circé, puissante comme Circé, se présentait au théâtre pour servir le ragoût, et *il Capriccio* en offrait les morceaux aux loges et au parterre, et la Raison s'enfuyait du parterre et des loges; et les auditeurs, abandonnés par la Raison, gouvernés par *il Capriccio*, enivrés par l'enchanteresse, goûtèrent au ragoût et furent éblouis... comme les compagnons d'Ulysse (2)...

Il est certain que, malgré ce qu'on pouvait ainsi lui reprocher sous ce rapport, le succès de Mme Malibran fut très grand à Naples dans *i Capuleti*. Mais il continuait d'être immense dans *la Sonnambula*, et il fut plus éclatant peut-être

(1) Filippo Celli, Giovanni Pacini, Luigi Ricci et Lauro Rossi, quatre compositeurs du temps, que Romani ne paraissait pas, d'après ces paroles, goûter énormément.

(2) *Gazzetta Piemontese*, 18 janvier 1836.

encore dans *Norma,* qu'elle aborda pour la première fois au théâtre San Carlo. Le compositeur
Guillaume Cottrau nous l'apprend dans une lettre
adressée par lui, le 4 mars 1834, à son frère, qui
habitait Paris alors : — « ... Dis à Bellini que la
Malibran a obtenu un succès colossal dans *Norma.*
Elle est engagée pour quarante représentations
ici, de novembre à février prochain, 80 000 francs
et deux bénéfices. Qu'en dis-tu ? N'est-ce pas fabu-
leux ? Marietta part dans huit jours. » Et dix
jours après, le 14 mars, dans une autre lettre au
même : — « ... Mme Malibran est délicieuse dans
cet opéra *(la Sonnambula),* mais son triomphe
définitif est dans *Norma,* où elle a eu un succès
d'enthousiasme incroyable. Imagine-toi qu'à sa
dernière représentation, avant-hier (car elle est
partie hier pour Bologne), après avoir été applaudie dans tous les morceaux avec *fureur,* elle a
été *chiamata fuori* (rappelée) dans le morceau
final dix fois de suite, par une foule frénétique
d'admirateurs. Elle est engagée du 10 novembre
au 3 mars prochain, quarante-cinq représentations
à 2 000 francs chaque (1)!... »

C'est à propos de ce succès que Bellini, qui en
était directement informé par son ami Florimo et
qui se trouvait alors à Paris, où il était chargé

(1) Voir *le Portefeuille d'un mélomane,* dans la *Revue britan-
nique,* numéro de juillet 1887.

d'écrire un opéra nouveau pour le Théâtre-Italien, écrivait à ce même Florimo, à la date du 11 mars : « Ce que tu m'apprends de l'effet que la Malibran a produit dans *Norma* me cause le plus vif plaisir. Je pense comme toi que, la Malibran étant engagée pour le carnaval, il vaudrait mieux que j'écrive mon opéra pour Naples en janvier que plus tard. Mais comment ferai-je, mon cher Florimo, pour trouver des livrets ? Je perds vraiment la tête en ce qui concerne mon opéra de Paris, parce qu'on n'a pu découvrir un sujet qui, pour l'intérêt et l'adaptation, puisse convenir à la troupe qui se trouve ici. Il m'est vraiment impossible d'accepter les deux engagements, l'opéra pour Paris et l'opéra pour Naples, pays très importants, pour y donner deux ouvrages nouveaux avec ce qu'on a le droit d'attendre de moi de l'un et de l'autre côté. Tu as raison en me disant que posséder la Malibran est déjà une probabilité de succès ; mais sais-tu bien que peut-être, si je pouvais écrire en mai, il me serait possible d'avoir Rubini et Tamburini avec la Ronzi ? parce que la direction de Londres est toujours vacillante, et que si elle ne réussit pas à payer tout le monde cette année, Naples pourrait engager pour l'année prochaine Rubini et Tamburini de mai à fin août, et alors j'aurais ces deux artistes avec la Ronzi ou une autre bonne chanteuse, et j'aurais le temps de trouver un sujet et d'écrire la musique (1)... »

On se rappelle que, lors de leur rencontre si émouvante à Londres, Bellini avait promis à Mme Malibran d'écrire un opéra expressément pour elle. Ce projet lui tenait à cœur, et nous en trouvons la preuve dans cette lettre, comme nous la verrons plus loin encore. En attendant, suivons l'enchanteresse, comme l'appelait Romani, dans ses pérégrinations.

Le lendemain de son dernier spectacle à Naples, le 13 mars, elle avait quitté cette ville pour se rendre à Bologne, où elle s'était engagée à donner quelques représentations avant d'aller se produire pour la première fois à Milan, la vraie capitale musicale de l'Italie, qui l'attendait avec impatience. Le 31 mars elle reparaissait donc en cette ville dans *Otello*, jouait ensuite *la Sonnambula*, puis enfin se montrait dans *Norma*, au milieu d'un enthousiasme indescriptible. « Ses représentations, disait un écrivain italien, attirèrent tant de monde non seulement de la ville, mais des pays voisins, que les aubergistes étaient obligés de céder aux étrangers jusqu'à leurs propres chambres (2). »

(1) Francesco FLORIMO, *Bellini, memorie e lettere.*
(2) Gaetano BARBIERI, *Notizie biografiche di M.-F. Malibran.* — Le même biographe disait, en parlant d'elle : « Chanter, être admirée, ravir les cœurs, laisser le public inconsolable de son départ, c'était ce qui lui arrivait toujours, et ce qui a pu être considéré comme implicite à toutes les courses ou saisons musicales de Marie Malibran. »

A peine avait-elle terminé son court engagement à Bologne, qu'elle partait pour Milan. Elle s'était engagée à donner six représentations à la Scala. Elle n'hésita pas, malgré le souvenir laissé dans ce rôle par Mme Pasta, qui y avait obtenu sur ce théâtre un succès éclatant, à se montrer tout d'abord et pour son début dans *Norma*, le 15 mai. Son triomphe y fut tel qu'elle y reparaissait deux jours après, le 17; le 20, elle jouait *Otello;* sa quatrième représentation avait encore lieu dans *Norma*, la cinquième dans *Otello*, et la sixième et dernière, le 24, dans *Norma*. « Ce furent vraiment des jours de fête pour Milan. Qui pourrait redire les accompagnements de cortège que la Malibran trouvait au sortir du théâtre, les affolements pour la voir hors de la scène, les sérénades qu'on lui donnait? Il n'est pas d'enthousiasme qui ne fût inspiré à cette occasion; mais celui qui fut à sa plus grande et éternelle gloire, ce fut l'enthousiasme de l'auteur du livret de *Norma*. La *canzone* de Felice Romani : *De queste a te percosse,* vivra immortelle comme le nom de Maria Malibran (1). »

A ce moment, l'existence de Mme Malibran est d'une activité et d'une mobilité vraiment prodigieuses. Sa présence a littéralement bouleversé l'Italie musicale, qui ne songe qu'à elle et qui, de

(1) Gaetano BARBIERI, *Notizie biografiche di M.-F. Malibran.*

tous côtés, voudrait l'entendre, l'admirer et l'applaudir. Sollicitée, on pourrait dire réclamée de toutes parts, elle reçoit de vingt villes à la fois des offres d'engagements, et celles où elle s'est montrée déjà sont plus âpres peut-être dans leur désir de la posséder de nouveau que ne sont ardentes à la connaître celles où elle n'a pu paraître encore. Ne pouvant répondre à toutes les demandes, à toutes les instances, à toutes les obsessions, par cette simple raison qu'elle ne peut ni dédoubler ni multiplier sa personne, elle signe pourtant avec plusieurs de ces villes une série de traités dont les dates sont si rapprochées qu'elles ne lui laissent guère, entre deux engagements, que le temps strictement nécessaire pour franchir la distance qui sépare un lieu d'un autre. C'est ainsi que nous allons la voir parcourir tour à tour toutes les routes d'Italie, se rendre d'abord à Sinigaglia pour la foire, qui est l'une des plus importantes de la Péninsule et qui se tient en juillet, de là aller passer une partie des mois d'août et de septembre à Lucques, retourner ensuite à Milan, où elle doit rester jusqu'aux derniers jours d'octobre, et enfin revenir à Naples, pour y faire la grande saison d'hiver. Cette perspective d'ailleurs ne l'effraie pas, comme on va le voir, et l'on va voir aussi de quelle façon elle se prépare à ce déploiement et à ce redoublement d'activité. Infatigable, comme toujours, et comme toujours prête à se rendre utile, elle se met bravement en route pour l'Angleterre à la suite de ses premières représentations de Milan, et cela dans le seul but d'aller chanter, à Londres, à un concert donné par son frère. Et comme, ainsi que nous l'avons vu, elle devait se retrouver à Sinigaglia dès les premiers jours de juillet, elle faisait ainsi, de gaieté de cœur, à une époque où les chemins de fer étaient encore inconnus, et où les voyages étaient autrement longs et fatigants qu'aujourd'hui, un trajet de huit cents lieues, aller et retour, pour le plus grand plaisir et profit de son frère.

Elle s'arrêtait un instant au cours de ce voyage, mais un seul instant, car les minutes lui étaient comptées, à Paris et à Bruxelles, et à l'heure dite, au jour fixé, se trouvait exactement de retour en Italie, à Sinigaglia, où elle jouait successivement, au bruit des applaudissements et des acclamations, *la Sonnambula*, *i Capuleti* et *il Barbiere*. Le 17 août elle donnait à Lucques sa première représentation dans *la Sonnambula*, après quoi elle jouait encore *i Capuleti*, puis *Norma*. Là, c'est un véritable délire qu'elle excita parmi la population, et nous en avons pour témoignage une lettre de Bériot, qui l'accompagnait toujours, et qui nous apprend que l'enthousiasme des Lucquois est tel que chaque soir, après le spectacle, le public en masse escorte la voiture de la grande artiste jus-

qu'à son hôtel, au milieu des cris, des acclamations
et des vivats. « Hier (7 septembre), dit-il, a eu
lieu sa soirée à bénéfice dans *Otello;* la salle
n'était qu'un vaste champ de lauriers et de fleurs,
et l'escorte était cette fois armée de flam-
beaux... » Le 27 septembre nous la retrouvons à
la Scala de Milan, où elle reparaît dans *Norma*,
ayant pour Adalgise, comme précédemment,
Mme Garcia-Ruiz, que je persiste à croire sa cousine. Elle restait un mois plein à Milan, voyant
s'y renouveler ses premiers triomphes, peut-être
avec plus de force et d'éclat encore que lors de ses
débuts en cette ville, jouant successivement *la
Sonnambula*, *i Capuleti* et *Otello*, et donnant sa
dernière représentation le 26 octobre, avec *la Sonnambula*, au milieu d'ovations dont on ne saurait
se faire une idée. Enfin, dès les premiers jours de
novembre, après avoir parcouru l'Italie d'une
extrémité à l'autre et dans toute son étendue, elle
était de retour à Naples, où la saison pour laquelle
elle s'était engagée commençait le 10 de ce mois
pour prendre fin le 3 mars 1835 (1).

(1) Pour tous ces voyages en Italie la comtesse Merlin, dans son
livre, donne des dates dont l'apparente précision pourrait tromper,
mais qui, pour la plupart, sont absolument inexactes. Celles que
j'indique d'une façon certaine ont été relevées par moi soit dans les
correspondances de certains journaux français, soit, le plus souvent,
dans des documents italiens contemporains absolument sûrs.

CHAPITRE IX

A Naples, Mme Malibran a pour partenaire notre Duprez. — Ses succès sont de plus en plus éclatants. — Bellini exprime l'ardent dés'r d'écrire plus'eurs opéras pour elle. — Sa correspondance à ce sujet. — Résultat négatif. — Mme Malibran joue encore deux opéras nouveaux, de Lauro Rossi et de Persiani. — La danse ne lui réussit pas. — Une lettre de Ch. de Bériot. — Accident grave. — Mme Malibran se casse un bras. — Chante *la Somnambule* le bras en écharpe. — Part pour Venise, où elle produit une sensation indescriptible. — Nouvelle preuve de sa générosité. — Le théâtre Malibran.

Bien avant son arrivée à Naples on se préoccupait en cette ville du retour de Mme Malibran, et non seulement le public, mais les artistes, mais tous ceux qui, de près ou de loin, s'intéressaient à l'éclat, à la splendeur des deux grandes scènes de la capitale. On souhaitait surtout de lui voir jouer, au cours de cette saison, un ou deux ouvrages nouveaux, dans lesquels son admirable talent pourrait se déployer dans des conditions particulières et d'une façon plus piquante encore pour les spectateurs que dans des opéras usés et connus de tous. Une lettre de Bellini nous a appris que des pourparlers avaient été engagés à cet effet entre lui et la direction du théâtre San Carlo ; les

choses, nous le verrons, traînèrent en longueur de
ce côté, pour aboutir, en fin de compte, à un résultat négatif. Mais avant cela même, des démarches avaient été tentées auprès d'autres compositeurs, d'artistes que certainement on ne se serait
pas attendu à voir en cette affaire, et tout cela était
resté ignoré jusqu'ici. Dès le 2 août, c'est-à-dire
pendant le séjour de Mme Malibran à Sinigaglia,
Guillaume Cottrau écrivait à son frère, à Paris :
« La Société des théâtres m'a chargé de faire des
ouvertures à Auber pour écrire cet hiver un opéra
pour la Malibran. On attend aussi une réponse de
Meyerbeer : si tu le vois, par hasard, pousse-le
et prends-le par son amour-propre. Tu conçois
l'intérêt que je prends à ce que des compositeurs
célèbres écrivent pour nos théâtres. » Auber, à
cette époque, était trop pris par l'Opéra et par
l'Opéra-Comique, où il donnait chaque année une
œuvre nouvelle, pour pouvoir accepter une telle
proposition, à supposer qu'elle pût le séduire.
Quant à Meyerbeer, tout préoccupé de sa carrière
française et qui travaillait alors à ses *Huguenots*,
il n'était pas homme à courir deux lièvres à la
fois. Les choses n'allant pas de ce côté, on recommença à songer à Bellini, et l'on pensait même à
Donizetti. Le 18 septembre, Cottrau écrivait de
nouveau à son frère : — « ... Il est maintenant
question de tout remanier et de faire écrire un

nouvel opéra à Donizetti pour la Malibran. Nous attendons d'un moment à l'autre une réponse de Bellini. Sans ces deux compositeurs, nos théâtres iraient à la diable... »

En attendant, Mme Malibran faisait sa rentrée au Fondo, le 11 novembre, par *la Sonnambula*. Le ténor des deux théâtres royaux de Naples n'était autre, pour cette saison, que notre grand chanteur Duprez, qui allait lui servir de partenaire et qui précisément débutait à ses côtés dans le rôle d'Elvino ; Mme Duprez faisait aussi partie de la troupe, et c'est elle qui, le 19 novembre, à San Carlo, jouait dans *Tancredi* avec Mme Malibran ; enfin, le 4 décembre, *Norma* reparaissait sur ce théâtre avec Mme Malibran en Norma, Mme Duprez en Adalgisa et Duprez en Pollione (1).

Mme Malibran voyait se renouveler en cette saison ses triomphes précédents, et Guillaume Cottrau écrivait encore à son frère, à la date du 20 novembre : — « Je t'adresse un rondo inédit, composé pour Mme Malibran par Pacini, et que cette chanteuse introduira demain dans *Tancredi*. Oui,

___

(1) Pour cette saison d'environ quatre mois, l'*Almanacco de' reali teatri S. Carlo e Fondo dell' annata teatrale 1834* (Napoli, 1835, in-12) nous apprend que Mme Malibran recevait 19 020 ducats 95, soit un peu plus de 80 000 francs. Duprez, engagé pour sept mois pleins, d'abord du 1er au 28 juillet, puis du 10 octobre 1834 au 11 avril 1835, recevait 4 829 ducats 96, ou environ 20 525 francs, et sa femme, pour le même temps et les mêmes époques, 2 488 ducats 78, c'est-à-dire 11 575 francs.

cette chère Mariette a eu un succès colossal dans sa rentrée! En vérité, elle a gagné sous tous les rapports. Dis à Bellini qu'elle espère avoir un opéra de lui; mais elle craint, en vérité, qu'un rôle écrit pour la Grisi ne lui aille pas. Pour la satisfaire, il faudrait au moins lui refaire une cavatine. Cela la flatterait infiniment. »

Sur ses instances peut-être, et tandis que le répertoire ordinaire se déroulait ainsi sur l'une et l'autre scène, les négociations continuaient entre Bellini et les administrateurs sans qu'on parvînt à en obtenir de résultats, bien qu'elles remontassent à plusieurs mois. Bellini avait demandé d'abord 4 000 ducats pour écrire un opéra nouveau; puis, comme, au lieu d'un, on lui en avait ensuite demandé trois, il avait fixé ses conditions à 10 000 ducats, en abandonnant tous droits sur la propriété de ces ouvrages, dont il était d'ailleurs entendu que Mme Malibran créerait le principal rôle féminin. Voici comment il établissait nettement ses conditions dans une lettre adressée, en juillet 1834, à un nommé Lanari, agent et représentant de la Société directrice des deux grands théâtres :

1° Je donnerai en scène, dans les premiers jours de février 1835, mon premier opéra écrit pour la Malibran, Duprez, Porto et pour tous les sujets engagés pour les théâtres royaux que l'ouvrage exigera. Je ne pourrais le donner plus tôt, à cause du temps que me prendra le

voyage, et aussi parce qu'il me faut écrire l'opéra que je
dois donner à Paris, peut-être en décembre, si la direction
l'exige ; mais comme j'ai fini le premier acte de celui-ci,
j'espère l'avoir terminé au milieu de septembre et me
mettre aussitôt à celui de Naples. Au cas où la direction
croirait le mettre en scène en novembre, je partirais immédiatement pour Naples, et s'il était possible, je donnerais
là mon opéra avant février, *mais jamais dans une soirée de
gala,* parce que cela est pis que le choléra pour l'effet musical. 2° Si la Société continue d'avoir les théâtres, je donnerai le second opéra en janvier 1836, et le troisième en
janvier 1837 ; mais dans le cas où le contrat de la Société
avec le gouvernement finirait avec le carnaval de 1836,
alors je donnerais le second en juillet 1835 et le troisième
en janvier 1836. Notre traité se trouvera ainsi établi pour
trois opéras, autrement je ne le pourrais au même prix.
3° Je me trouverai à Naples un mois avant la représentation du premier opéra, pour les autres un mois et demi
environ, afin d'assister aux répétitions. 4° Je me chargerai
de trouver des livrets ; la direction paiera mille francs pour
chacun d'eux, prix que demande Romani et que le Théâtre-Italien de Paris paie à Pepoli ; si c'est moins, la Société
en profitera, car je la tiendrai au courant du choix du
poète comme du sujet, que j'éviterai toujours de finir tra-
giquement, et ainsi nous nous maintiendrons en très bonne
intelligence. 5° La propriété des trois opéras sera par moi
cédée à l'entreprise. Je ne serai pas obligé de tenir le
piano pendant les trois premières représentations. 6° La
Société, de son côté, me paiera 10 000 ducats divisés en
six termes égaux, le premier à mon arrivée à Naples, le
second après les répétitions, et les autres de même.

Voici les conditions principales. Je veux espérer
qu'elles vous conviendront. J'attends ou le traité pour le

signer, ou un *non* pour disposer de moi, ayant encore des réponses à donner. As-tu compris, mon cher Lanari?...

Mais les choses n'allaient pas toutes seules. Dans une lettre à Florimo, un peu postérieure à celle-ci (elle est du 4 août), Bellini paraît n'avoir qu'une confiance limitée dans le succès de ses demandes; la Malibran toutefois continue à le préoccuper, et il manifeste le désir de la voir s'emparer de deux autres de ses opéras, comme elle a fait pour *la Sonnambula*, *Norma* et *i Capuleti* : « Dis à Cottrau, lui écrit-il, qu'il fasse chanter à la Malibran *il Pirata* et *la Straniera*; ce sera très bien, et tu pourras lui arranger les rôles, ce que je ne saurais faire ici, occupé que je suis de mon opéra. » Deux mois après, tout est rompu : on fait à Bellini des contre-propositions qu'il considère comme indignes de lui et qui l'ont rendu furieux, au point qu'il écrit le 10 octobre à Florimo : — « ... Je me suis bien figuré l'effet que devait produire ma réponse à ces présomptueux et à ces ânes, et je suis heureux de l'avoir faite de telle sorte au sujet de ce qu'ils m'offraient, et de leur faire rentrer dans la gorge la proposition qu'ils ont osé faire à Cottrau... » Mais il ne cesse de songer à la Malibran, et ne pouvant rien faire à Naples, il s'est tourné vers Milan, où le théâtre de la Scala est entre les mains du duc Visconti; nous le voyons par cette même lettre, où il dit encore : — « ... J'ai écrit à la Giuditta (1) pour donner une réponse au duc Visconti ; et cette réponse est que s'il consent à me donner 50 000 francs effectifs pour trois opéras, j'accepterai ; tous trois à écrire pour la Malibran ou pour la Pasta. J'attends la réponse. » Et plus loin encore, à propos de sa *Beatrice di Tenda :* — « ... J'espère que Béatrice ne sera pas trouvée immorale, car Béatrice n'aime que son mari et n'est point coupable d'une seule pensée pour Orombello ; ainsi, je veux espérer que la Malibran jouera le rôle... Persuade à Cottrau de lui faire jouer *Norma* et conseille-lui de ne plus penser aux convenances provinciales lorsqu'il s'agit de talents comme la Malibran... »

Enfin, une autre combinaison, beaucoup moins importante, se présente pour Naples, où il s'agit alors simplement de faire jouer *les Puritains* aussitôt que cet ouvrage aura été représenté au Théâtre-Italien de Paris, en y apportant les changements nécessaires, surtout en ce qui concerne la Malibran. Tout en caressant ce projet, Bellini n'abandonne pas celui de Milan, comme nous le prouve ce fragment d'une nouvelle lettre qu'il adressait à Florimo le 30 novembre :

... J'apprends le succès éclatant de la Malibran dans *la Sonnambula,* et il n'en pouvait être autrement. Oh ! si

(1) Giuditta Grisi, sœur de la célèbre cantatrice Giulia Grisi, elle-même cantatrice distinguée.

elle voulait jouer *Beatrice*, non seulement à Naples, mais
aussi à Milan, où elle la produirait avec quel succès! Et
alors ma pauvre *Beatrice* reviendrait à la vie et, comme
Norma, ferait le tour de tous les théâtres. Tu me con-
seilles de terminer mon opéra des *Puritains* avec une
grande scène pour la chanteuse. C'était mon intention,
mais par suite de changements très rationnels apportés
au second acte, la scène de la femme tombe dans le milieu
de cet acte, situation qui, par un certain côté, ressemble
au quator de *Nina*, mais avec un autre coloris, parce qu'il
y a de la mélancolie, de la gaîté, puis du vague, et
qu'enfin cela se termine par un fort *agitato.* Donc, une
autre scène à la fin, et peut-être mal en situation, ne
ferait que porter tort à l'ensemble de l'œuvre; j'ai pensé,
en conséquence, à finir avec une cabalette gracieuse ou
passionnée entre le ténor et la chanteuse, dans le genre
de celle du premier finale de *la Sonnambula.* Elle serait
précédée d'un *largo* concerté entre les deux basses, le
ténor, la chanteuse et les chœurs, comme dans *Norma.* Je
crois qu'ainsi cela ira bien, la situation étant très intéressante pour tous les sujets en scène. Certainement, je ferai
une cavatine nouvelle pour la Malibran. Je commencerai
sous peu de jours à m'occuper d'arranger l'opéra (pour
Naples), j'ai déjà pris mes mesures et je vois que cela
ira très bien pour Pedrazzi, Duprez, Porto, auxquels tu
prendras la peine d'apprendre leurs rôles, et pour la
puissante Malibran, que tu iras trouver de ma part;
après l'avoir grondée fortement de ne pas m'avoir fait
appeler lors de son passage à Paris, tu lui témoigneras
ma reconnaissance pour le grand empressement qu'elle a
mis et qu'elle met chaque jour à jouer mes opéras. Dis-
lui que j'espère écrire pour elle à Milan une couple
d'opéras, si ce grand avare de Visconti consent à m'ac-

corder au moins le prix qu'on me donne à Naples ; que
si elle le désire, elle pourra satisfaire notre désir commun en écrivant au duc, ou mieux en lui parlant puisqu'elle en aura l'occasion, et en lui faisant savoir que
je ne puis prendre d'engagement que pour l'année 1836,
à cause de mes arrangements avec Naples. Finalement,
dis-lui que si je parviens à écrire expressément pour elle,
je m'efforcerai de mettre en évidence ses immenses
moyens. Dis-lui que j'arrangerai et que j'adapterai *les
Puritains* à sa voix et qu'elle ne craigne point pour le
rôle, parce qu'il est passionné à l'égal de *Nina* et qu'il
suffirait de ses seules situations dites en prose et jouées
par elle pour qu'elles excitent un immense intérêt. Dis-
lui encore que j'attends et que je soupire après une
occasion pour lui montrer jusqu'où va mon admiration
pour elle...

Il était dit pourtant que rien de tout cela ne
devait réussir. Par suite de difficultés et de circonstances que je ne suis pas en état de faire
connaître, et en dépit des efforts de Florimo, de
Cottrau, surtout de Mme Malibran, *les Puritains*
ne furent pas joués à Naples, et Bellini, quinze
jours avant l'expiration de l'engagement de la
cantatrice, en exprimait ainsi son chagrin à son
ami Florimo (18 février 1835) : — « Mon cher
Florimo, j'apprends tous les accidents qui ont empêché qu'on donnât mes *Puritains*, et j'apprends
tout ce que cette chère Malibran a fait pour les
faire jouer ; et si une chose surtout me chagrine au
milieu de tant de contrariétés, c'est que cet ange

qu'est la Malibran n'a pu faire entendre mes *Puritains* aux Napolitains... » Et il terminait ainsi : « Je te quitte en t'embrassant étroitement et en te priant de remercier vivement pour moi ma bien chère Malibran, en lui disant que je l'aimerai toujours, toujours. La conduite qu'elle a tenue en cette circonstance m'a fait désirer de me trouver à Naples pour la couvrir de baisers en dépit de tout le monde. Mais j'espère bien la rencontrer un jour, et je ne réponds pas alors de ce qui arrivera ... »

Cependant, la saison de Naples poursuivait son cours, et si l'on ne parvenait pas à avoir un opéra de Bellini, la direction de San Carlo n'en offrait pas moins à son public deux ouvrages inédits : l'un, bouffe, de Lauro Rossi, intitulé *Amelia, ovvero la Costanza premiata*, l'autre, sérieux, de Persiani, qui avait pour titre *Ines de Castro*, tous deux ayant Mme Malibran pour interprète principale. En ce qui concerne Rossi, c'est elle-même qui lui avait ouvert les portes difficiles à forcer du théâtre San Carlo, ce qui n'empêche pas qu'elle fut peut-être, malgré sa présence et grâce à une fantaisie singulière, l'une des causes de la chute de son opéra. C'était le cas sans doute de lui appliquer l'axiome de La Fontaine : « Ne forçons point notre talent... » Voici d'ailleurs, d'après un témoin oculaire, un récit véridique de la représentation et du *fiasco* d'*Amelia*, qui faisait son apparition devant le public le 31 décembre 1834 : « Après avoir écrit quatre partitions à Rome, Lauro Rossi avait fait jouer à Milan sa *Casa disabitata*, opéra bouffe dont le succès fut énorme et qui, sous son second titre : *i Falsi Monetari*, a fait depuis lors le tour de l'Italie et s'est vu appeler *le Barbier de Séville* de Rossi. La Malibran elle-même, en entendant cet ouvrage, en fut tellement enchantée qu'elle exprima le désir de voir Rossi écrire un opéra pour elle. A cet effet, elle lui fit signer un contrat avec la direction des théâtres de Naples, et Rossi composa son *Amelia*, qui fut représentée en 1834 sur la grande scène de San Carlo. Mais que sont les femmes, même celles qui possèdent les plus grands talents, même celles qui sont inspirées par le génie, comme l'était la Malibran ? Le caprice est toujours leur guide, et la plupart du temps le suprême moteur de toutes leurs actions. Il vint en tête à la *diva* de faire entrer dans l'*Amelia* une situation dans laquelle elle pourrait exécuter un pas de deux avec le danseur Mathis. Cette nouvelle une fois répandue dans Naples, toute la ville se mit en mouvement, et heureux pouvait se dire celui qui avait obtenu une place au théâtre. L'opéra commence ; la Malibran chante... ; mais le public, impatient de voir la célèbre cantatrice agiter ses jambes, ne

fait pas attention au chant, ne fait pas attention
à la musique, et finit par se fâcher de ce qu'elle
tarde à danser. Attention générale... Les jambes
dans la danse n'avaient point l'habileté du gosier
dans le chant, et la Malibran, dans cette étrange
représentation, est désapprouvée par le public. Le
mécontentement causé par cette extravagance se
reporte sur l'opéra, qui est condamné de même
que la danse, et qui, non entendu et peut-être encore moins écouté, tombe, entraîné par l'autre
chute (1). » Un autre témoin, Guillaume Cottrau,
complète ainsi, dans une lettre à son frère, l'historique de cette chute lamentable : — « Entre nous
l'opéra *Amelia*, de Lauro Rossi, sur lequel on fon-
dait de grandes espérances, n'y a guère répondu,
quoique la musique soit assez spontanée et chantante. L'essai d'un opéra bouffe composé pour San
Carlo, où on n'en a jamais donné que de *raccroc*,
et après les avoir montés au Fondo, a échoué
contre l'apathie des Napolitains et leur vieille
admiration pour une salle qu'ils regardent comme
consacrée exclusivement à de grands opéras. Ils
ont donc crié au sacrilège, d'autant plus que le
sujet de cette *Amelia* est on ne peut moins susceptible d'effets dramatiques, que la Malibran y a
été mal secondée par Pedrazzi, Frezzolini et une

(1) Francesco FLORIMO : *Cenni storici sulla scuola musicale di
Napoli.*

foule de *cani* de second et de troisième ordre (1), et que l'ouvrage a été horriblement monté en décorations vieilles, usées jusqu'à la corde et déplacées, sans parler des costumes tout à fait disparates, anachroniques, de charades en action enfin. Ajoute à cela une malheureuse mazurka que cette folle entêtée de Malibran a voulu danser au second acte, avec un danseur nommé Mathis !... Ce qui n'a pas peu scandalisé nos perruques ! Bref, l'opéra, quoique applaudi à plusieurs reprises dans les quatre morceaux de la Malibran, n'a pas eu de succès et ne tiendra pas longtemps au répertoire (2). »

Il n'en fut pas de même du second ouvrage, l'*Ines de Castro* de Persiani, dont la première représentation fut donnée au théâtre San Carlo le 28 janvier 1835 et qui, outre Mme Malibran, avait pour interprètes Duprez, Porto, Raffaelli, Balestracci et Mmes Albini et Zapucci. Celui-ci, qui reste la meilleure production de Persiani, obtint un succès complet, qui se propagea et se répandit ensuite sur toutes les grandes scènes musicales de l'Italie, où il demeura longtemps au répertoire. Toutefois, ce succès ne fut pas sans être quelque peu contrarié, pour certaines causes extra-musicales qui nous

(1) Ces *cani* (chiens) dont parle l'écrivain s'appelaient Raffaelli et Mmes Salvetti et Zappucci.
(2) *Le Portefeuille d'un mélomane.*

sont révélées par cette lettre très curieuse que
de Bériot adressait à l'avocat Parola, de Milan :

Naples, le 3 février 1835.

Mon cher Parola,

L'opéra de Persiani, l'*Ines de Castro*, a eu sa première
représentation mercredi passé. Je vous en ai promis une
petite relation. Je me mets donc à l'œuvre pour le courrier de ce soir. Cet ouvrage est décidément superbe d'un
bout à l'autre et a obtenu un succès complet, succès d'autant plus méritoire à Naples que depuis quinze ans environ c'est le troisième opéra qui ait réussi, savoir : *l'Esule
di Roma* (1), *l'Ultimo Giorno di Pompei* (2) et ce dernier.
Tous les autres ont été sifflés impitoyablement.

Ines de Castro est un opéra largement taillé pour l'effet
d'un grand théâtre. Il n'y a pas un morceau de faible ; il
y a surtout une scène de terzetto dans le second acte qui
arrache les larmes. C'est le moment où Ines embrasse ses
enfants pour ne plus les revoir. Le rôle d'Ines est un des
plus beaux du répertoire de Mariette. Celui du ténor,
dont Duprez s'est tiré avec beaucoup d'honneur, est aussi
très soigné. En somme totale, c'est un superbe opéra.
Mais, mon cher Parola, dans un pays où les chefs-d'œuvre
de Rossini ont été sifflés les uns après les autres, je me
demande si le mérite seul d'un compositeur est la cause à
laquelle il faut attribuer le succès d'un ouvrage ?... Non,
sans doute, et pour vous expliquer la réussite d'*Ines de
Castro*, je vous dirai que si l'on pouvait lever le voile qui
couvre ce mystère, on y verrait d'abord 50 ducats dans la
poche du chef d'orchestre, sans lesquels ce monsieur est

(1) De Donizetti.
(2) De Pacini.

incapable de bienveillance pour l'auteur, de zèle et d'attention aux répétitions, et enfin d'ensemble et de mesure dans son orchestre ; on verrait en second lieu une autre somme à peu près semblable dans la poche du chef des chœurs, sans laquelle les choristes n'ont pas de poumons. On verrait que le tailleur même reçoit sous main son petit cadeau, sans lequel les acteurs seraient habillés comme des cochons et l'opéra retardé de plus d'un mois. En un mot, tout s'achète ici parce que tout est à vendre ; amitié, bienveillance, complaisance, tout se réduit à cette balance : *Combien me donnez-vous pour cela ?* Le silence même s'achète au théâtre ; ce silence dans les coulisses est ici un objet de spéculation, et le pauvre auteur qui ne passe pas par toutes ces conditions trouve contre lui mille armes qui doivent infailliblement le faire succomber. Persiani a eu le bon sens de prévenir tous ces obstacles ; aussi on dit que le pauvre diable a sacrifié entièrement le produit de son opéra. Aussi, contre l'usage de San Carlo, il y avait de l'ensemble dans l'exécution, du luxe dans les costumes et les décorations, et autant Amelia était-elle couverte de haillons, autant Ines de Castro était resplendissante de dorures et de richesses. Tout cela, mon cher ami, est bien avilissant, mais c'est la vérité. J'en suis tellement dégoûté que j'attends le jour où je quitterai Naples pour n'y plus revenir comme le plus beau jour de ma vie. Encore un mot sur *Ines*. Le succès de cet opéra, auquel personne ne s'attendait, a blessé mortellement deux partis, les *Ronzistes* à cause de Maria (1), les *Barbaïstes* à cause de la société (2).

(1) C'est-à-dire les partisan de Mme Ronzi de Begnis, qui, nous l'avons vu déjà, était la... protégée du roi.
(2) Et les partisans de Barbaia, l'ancien directeur du théâtre San Carlo, qui avait été remplacé par une société directrice.

Qu'a-t-on fait pour paralyser entièrement l'effet de cette musique! On a décrété hier un ordre qui empêche d'applaudir plus d'une fois et de rappeler plus d'une fois les acteurs. Il en est résulté que la représentation d'hier, qui était la troisième d'*Ines,* comprimée par quelques gendarmes, s'est réduite à une représentation ordinaire de tous les jours. Maria en pleurait, car rien ne lui est plus à cœur que d'exciter l'enthousiasme du public; c'est en effet la seule récompense d'une véritable artiste. Moi, je ne cesse de lui répéter que rien ne peut constater mieux un triomphe que l'obligation d'employer la force pour le comprimer.

J'attends toujours avec impatience une décision de Paris. Troupenas m'a écrit, mais sa lettre ne m'annonce rien de nouveau. La chose sera jugée très prochainement, voilà tout (1). J'ai écrit à Lucques, et je suis aussi dans l'attente d'une réponse de ce côté. J'espère pouvoir vous donner bientôt du nouveau. En attendant, je vous réitère nos amitiés bien sincères et vous prie d'être notre interprète auprès du duc et de madame la duchesse.

C. DE BÉRIOT.

P.-S. — Nos compliments d'amitié à Bassi, D. Cicio, etc. Je pense que l'affaire de Rossi se terminera à Venise, car à Naples nous ne serons plus à temps de prêter serment en sa présence.

La Tacchinardi est, je crois, engagée pour Paris.

Le bruit absurde des coups de poignard (?) a été jusqu'à Paris; les journaux français en parlent avec une

(1) De Bériot veut parler du procès pour la dissolution du mariage de Mme Malibran, qui allait être jugé à Paris à la fin de ce mois de février.

arrogante certitude. On devait ici donner l'opéra de Bellini, *les Puritains;* la partition n'est pas encore arrivée, de sorte que le marché de Bellini avec la société est rompu non seulement pour cet ouvrage, mais pour les deux autres qu'il devait écrire l'année prochaine. Il s'agissait de 9 000 ducats pour les trois opéras. Je vous dis cela dans le cas où M. le duc voulût reprendre le marché de la société. Je crois que ce serait une bonne opération.

Le succès d'*Ines de Castro* ne devait pas empêcher Mme Malibran de jouer, avant son départ de Naples, un troisième opéra nouveau, dont elle avait promis à l'auteur de remplir le rôle principal; cet opéra était *il Colonello*, de Luigi Ricci. Un accident grave dont elle fut victime, et qui pouvait avoir pour elle des suites plus graves encore, vint en décider autrement et la mettre dans l'impossibilité de tenir sa promesse. Comme elle se promenait un soir en voiture dans les rues de Naples, en compagnie d'un jeune médecin français nommé Thibault, les chevaux, effrayés par les bonds d'un animal affolé qui se jeta dans leurs jambes, prirent le mors aux dents, et dans une course furieuse firent verser l'équipage en le brisant; le jeune médecin en fut quitte pour la secousse, mais sa compagne tomba d'une façon si malheureuse qu'elle se brisa le poignet, sans parler des meurtrissures et des contusions que sa chute lui valut sur le visage et sur diverses parties

du corps. C'est encore à Guillaume Cottrau que je
vais emprunter le récit de l'accident, qu'il racontait
à son frère avec des détails précis et circonstanciés que l'on chercherait vainement ailleurs :

Mme Malibran revenait avec Thibault, dans la petite
voiture de ce dernier, d'un combat de dragées à Tolède (1), un dimanche de carnaval. Étant allés ce soir-là,
Jenny et moi, rendre visite à Mme Lagrange, nous
fûmes fort étonnés d'y trouver Maria étendue sur un
sopha au coin du feu et le bras en écharpe, le marquis de
Louvois à ses genoux, la dorlotant comme un enfant de
quatre ans. La chute de voiture eut lieu à la nuit tom-
bante, dans la dernière prolongation de la villa Reale, où
les voitures étaient obligées de s'embourber pendant
qu'on repavait le quai latéral, maintenant élargi. Un
pourceau, qu'on était en train d'égorger en pleine rue à
côté du bûcher allumé pour le flamber, s'étant échappé
aux grands cris du cercle de *lazzaroni* et de pêcheurs qui
assistaient au sacrifice, vint se ruer dans les pieds des
chevaux, qui prirent le mors aux dents et brisèrent l'avant-
train de la voiture où étaient la Malibran et Thibault. Ce
dernier, qui ne se fit rien, la porta dans ses bras jusqu'au
cabaret à côté de l'église Santa Maria Della Neve, où il
lui rajusta le poignet, et la fit transportera deux pas de là,
chez Mme Lagrange, qui logeait au dernier hôtel, devant
la *Torretta*, à l'embouchure de la rue de Piedigrotta...

Ce fut un grand émoi dans toute la ville de
Naples quand se répandit la nouvelle de l'événement qui aurait pu coûter la vie à l'illustre canta-

(1) C'est-à-dire la rue de Tolède, la plus belle et la plus grande
rue de Naples.

trice. Toute la population s'en émut, et de tous
côtés parvinrent à l'intéressante blessée les témoignages les plus touchants de l'affection qu'on lui
portait, car elle avait le talent de se faire aimer
comme femme autant qu'admirer comme artiste. Il
va sans dire qu'elle fut condamnée à plusieurs
jours d'un repos absolu. Toutefois, dès qu'il lui
fut possible, et avant même que son poignet fût
complètement guéri, elle voulut reprendre son service. Nous savons quel était son courage. C'est
donc avec un bras en écharpe, son bras encore
malade, qu'elle reparut sur la scène de San Carlo,
le 23 février, dans *la Sonnambula*. On devine l'accueil qui lui fut fait par ce public qui l'adorait et
ne jurait que par elle, les applaudissements, les
ovations, les trépignements, les cris de joie et
d'enthousiasme de cette foule en délire. A chaque
scène c'étaient des rappels, à chaque phrase des
bravos sans fins. « Si bien, disait un journal, que
cela outrepassait les bornes de la raison et que la
police, pour enrayer cet enthousiasme excessif,
s'est vue obligée de faire revivre une ancienne
ordonnance, que Bériot vient déjà de nous faire
connaître, et qui enjoint au public napolitain
d'avoir à n'applaudir qu'une seule fois chaque
morceau de chant. » Ordonnance assurément singulière, mais qui, dans la circonstance, avait son
bon côté.

Après un accident comme celui qui avait eu de telles conséquences, il ne fallait plus songer à un travail en dehors de l'ordinaire, et pour lequel d'ailleurs le temps aurait manqué. Mme Malibran dut donc renoncer à jouer *il Colonello*, comme elle se l'était promis et comme l'auteur l'avait espéré, et se contenter de terminer la saison avec les ouvrages de son répertoire (1). Appelée à Venise par un engagement antérieur avec le théâtre de la Fenice, elle quitta Naples, à peine guérie encore, dans la première semaine de mars, avec l'intention de se reposer quelques jours à Bologne. Mais elle avait compté sans ses amis et ses admirateurs de Bologne, aux prières desquels elle ne put refuser de se rendre. Elle chanta donc, le 11, dans un concert de la Société du Casino, et prit part encore, le 16 et le 18, à deux autres concerts donnés au théâtre du Corso (2). Puis elle partit pour Venise, où elle devait débuter le 24, et où, par suite d'une circonstance particulière, sa première représentation ne put avoir lieu que le 26.

C'est dans *Otello* qu'elle fit son apparition devant le public vénitien, impatient de la connaître,

(1) *Il Colonello* fut joué sans elle, à San Carlo, le 24 mars. « Le rôle de Mlle Ungher, écrivait Guillaume Cottrau, avait été composé pour la Malibran. Celle-ci en raffolait et a emporté de Naples un vif regret de ne pouvoir pas le jouer, à cause de la dislocation de son poignet. » *(Le Portefeuille d'un mélomame.)*

(2) Gaetano BARBIERI, *Notizie biografiche*, etc.

et qui la reçut, comme partout, avec des acclamations enthousiastes. Une lettre d'elle, dont j'ignore le destinataire, une de ces lettres charmantes et presque enfantines, pleines de grâce, de gaieté et d'humour, va nous faire connaître les détails de son arrivée et de ses premiers jours à Venise :

Venise, 28 mars 1835.

Cher et bon, ne nous grondez pas, ne nous croyez pas capables d'oubli envers vous. Le diable, ou plutôt l'empereur (que Dieu tienne en sa sainte et digne garde!) nous a bouleversés; car nous avons été de courrier en estafette jusqu'à ce que la fameuse décision nous a permis d'aller le 24 en scène (1). De suite nous avons pris la route de Venise. Vous décrire l'enthousiasme qui m'a précédé serait long à raconter.

Je veux cependant vous mettre au fait d'un incident qui est arrivé avant que nous fussions ici. Vous savez qu'on joue à la loterie à Venise, autant qu'à Naples, pour le moins. Eh bien! mon cher papa, les gens de la basse classe se sont amusés à jouer : 10, *la chanteuse*, — 17, le jour où on a annoncé mon début, — 24, le jour de mon début, — et 6, les six représentations que je devais faire... Croiriez-vous que *les quatre numéros* sont sortis et que le moindre a gagné neuf cents livres autrichiennes?

Ils ont donc dit (les Vénitiens) que j'étais de *bon au-*

---

(1) Il s'agit sans doute ici de quelqu'une de ces sottises policières, d'une de ces difficultés maladroites et sans raison dont était coutumière en Italie l'administration autrichienne, toujours tracassière et insupportable.

gure, et par conséquent ils me suivent comme font les petits chiens, les mâtins, carlins, lévriers, toutous et autres bipèdes, autant le peuple que la haute et *basse cour :* heureusement que les cochons n'ont pas ici leur franc-parler comme à Naples : on a fait des lithographies de moi, de ma chute, de mon départ de Naples et de mon arrivée à Venise.

J'ai introduit ici une nouveauté qui fera époque dans mes *fastes.* J'ai fait un coup d'État. J'ai révolutionné les reflets du *canal* et des *canots.* J'ai une gondole que j'ai fait faire grise à l'extérieur, avec les boules et boutons d'or et de soie ; les matelots, en jaquette écarlate, chapeau de paille jaune et rubans de velour noir autour ; pantalon de drap gros-bleu, avec des lisières sur les côtés, à la *pair de France,* seulement en rouge ; les manches et collet en velours noir. Intérieur écarlate et rideaux bleus. De sorte que, lorsque je passe, on sait que c'est moi. Le fait est que je n'aurais pu me décider à m'enterrer, toute vivante, dans ces gondoles noires en dedans et en dehors.

Je n'ai pu débuter que le 26 au lieu du 24, à cause d'une fête qu'on respecte ici. Je ne vous dirai pas l'enthousiasme que j'ai eu le bonheur de leur procurer. Hier, j'ai donné la deuxième représentation d'*Otello...* Adieu.

M. F. MALIBRAN.

Les mêmes mots reviennent toujours sous la plume lorsqu'il s'agit de caractériser l'impression que le chant de Mme Malibran produisait sur ceux qui étaient à même de l'entendre et de l'admirer. Acclamations, enthousiasme, délire, folie, il n'y a pas à sortir de là, et le retour incessant d'expres-

sions toujours semblables est fait pour fatiguer
à la longue et pour inspirer une sorte d'agacement.
Les Athéniens se lassèrent, à la fin, d'entendre
appeler Aristide « le juste ». Comment faire, cependant, lorsqu'on lit le récit, toujours le même,
des triomphes, toujours les mêmes, qui accueil-
laient l'incomparable artiste partout où elle se
présentait ? Il en fut à Venise ainsi qu'en tous
autres lieux, et plus encore peut-être, avec cette
population particulièrement impressionnable et
sensible plus que toute autre, peut-on dire, au
charme de la musique et à l'enchantement que
procure la voix humaine. Il faut avoir vu le parterre d'un théâtre à Venise, avoir assisté à une
représentation de la Fenice ou du théâtre Malibran, pour se rendre compte de la très réelle expérience auditive dont font preuve ces *popolani*, ces
pescatori, tous ces pauvres diables qu'on a ren-
contrés le matin, faisant leur office et pratiquant
leur métier dans les petites rues étroites de la Mer-
ceria, aux environs du Rialto ou sur le quai des
Esclavons, et qui, le soir, pour quelques *soldi*,
s'en vont entendre, avec une sorte de joie enfantine, un opéra de Bellini ou de Verdi, en relevant
parfois vertement le chanteur qui voudrait en
prendre à son aise et les traiter avec un peu trop
de laisser-aller.

Ce qui est certain, c'est que l'effet produit sur

les Vénitiens par Mme Malibran fut foudroyant,
et qu'elle devint aussitôt leur idole, au point d'en
être parfois gênée. Le jour, elle nous le dit elle-
même, on la suivait partout, au risque de l'importuner, et la police se voyait maintes fois obligée
d'écarter la foule autour d'elle afin de lui frayer
un passage. Le soir, au sortir du spectacle et
après les ovations ordinaires, on la reconduisait
chez elle à la lueur des torches et au bruit des
vivats, mille gondoles entourant la sienne et lui
faisant escorte sur le grand canal. Bien heureuse
lorsqu'on voulait consentir à la laisser reposer, et
lorsqu'une sérénade ne résonnait pas sous ses
fenêtres jusqu'à deux ou trois heures du matin (1)

J'écrivais tout à l'heure le nom du théâtre Malibran. Ce nom reste précisément comme un souvenir
de son passage en cette ville enchanteresse, et ce
souvenir ne se rapporte pas seulement à l'artiste,
mais à la femme aussi, et à sa bonté, à sa générosité ordinaires.

Mme Malibran avait donné à la Fenice les six
représentations pour lesquelles elle s'était engagée,
elle avait joué *Otello, le Barbier, Cenerentola,
Norma*, et elle se préparait à partir, lorsqu'elle
reçut la visite d'un pauvre brave homme nommé
Giovanni Gallo, directeur d'un théâtre qui portait

(1) Elle habitait à Venise le palais Barberigo.

le nom de théâtre Emeronitio. Ce théâtre, le troisième de Venise par rang d'ancienneté, datait de
1677, et jusqu'à l'année 1834 avait été connu sous
le nom de San Giovanni Grisostomo (1). A cette
époque il avait été l'objet d'une réfection complète, et c'est alors qu'il avait reçu sa nouvelle
appellation. L'une et l'autre, malheureusement, lui
avaient été médiocrement profitables, et au moment même où Mme Malibran se trouvait à Venise,
l'*impresario*, signor Gallo, voyait ses affaires en
si fâcheux état que sa mise en faillite semblait
n'être plus qu'une question de jours. C'est alors
que le bonhomme eut une idée de génie : il s'en
vint trouver Mme Malibran, lui expliqua sa situation, lui confia ses angoisses, et enfin la supplia
de donner sur son théâtre deux représentations qui
seraient assurément le relèvement de sa fortune. Il
lui offrait pour cela, sachant bien ce qu'il faisait
d'ailleurs, 3 000 francs après chacune de ces représentations.

Après quelque résistance, la cantatrice finit par
consentir. Mais le podestat de Venise, nommé
Boldù, ayant appris la chose, fit tant auprès de

(1) Le premier des théâtres existant encore à Venise fut le San-Luca
(aujourd'hui Goldoni), qui date de 1629; le second est le Camploy,
qui remonte à 1635; viennent ensuite le Malibran, construit en 1676
sous le nom de San-Giovanni-Grisostomo, puis le San-Benedetto
(aujourd'hui Rossini), fondé en 1755, et enfin la grande scène musicale, la Fenice, qui n'a qu'un peu plus d'un siècle d'existence et dont
la naissance date de 1790.

Gallo qu'il le décida à lui céder une de ces deux représentations pour la Fenice, en lui offrant la moitié nette de la recette. Il fut donc entendu que Mme Malibran paraîtrait une septième fois à la Fenice, et donnerait ensuite son dernier spectacle au théâtre Emeronitio. La représentation de la Fenice, composée du *Barbier de Séville*, où Mme Malibran avait pour partenaires Donzelli, Cambiaggio, Balfe, Fontana et Lombardi, eut lieu le 3 avril; la recette s'éleva à 7 263 francs, sur lesquels, une fois prélevés les 1 513 francs de frais journaliers, il restait net 5 750 francs, dont moitié, soit 2 875 francs, revenait à Gallo pour sa part. Si le podestat, à qui il restait à payer les 3 000 francs de Mme Malibran, n'avait pas fait une excellente affaire au point de vue financier, il avait du moins causé une grande joie au public de la Fenice, et quant à Gallo, il n'avait pas lieu jusqu'alors de se plaindre de la combinaison. Restait la seconde représentation, celle à donner au théâtre Emeronitio, dont la salle, très vaste, pouvait abriter 2 500 spectateurs. Cette fois, on jouait *la Sonnambula* (1), et il n'est pas besoin de dire que, malgré ses vastes proportions, la salle était comble. A ce point que la recette dépassa notablement celle de la Fenice et atteignit le chiffre

(1) C'était le 8 avril, et les artistes qui secondaient Mme Malibran étaient Casali, Balfe, Lombardi, Fontana, et la signora Bramati.

de 9 567 francs; les frais (2 442 francs) une fois payés, plus le cachet dû à Mme Malibran, cette dernière opération se soldait encore par une somme de 4 125 francs au profit de Gallo.

Mais une surprise attendait celui-ci. Ponctuel et précis, dès le lendemain matin il se présente chez Mme Malibran, flanqué d'un commissionnaire porteur des 3 000 francs en toutes sortes de monnaie, — car, à cette époque, l'or et les billets de banque n'étaient point d'une circulation fréquente. Il pénètre auprès de la chanteuse, et après lui avoir présenté ses hommages et ses remerciements, il lui dit :

— Voici la somme convenue.

— Quelle somme? lui répond celle-ci d'un air étonné.

— Eh bien! les 3 000 francs de la représentation d'hier.

— Je ne veux pas de votre argent. Remportez tout ça; ce sera pour vos enfants. Vous allez m'embrasser, et nos comptes seront réglés.

On pense si le bonhomme se le fit répéter! Ses deux représentations lui avaient ainsi rapporté une somme ronde de 10 000 francs il était sauvé de la faillite et, pour comble de joie, il embrassait la Malibran!

Il ne trouva pas alors de plus bel hommage à lui rendre, de meilleur témoignage de sa reconnaissance que de changer le titre de son théâtre et de lui donner le nom de Garcia, auquel bientôt, et pour éviter sans doute toute confusion possible, il substitua celui de Malibran. Depuis lors, le théâtre Malibran de Venise n'a cessé de porter ce nom glorieux (1).

(1) J'ai emprunté tous les détails de cette historiette intéressante à un feuilleton très curieux, publié dans le journal *Venezia* au mois de juillet 1890. L'auteur lui-même avait puisé ses renseignements très précis dans les archives du théâtre de la Fenice, où, particulièrement, il avait découvert le bordereau des deux représentations de Mme Malibran, dressé par Gallo lui-même et signé de sa main. J'ajoute que les Vénitiens firent à ce sujet, et en guise de remerciement, une ovation enthousiaste à Mme Malibran; le récit en a été fait, en vers (hélas! quels vers!), dans une brochure portant ce titre : *Récit de l'ovation de Mme Malibran à Venise,* par Léon de Montbeillard, dédié à M. le marquis de Louvois (Lausanne, impr. Samuel Delisle, 1835, in-8° de 11 pages).

CHAPITRE X

Le mariage de Mme Malibran est cassé par le tribunal de la Seine.
— Texte du jugement. — Elle passe par Paris pour se rendre à
Londres, où elle triomphe, au théâtre de Covent-Garden, dans le
Fidelio de Beethoven. — De Londres elle repart pour Lucques,
d'où elle est chassée par le choléra. — Voyage dangereux de
Lucques à Milan, où sa rentrée à la Scala provoque une manifes-
tation inouïe. — Elle apprend la mort de Bellini, qui lui arrache
des larmes. — Elle joue un opéra nouveau de Vaccaj.

C'est pendant qu'elle était à Venise que
Mme Malibran reçut la nouvelle du jugement du
tribunal de première instance de la Seine qui cas-
sait son mariage. J'ai déjà dit, et on le comprendra
sans peine, à quel point cette affaire lui tenait à
cœur. Elle s'en occupait et n'avait cessé de s'en
occuper depuis son retour d'Amérique; mais les
difficultés étaient grosses, comme toujours en pareille matière, et les préliminaires du procès
avaient pris plusieurs années, en dépit des appuis
moraux ou effectifs que Mme Malibran avait
trouvés de divers côtés, entre autres de la part du
général La Fayette, qui lui portait le plus grand
intérêt, de son avoué M. Cottinet (père d'Edmond Cottinet, l'auteur dramatique), et du baron
Pérignon, l'un des juges du tribunal.

C'est dans les audiences des 20 et 27 février 1835 que l'affaire fut jugée, et pour en faire comprendre toutes les difficultés, je ne saurais mieux faire que de reproduire l'exposé de la question tel que l'établissait M⁰ Marie, avocat de Mme Malibran :

En 1826, disait-il au tribunal, Mlle Garcia se trouvait à New-York, où elle commençait cette réputation brillante que depuis la France a ratifiée. M. Malibran, négociant, la demanda en mariage, et en effet le mariage fut célébré à New-York devant le consul de France.

M. Malibran était né Français, mais depuis longtemps il avait quitté sa patrie pour venir s'établir en Amérique ; il s'y était fait naturaliser ; l'acte qui le proclamait citoyen des États-Unis déclare en même temps qu'il a renoncé à sa qualité de Français.

Mlle Garcia était fille de M. Garcia, artiste célèbre dont le nom a longtemps retenti avec éclat dans toutes les capitales de l'Europe. Or, M. Garcia était d'origine espagnole, jamais il ne s'était fait naturaliser en France ; sa fille, quoique née en France, était donc Espagnole, comme son père.

Ainsi, en fait, deux étrangers, un Américain et une Espagnole, se sont présentés devant le consul de France, et le consul a pensé qu'il avait qualité d'officier d'état civil, même à l'égard de ces deux étrangers, il les a mariés.

S'est-il trompé ? Telle est la question.

Depuis leur mariage, M. et Mme Malibran sont revenus en France. Mme Malibran y a établi son domicile séparé de celui de son mari. M. Malibran a déclaré au gouvernement qu'il rentrait dans sa patrie avec l'intention d'y fixer son domicile, et il a demandé qu'on lui accordât la jouissance des droits civils. En effet, une ordonnance du 6 octobre 1831 a accueilli sa demande ; et depuis cette époque M. Malibran n'a pas cessé, de fait, d'habiter Paris.

C'est dans ces circonstances que Mme Malibran vient s'adresser aux tribunaux francais et demander devant eux la nullité de son mariage.

Cette demande soulève deux questions : la première, les tribunaux français sont-ils compétents pour connaître de la nullité? La seconde, au fond, le mariage doit-il être déclaré nul?

Dans cette première audience, M⁰ Marie examinait l'une après l'autre ces deux questions. C'est dans la seconde que la nullité du mariage fut déclarée après sa plaidoirie. Il ne me semble pas sans intérêt de reproduire ici les termes du jugement tels qu'ils étaient rapportés par *la Gazette des tribunaux*.

TRIBUNAL DE PREMIÈRE INSTANCE
(4e chambre).

Audience du 6 mars.

(Présidence de M. Bosquillon de Fontenay.
MM. Pérignon et Prudhomme, juges.)

*Demande en nullité de mariage de Mme Malibran
contre son mari.*

Voici le texte du jugement rendu dans cette affaire, dont nos lecteurs connaissent déjà les détails, et qui présentait à juger deux questions de droit fort graves;

« Attendu en droit, qu'aux termes de l'article 13 du Code civil, l'étranger qui, par autorisation du Roi, a été admis à établir son domicile en France, y jouit de tous les droits civils tant qu'il continue d'y résider;

« Que dès lors il est justiciable des tribunaux français, et peut être cité devant eux pour quelque cause que ce soit, à la différence de l'étranger non résidant en France, lequel n'est soumis à la juridiction française que dans les cas spécifiés par l'article 14 du Code civil;

« Attendu en fait, que par une ordonnance royale du 6 octobre 1831 Malibran a été admis à établir son domicile en France, et qu'il est constant qu'il demeure à Paris;

« Que par conséquent la demande formée contre lui par la demoiselle Garcia a été régulièrement portée devant le tribunal de la Seine, ce qui d'ailleurs n'est contesté ni par ledit Malibran, ni par le ministère public;

« Le tribunal se déclare compétent, et statuant au fond;

« Attendu que lorsqu'il s'agit de prononcer sur la validité d'un mariage entre étrangers, ce ne sont point les lois françaises qui doivent être appliquées, mais bien les status personnels qui régissaient les contractants;

« Attendu qu'à l'époque du mariage célébré devant le consul français à New-York, entre la demoiselle Garcia et Malibran, le 23 mars 1826, cette demoiselle, née à Paris d'un père espagnol qui n'était pas naturalisé Français, était elle-même Espagnole, et que Malibran était citoyen des États-Unis d'Amérique, en vertu des lettres de naturalisation qui lui avaient été accordées à New-York le 31 mars 1818;

« Attendu qu'il résulte des documents qui ont été produits dans la cause, que d'après la loi américaine comme d'après la loi espagnole, un mariage contracté en Amérique entre une Espagnole et un Américain devant le consul d'une autre nation, est radicalement nul en raison de l'incompétence de l'officier devant lequel il a été célébré ; que cette nullité absolue et d'ordre public peut être proposée par les contractants eux-mêmes ;

« Par ces motifs, le Tribunal déclare nul et de nul effet le mariage contracté le 23 mars 1826, à New-York, entre Marie-Félicité Garcia, née à Paris, le 24 mars 1808, et François-Eugène-Louis Malibran, né à Paris, le 14 novembre 1781, devant Charles-Louis, comte de Peuville, consul de France à New-York, y remplissant les fonctions attribuées à l'officier public chargé de constater l'état-civil des Français ;

« Autorise en conséquence la demoiselle Garcia à faire mentionner le présent jugement en marge de tous actes et de tous registres où aurait été inscrit ledit mariage ;

« Condamne Malibran aux dépens. »

Pas n'est besoin de dire si Mme Malibran accueillit avec joie la nouvelle de l'heureuse issue de son procès. Libre ! elle était libre enfin ! délivrée, après tant d'années, d'une union détestée par elle, et recouvrant la faculté d'en contracter une autre, depuis si longtemps désirée ! Ce second mariage, toutefois, ne pouvait être célébré qu'après les délais fixés par la loi. Qu'importe ! L'avenir maintenant était à elle, et elle pouvait attendre. Elle attendit treize mois, et, comme nous le verrons plus loin, c'est le 29 mars 1836 qu'elle

devint, à Paris, où elle tenait à ce que cette nouvelle union fût consacrée, l'épouse de Charles de
Bériot.

Elle ne tarda pas à revenir en France, et elle
avait à peine terminé ses représentations à Venise
qu'elle se mettait en route et accourait à Paris.
Le Ménestrel du 19 avril 1835 annonçait son
arrivée en ces termes : — « M. Bériot et Mlle Garcia, ci-devant Mme Malibran, sont descendus
cette semaine à l'hôtel Montmorency, boulevard
Montmartre, arrivant d'Italie et se rendant en
Belgique. Nous annonçons avec plaisir que la
cantatrice cosmopolite est en pleine santé, et
qu'elle ne se ressent aucunement de sa dernière
chute à Naples. » Un mois après, le 17 mai,
le même journal publiait la nouvelle suivante :
— « Mme ci-devant Malibran, actuellement
Mlle Garcia, qui doit se marier prochainement
avec M. Bériot, est, dit-on, engagée à Favart (c'est-
à-dire au Théâtre-Italien) pour la saison prochaine. »

Bien que cette nouvelle fût alors prématurée,
elle avait un fond de vérité, et il est certain que
des démarches étaient faites pour ramener Mme Malibran à Paris et au Théâtre-Italien. Elle-même
en avait grand désir, mais des engagements anté-
rieurs s'opposaient à la réalisation immédiate de
ce désir, et elle s'en expliquait, quelques mois plus

tard, dans une lettre adressée au baron Pérignon,
l'un des juges de son procès :

Milan, 14 décembre 1835.

Aimable monsieur, mon cher juge,

Hélas ! vous m'avez mis l'eau à la bouche, en me parlant de jouer à mon cher Paris. C'est très vrai qu'on m'a
fait des offres par le moyen de notre ami Troupenas,
pour le mois d'avril, douze représentations. Vous ne
savez donc pas qu'à la fin de mars j'aurai soixante-quinze
représentations depuis le 15 septembre, et que je n'aurai
en tout et pour tout qu'un mois de repos, les voyages
compris ? qu'il y a une saison à Londres à faire, la plus
fatigante de toutes, car j'aurai deux opéras nouveaux à
jouer en anglais, et deux autres à me remettre dans la
tête ? Et certes, je veux, quand je reparaîtrai sur la scène
de Paris, y revenir *avec tous mes moyens*, et non tout
essoufflée comme je serais nécessairement si je débutais
après deux saisons aussi fatigantes que celles de Milan et
un voyage à travers ces monts glacés, ces rochers chan-
celants par les pluies, qui mènent avalanches et ruines au
passage forcément lent du voyageur constamment arrêté
par les mauvais chemins et les mauvais services de la
poste ; sans compter la peur des gentils voleurs, dont on
nous raconte tous les jours quelque nouvelle conquête,
quelque *ravissant meurtre*.

Non, non ; le cher Parisien m'entendra quand mon
cœur n'aura eu pendant un mois auparavant d'autres
émotions que celles causées par le plaisir de me retrouver
parmi lui, d'autre peur que celle de ne pas lui plaire
autant qu'auparavant.

Ainsi, vous ne m'en voulez pas, n'est-ce pas? Je remercie le bruit qui a couru dans Paris de mon engagement, car il m'a procuré une délicieuse lettre de mon juge. Tâchez d'entendre quelque autre chose pour m'en écrire une seconde plus longue, en me parlant de Mme ***, *que j'aime de tout mon cœur. Dites-lui bien,* et faites qu'elle me dise un petit *je vous aime,* au bas de votre billet à mon adresse. Charles lui baiserait volontiers ses belles mains si elle voulait le permettre. Voulez-vous bien vous charger de cette commission de sa part, avec mille affectueux compliments pour vous?

J'oserai bien vous dire, mon cher et gentil juge, que vous avez en moi une bien reconnaissante amie.

Maria GARCIA.

Dès les quelques jours qu'elle avait passés à Paris à son retour de Venise, on avait donc espéré pouvoir obtenir de Mme Malibran quelques représentations pour le printemps de l'année suivante; mais, on l'a vu par cette lettre, il y avait impossibilité matérielle en raison des engagements déjà contractés par elle. Lors de son dernier séjour, ou plutôt de son dernier passage à Milan, en 1834, elle avait signé avec le duc Visconti, intendant de la Scala, un traité pour 185 représentations à répartir en trois saisons, soit 75 pendant l'automne et le carnaval 1835-36, 75 pendant l'automne et le carnaval 1836-37 et 35 pendant l'automne 1837. Pour ces 185 représentations (dont elle ne devait, hélas! donner qu'une partie), il lui était alloué une

somme de 450 000 francs, ce qui mettait chacune
d'elles à 2 432 fr. 43. Mais précédemment elle
s'était engagée à aller faire à Londres, au printemps de 1835, une nouvelle saison d'opéra anglais,
et enfin, entre cette saison de Londres et celle de
Milan, elle devait aller donner une série de représentations à Lucques. Dans de telles circonstances,
elle ne pouvait accepter aucune proposition pour
le Théâtre-Italien, ne voulant, comme elle le disait,
reparaître devant ce public parisien, qu'elle aimait
tant, que quand elle serait en possession de *tous
ses moyens*. — Il était dit pourtant que lui et elle
ne se reverraient jamais !

Quoi qu'il en soit, nous allons la suivre dans ses
nouveaux voyages.

Au moment où *le Ménestrel* croyait pouvoir
annoncer son engagement au Théâtre-Italien,
Mme Malibran était déjà en route pour Londres,
où même elle devait être arrivée, car elle faisait
sa rentrée au théâtre de Covent-Garden, le 19 mai,
dans *la Sonnambula* (1). Elle retrouva dans cet
ouvrage tout le succès qui l'y avait accueillie

(1) Il y a erreur dans ces lignes de la biographie de Mme Malibran par M. Julian Marshall insérée dans le *Dictionary of music
and musicians* de sir George Grove : « Elle reçut à l'Opéra de
Londres, durant mai et juin 1835, 2 275 livres pour vingt-quatre
représentations. » Les termes du contrat intervenu pour cette année
1835 entre Mme Malibran et Alfred Bunn portent qu'elle s'engage
pour *dix-neuf* représentations à donner du 18 mai au 1ᵉʳ juillet à
raison de 125 livres sterling (3 125 francs) par représentation, soit un

l'année précédente; mais un triomphe plus éclatant
encore, et qui donne une idée de la souplesse, de
la diversité et de la grandeur de son incomparable
talent, c'est celui qu'elle obtint dans la traduction
anglaise du *Fidelio* de Beethoven, chef-d'œuvre
auquel elle s'attaquait pour la première fois. Il
est impossible de rendre l'impression et de décrire
l'effet produits par elle dans cet ouvrage. Un
journal de Londres, l'*Aster*, résumait ainsi ses
éloges : — « Il est bien rare au théâtre de voir
entrer en conjonction deux astres aussi éclatants,
un compositeur comme Beethoven, une cantatrice
comme Mme Malibran. » Mais une correspondance de la *Gazette musicale* va nous donner le
ton de l'enthousiasme, en nous faisant connaître le degré de l'émotion produite sur les spectateurs par l'interprétation sublime de la grande
artiste :

Le talent dramatique qu'elle déploie dans le rôle si
beau et si intéressant de Leonora attire une foule immense
à chaque représentation de cette pièce et excite constamment des transports d'enthousiasme. Comme actrice et
comme chanteuse, elle est également transcendante. Rien
ne peut égaler l'intérêt palpitant qu'elle sait prêter à la
scène dans laquelle, déguisée en domestique du geôlier,
elle suit ce dernier dans la prison de son mari pour creu-
ser sa fosse. Ses efforts si plein d'anxiété pour saisir les

total de 2 375 livres ou 59 375 francs. (Voir à l'*appendice* le texte de
cet engagement.)

traits du prisonnier, son exclamation si passionnée : *Great got! it is he!* (Grand Dieu! c'est lui!) au moment où elle tombe inanimée sur le bord de la fosse, forcent l'auditoire à un silence solennel. Lorsque, quittant sa retraite, elle se précipite entre son mari et celui qui veut l'assassiner, le cri déchirant qu'elle pouse fait passer la terreur dans l'âme des assistants; et quand son mari est enfin sauvé, l'inimitable duo, ce duo, inimitable expression d'une joie si délirante, est interrompu par les larmes et les sanglots du public. Quand je vis Mme Schrœder-Devrient jouer ce rôle, je ne pouvais imaginer rien de plus beau ni de plus pathétique, mais Mme Schrœder elle-même doit s'incliner devant la puissance irrésistible du génie de Mme Malibran (1).

La foule accourait, innombrable, pour admirer Mme Malibran, tantôt dans *Fidelio*, tantôt dans *la Sonnambula*, qu'elle chantait en anglais à Covent-Garden, tandis qu'une autre artiste, très remarquable sans la valoir, Giulia Grisi, la chantait en italien au King's Theatre (2). Malgré le traitement fastueux que lui attribuait la direction de Covent-Garden, celle-ci était loin d'avoir à se plaindre de ce sacrifice, et ce qui le prouve, c'est cette note, que publiait alors la *Gazette musicale* (12 juillet) : « M. Bunn, directeur des théâtres de Drury-Lane

(1) *Gazette musicale*, 5 juillet 1835.

(2) Le succès de la Grisi était très réel; mais Mme Malibran partageait surtout l'enthousiasme du public avec une artiste d'un autre genre, l'adorable danseuse Marie Taglioni : « Deux réputations dramatiques attirent en ce moment la foule à Londres : Mme Malibran a joué *la Sonnambula* à Covent-Garden ; Mlle Taglioni a débuté à King's-Theatre par *la Sylphide*. » (*Ménestrel*, 7 juin 1835.)

et de Covent-Garden, vient d'offrir à Mme Malibran une parure de rubis et de diamants. Sur l'écrin qui renferme ces joyaux, il a fait graver cette inscription : *A Mme Malibran, l'artiste la plus distinguée que l'Europe ait jamais possédée, faible gage d'estime, offert par Alfred Bunn. Londres, le 1er juillet 1835.* »

Cette nouvelle saison à Londres fut absolument triomphale pour Mme Malibran. En dehors de ses propres représentations, elle se fit applaudir dans divers concerts, notamment le 29 juin dans celui donné par Bériot, où pour la première fois on l'entendit avec la Grisi, dans le duo de *Semiramide*, et elle prit part à plusieurs spectacles à bénéfice. Une soirée brillante entre toutes fut celle qui réunit à Covent-Garden, le 3 juillet, Mme Malibran dans *Fidelio*, Lablache, Tamburini, Ivanoff et la Grisi dans divers fragments des *Puritains*, de *la Sonnambula* et de *Marino Faliero*, Perrot et Marie Taglioni dans *la Sylphide*, et enfin quelques-uns des meilleurs acteurs anglais. On s'écrasait littéralement dans la salle, où avaient pris place plus de 3 000 spectateurs (1).

(1) Je crois que c'est au cours de cette saison que Mme Malibran adressait à Bunn la lettre sans date que voici, pour lui notifier presque son refus de chanter un opéra qu'il lui avait proposé :

« Mon cher Bunn,

« Je ne puis promettre de jouer le rôle du *Count Belino* (?). La musique est faible à l'excès, et après *la Sonnambula*, je ne suis pas

Cependant Mme Malibran était attendue à Lucques, où elle se rendit dans les premiers jours d'août. Mais cette fois elle ne retrouva pas son succès habituel, et sa présence ne put conjurer la terreur qui s'était emparée des esprits par suite de l'apparition du choléra, qui venait d'envahir l'Italie. Après avoir donné quelques représentations d'*Ines de Castro* et de *Cenerentola* devant lesquelles, chose inouïe, le public s'était montré presque indifférent, tout le monde fuyant Lucques par crainte du fléau, elle se vit elle-même obligée de partir. Une lettre qu'elle adressait au marquis de Louvois, précisément pour lui annoncer ce départ, dépeint la situation :

Lucques, 2 septembre 1835.

Venez vite à Milan, car nous nous sauvons tous d'ici, non pas du choléra positif, mais d'une belle perspective de cette charmante maladie qui a fait prendre tant de précautions, qui a fait tendre tant de cordons, et qui, par conséquent, a ruiné mon pauvre *impresario*. *Non dico niente* de nous : baste ! il ne faut pas y penser.

Le duc a quitté bravement Lucques. La pieuse duchesse en a fait autant, sans laisser aucune disposition ni fonds

capable de chanter de la musique d'enfant. Cependant, je ne dis pas positivement *non*, jusqu'à ce que j'aie revu à la fois la *musique* et la *pièce*, car il y a près de huit ans que je n'ai même pas entendu le rôle. Soyez donc assez bon pour m'envoyer le tout, et je vous donnerai une *consciencieuse* réponse, entièrement

« *à la* MALIBRAN. »

pour ces pauvres gens en cas de maladie *cholérique.*
Ainsi soit-il! Sainement on se conserve pour l'amour de
Dieu et de son confesseur, et puis de peur du proverbe
qui dit : Qui trop embrasse mal étreint... J'en reste là, et
vogue la misère!

Il paraît que mon duc Visconti a une peur affreuse du
choléra, et qu'il aimerait mieux ne m'avoir pas engagée.
Pourtant on dit que je suis attendue à Milan avec *dévo-*
tion, étant persuadués (les Milanais) que mon apparition
camphorisera les partisans et propagateurs du choléra.
Moi, je n'en ai pas peur; je ne tremble qu'à l'idée
effrayante de chanter pour les banquettes... Oh! que c'est
embêtant! Il n'y a qu'un moyen, c'est de donner beaucoup de fêtes, de se distraire, de rire, de manger homœo-
patiquement; pour le reste, il faut se confier à la Providence.

J'espère que madame la marquise jouit d'une bonne
santé : elle a été si parfaite pour moi que je ne pourrai
jamais oublier ses bontés. Je suis dans une bien triste
disposition d'esprit, car tout le monde ne parle que de
mort, maladie, choléra, le diable, l'enfer et le purgatoire,
dans lequel je suis jusqu'au cou. Ainsi, je ne veux plus
vous ennuyer de mes jérémiades, et je vous quitte en me
souhaitant le plaisir de vous voir bientôt à Milan.

Adieu, adieu. — A propos, écrivez à ce bon M..., que
je ne l'ai pas oublié. Vous devez avoir reçu une lettre que
je vous ai écrite à peine arrivée à Lucques, dans laquelle
je vous mandais que nous avions passé un jour chez cette
charmante marquise de Lagrange, et que nous avons
beaucoup parlé de vous.

Adieu. Bien sincèrement je vous embrasse.

Maria GARCIA.

Mme Malibran se dirigea donc sur Milan. Mais
ce voyage de Lucques à Milan, dans les conditions
exceptionnelles du moment, fut toute une odyssée,
qu'un de ses biographes italiens racontait brième-
ment en ces termes : — « Elle avait entrepris ce
voyage par la route de Gênes. Arrivée à Carrare,
elle entend dire que le choléra venait d'éclater en
cette ville. Pour joindre promptement Milan sans
toucher Gênes, elle forme alors le projet de traverser les horribles rochers de la Spolverina, sur
les cimes des Apennins, rochers abrupts et non
praticables aux voitures. Elle monte à cheval, et
se fait suivre par ses bagages portés à dos de
mulets ou traînés par des bœufs. Dédaigneuse du
péril et n'épargnant à sa nombreuse escorte de
montagnards aucune espèce de récompense, elle
leur accordait même la plus grande de toutes et
celle que, de leur part, il eût été folie d'espérer,
c'est-à-dire de l'entendre chanter. Et c'est ainsi, en
modulant des chansons rustiques et en comblant
ces natures grossières de délices inconnues à leurs
oreilles, qu'elle parvint à accomplir saine et sauve
cette épouvantable traversée (1). »

Elle arriva enfin à Milan, non sans peine, et là,
en dépit de tout, l'enthousiasme à son égard reprit
de plus belle, et de telle façon que jamais peut-

_____

(1) Gaetano BARBIERI, *Notizie biografiche,* etc.

être il n'avait éclaté avec une ardeur, une furie si irrésistibles; car il y avait toujours du nouveau dans les incidents admiratifs causés par la présence et le talent de cette femme étonnante. Nous en allons avoir une preuve après tant d'autres. A la suite de sa rentrée à la Scala, le 12 septembre, dans *Otello*, Mme Malibran se montra dans *Norma*, et voici comment un correspondant de la *Gazette musicale* rendait compte de la représentation et de l'accueil fait à la cantatrice : — « Une des dernières représentations de Mme Malibran à Milan a donné lieu à un fait inouï dans les fastes du théâtre. Elle chantait la *Norma;* pendant le premier acte, elle avait été rappelée *seize* fois, ce qui, d'après les usages italiens, dépasse même l'apogée du plus grand succès. Quand elle a reparu au second acte, on ne s'est pas borné à des salves d'applaudissements, c'était une véritable tempête, un des terribles ouragans de l'océan dérisoirement surnommé Pacifique. Trépignements de pieds, hurlements de bravos, ce tumulte de toute espèce s'est prolongé si longtemps que le chef de police, qui se trouvait dans la salle, a cru nécessaire de rétablir enfin le calme. Vains efforts! Depuis plus d'un quart d'heure il n'y avait plus d'autre spectacle que celui qui était donné par les spectateurs eux-mêmes. L'autorité supérieure intervint alors, et le principal magistrat de la ville,

après avoir non sans peine obtenu un instant de
silence, déclara que si l'on ne suspendait pas des
manifestations trop bruyantes, il se croirait obligé
de faire évacuer la salle, parce qu'il ne pourrait
plus répondre de sa solidité. Ce fut là le seul
moyen de mettre un frein à l'enthousiasme du public. C'est peut-être la première fois qu'on ait
empêché d'applaudir un artiste par mesure de
sûreté. »

C'est presque au moment où elle obtenait dans
Norma ce triomphe assurément sans précédent, que
parvint à Milan la nouvelle de la mort de Bellini,
arrivée à Puteaux le 23 septembre. En apprenant
ce douloureux événement, Mme Malibran fondit
en larmes et eut comme un funeste pressentiment.
Portant la main à son front, elle s'écria : *Sento
che non tarderò molto a seguirlo* (je sens que je
ne tarderai pas beaucoup à le suivre)! Elle ne
savait pas si bien dire sans doute, et qu'un an
après, *jour pour jour*, elle suivrait dans la tombe
le doux poète à la gloire duquel elle avait tant
contribué pour sa part. Dès le lendemain elle écrivait au tendre ami de Bellini, l'excellent Francesco
Florimo, et lui disait : « Cette fatale journée du
23 septembre sera un jour néfaste et de bien triste
souvenir dans les annales du théâtre italien! »
Et dès qu'il fut question d'élever un monument à
la mémoire du chantre de *Norma*, de *Beatrice* et

de *la Sonnambula*, elle envoya une somme de 400 francs à la souscription.

Cette saison de Milan, dont Mme Malibran était la joie et l'enthousiasme, ne devait guère durer moins de six mois et demi. La grande artiste avait pour émules et compagnons scéniques Reina, Marcolini, Poggi, Marini, Salvatori, Passini, Frezzolini et Mme Schoberlechner. Après *Otello* et *Norma*, elle chanta successivement *l'Elisire d'amor*, le *Barbier*, *Giulietta et Romeo* de Vaccaj, *Maria Stuarda* de Donizetti, *la Sonnambula*, *i Capuleti ed i Montecchi* de Bellini avec le dernier acte de Vaccaj, et enfin un opéra nouveau de ce dernier, *Giovanna Grey*, dont la valeur était nulle et que sa présence seule put sauver du naufrage. Cet ouvrage fut représenté le 21 février 1836, et elle-même en parlait ainsi dans une lettre qu'elle adressait le lendemain au baron Pérignon : — « ... Nous avons joué hier au soir la *Jane Grey* de Vaccaj. On prétend que c'est par respect pour moi que l'opéra a été toléré, que c'est ennuyeux à avaler sa langue, qu'on a tant bâillé qu'on n'a pu siffler, malgré la bonne volonté qu'on avait. J'ai fait tout mon possible, et pour ce qui est de mon petit moi, j'ai encore nagé dans cette mer bourbeuse et m'en suis retirée *assez propre*. La fatigue que j'en éprouve aujourd'hui m'ôte le courage d'écrire plus d'une lettre. Je joue ce soir la même *Jane Grey*.

Vous serez doublement gentil de m'excuser auprès
de cette charmante madame... si je ne lui écris
pas; dites-lui que je l'aime de tout mon cœur, et
ne désire que l'occasion de le lui prouver. A mon
bon frère *Troptenace* (1) et à sa gentille Clotilde,
mille tendresses. Nous attendons une bonne lettre
de vous tous. J'espère que l'assurance de mon
amitié vous fera le plaisir que la vôtre a procuré
à votre bien attachée et reconnaissante — MA-
RIETTE (2). »

Au cours de ses représentations à Milan,
Mme Malibran fut affectée par la mort subite du
duc Visconti, directeur des théâtres impériaux et
royaux de cette ville, avec lequel elle était dans
des termes d'une quasi intimité. Cette mort, sans
la toucher d'une façon aussi sensible que celle de
Bellini, ne laissa pas que de l'impressionner vivement.

C'est un mois après l'apparition de l'opéra de
Vaccaj, *Giovanna Grey*, dont elle remplissait le
principal rôle, qu'elle donna sa dernière représentation, le 20 mars. Le spectacle, entièrement consacré à Bellini, comprenait *i Capuleti* et le dernier

(1) L'éditeur Troupenas, dont elle écorche plaisamment le nom.
(2) Dans cette même lettre, qui n'offre, à part ces quelques lignes,
aucun intérêt personnel ou artistique, je rencontre une de ces gamineries qui lui étaient familières. En parlant d'elle et de Bériot, elle
dit au baron Pérignon : « Nous sommes, à la vie, à la mort, des
enfants Ignon, vous êtes notre père, vous êtes le *père Ignon* de notre
cœur... »

acte de *la Sonnambula*. Cette soirée donna lieu à une nouvelle manifestation d'admiration de la part du public, et l'on y vit, au dire d'un journal italien contemporain, « ce qu'on n'avait jamais vu à la Scala. Tous les spectateurs paraissaient agités d'un véritable délire, et il semblait que chacun craignît de ne pouvoir faire assez. Tous les plus riches jardins de Milan et des environs avaient été dépouillés de ce qu'ils avaient de mieux, et formaient cette pluie de fleurs sous laquelle semblait disparaître l'heureuse artiste. Ce n'était pas seulement un hommage qu'on rendait à un mérite supérieur, ce n'était pas seulement le salut du départ, mais c'était comme l'adieu de l'amant, l'exaltation d'une sympathie entre chaque individu et la virtuose, la séparation d'avec le parent le plus cher qui s'éloigne de la famille (1). »

Les Milanais, qui savaient Mme Malibran engagée pour deux années encore, ne se doutaient pas, en lui faisant fête ainsi et en donnant carrière à leur enthousiasme, qu'ils l'entendaient pour la dernière fois.

(1) Gaetano BARBIERI, *Notizie biografiche*, etc.

CHAPITRE XI

Mme Malibran vient passer quelque temps à Paris. — Son mariage
avec Charles de Bériot. — Duel musical avec Thalberg. — Son
admiration pour les grands artistes. Mlle Falcon, Mme Dorval,
Mme Pasta, Carolina Ungher.

Mme Malibran allait être enfin au comble de
ses vœux ! Dès le lendemain de cette soirée mémo-
rable elle s'empressait de quitter Milan et partait
en poste pour Paris, où elle allait pouvoir s'occuper de son mariage et épouser l'homme auquel
elle avait voué son affection et sa vie. Dès le mois
de mai 1835, de Bériot écrivait de Londres à un de
ses amis de Paris : — « ... On nous écrit de Paris
que nous serons obligés d'attendre, pour nous
marier, les dix mois prescrits aux veuves par la
loi. Cela nous contrarie beaucoup ; mais à supposer
que nous puissions lever cet obstacle, il resterait
toujours celui du domicile, que nous n'avons ni
l'un ni l'autre à Paris, où il est nécessaire que la
cérémonie se fasse, le jugement ayant été rendu
par les lois françaises... » Un domicile !... ces
oiseaux voyageurs qui s'appellent des virtuoses et
des chanteurs !... Si le premier obstacle était insur-

montable, la loi étant formelle, il faut croire que celui-ci put être assez facilement tourné. En effet, un mois à peine après leur arrivée à Paris, le mardi 29 mars 1836, à quatre heures, le mariage des deux grands artistes était célébré à la mairie du deuxième arrondissement, et Mme Malibran, qui avait personnellement pour témoins de cette cérémonie ses deux amis le marquis de Louvois et le baron Pérignon, devenait Mme de Bériot (1).

Ici, je vais emprunter encore à Legouvé un petit récit plein d'intérêt, celui d'un incident très curieux qui marqua ce qu'on peut appeler la soirée des épousailles :

... C'était en 1836. Mme Malibran vint à Paris pour la célébration de son mariage avec Bériot. Ses voyages, ses absences avaient interrompu nos relations, sans interrompre notre amitié. Elle me demanda d'être un des assistants de son mariage à la mairie. Quand l'officier prononça la phrase du Code : *La femme doit obéissance à son mari*, elle fit une petite moue si gaie, avec un petit haussement d'épaules si drôle, que le maire lui-même ne put s'empêcher de sourire. Le soir on se réunit chez Troupenas, rue Saint-Marc, pour passer une amicale soirée d'artistes ; Thalberg avait promis d'y assister. Il n'avait jamais entendu la Malibran, et elle ne le connais-

---

(1) Cette mairie était située alors derrière l'Opéra incendié en 1873, au n° 2 de la rue Pinon, aujourd'hui rue Rossini. — La plupart des biographes anglais commettent une erreur au sujet de la date du second mariage de Mme Malibran, qu'ils fixent au 26 au lieu du 29 mars.

sait pas non plus. Le soir, à peine arrivée, elle va vivement à lui et le presse de se mettre au piano.

— Jouer devant vous, avant vous, madame, oh! c'est
impossible! J'ai trop envie de vous entendre!

— Mais vous ne m'entendrez pas, monsieur Thalberg.
Ce n'est pas moi qui suis là! C'est une pauvre femme,
accablée des fatigues de la journée! Je n'ai pas une note
dans le gosier! Je serais exécrable!

— Tant mieux! Cela me donnera du courage.

— Vous le voulez? Soit!

Elle tint parole. Sa voix était dure, son génie absent.
Sa mère lui en faisant reproche :

— Ah! que veux-tu, maman? On ne se marie qu'une
fois!...

Elle oubliait qu'elle avait épousé M. Malibran dix ans
auparavant.

— A votre tour maintenant, monsieur Thalberg.

Il ne s'était pas marié le matin, lui, et la présence d'une
telle auditrice l'excitant sans le surexciter, il déploya dans
toute sa souplesse et toute son ampleur cette richesse de
sons qui faisait de son piano le plus harmonieux des
chanteurs. A mesure qu'il jouait, la figure de la Malibran
changeait, ses yeux éteints s'animaient, sa bouche se relevait, ses narines s'enflaient. Quand il eut fini : « C'est
admirable! s'écria-t-elle. A mon tour! » Et elle commence un second morceau. Oh! cette fois, plus de fatigue!
plus de langueur! Thalberg, éperdu, suivait, sans pouvoir y croire, cette métamorphose. Ce n'était plus la
même femme! Ce n'était plus la même voix! Il n'avait
que la force de dire tout bas : « Oh! madame! madame! »
et le morceau achevé : « A mon tour! » reprit-il vivement. Qui n'a pas entendu Thalberg ce jour-là ne l'a
peut-être pas connu tout entier! Quelque chose du génie

de la Malibran avait passé dans son jeu magistral mais sévère, la fièvre l'avait envahi. Des flots de fluide électrique couraient sur les touches et s'échappaient de ses doigts ! Seulement, il ne put pas achever son morceau. Aux dernières mesures, la Malibran éclata en sanglots, sa tête tomba entre ses mains, secouée convulsivement par les larmes, et il fallut l'emporter dans la chambre voisine. Elle n'y resta pas longtemps ; cinq minutes après elle reparaissait, la tête haute, le regard illuminé, et courant au piano : « A mon tour, s'écria-t-elle ; et elle recommença ce duel étrange, et elle chanta quatre morceaux de suite, grandissant toujours, s'exaltant toujours, jusqu'à ce qu'elle eût vu le visage de Thalberg tout couvert de larmes comme avait été le sien, et nous laissant tous sous le coup du spectacle de ces deux grands artistes inconnus l'un de l'autre, se révélant tout à coup l'un à l'autre, luttant l'un avec l'autre, dans des régions de l'art où ils n'étaient peut-être jamais parvenus jusque-là.

Il n'était pas besoin d'un tel fait pour nous prouver que Mme Malibran était enthousiaste, comme tous les grands artistes, et qu'un beau talent lui inspirait toujours une véritable admiration. Précisément, la veille même de son mariage et de cette soirée si artistiquement émouvante, elle en avait donné une preuve à l'Opéra, où elle assistait à une représentation des *Huguenots*, alors dans toute leur nouveauté. Très impressionnée par la puissante interprétation que Mlle Falcon donnait au rôle de Valentine, elle ne put se tenir de lui exprimer sa satisfaction, se rendit sur la scène

après le premier acte, courut à elle et, se jetant à
son cou, la « remercia » avec effusion du plaisir
qu'elle lui avait procuré.

Et comme elle était aussi admirable comédienne
que cantatrice incomparable, sa sympathie, on le
pense bien, ne s'arrêtait pas aux musiciens et aux
chanteurs, et était acquise à tous ceux qui bril-
laient sur la scène, à quelque titre que ce soit. On
a souvent raconté les détails de son entrevue avec
Mme Dorval, à qui elle était allée voir jouer, à
la Porte-Saint-Martin, un détestable drame de
Benjamin Antier et Alexis Comberousse, *l'Incen-
diaire* ou *la Cure et l'archevêché*, dans lequel, malgré la piètre valeur de l'œuvre, cette actrice si
vaillante se montrait sublime. Alexandre Dumas
a fait naguère, d'une façon un peu romanesque
peut-être, le récit mouvementé de cet incident,
qu'il ne me semble pas sans intérêt de faire connaître d'après lui :

Il y avait, dit-il, dans ce drame, une scène que
Mme Dorval jouait à genoux, une confession qui durait
un quart d'heure ; pendant ce quart d'heure on ne respirait pas, ou l'on ne respirait qu'en pleurant.

Un soir, Mme Dorval fut plus belle, plus tendre, plus
pathétique qu'elle n'avait jamais été.

Pourquoi cela? Je vais vous le dire.

Dorval avait été sublime, pour qui? elle n'en savait
rien ; pour une femme qui l'avait tenue trois heures
palpitante sous son regard d'aigle. Pendant ces trois

heures, toute la salle avait disparu à ses yeux. C'était pour cette femme qu'elle avait pleuré, parlé, agi, vécu enfin. Et quand cette femme avait applaudi, quand cette femme avait crié bravo! elle avait été payée de sa peine, récompensée de sa fatigue, payée de son génie! elle avait dit : — Oh! je suis contente, puisqu'elle l'est.

Puis la toile s'était abaissée; et, haletante, brisée, mourante comme la Pythie qu'on enlève au trépied, elle était remontée à sa loge, était tombée sur un sofa, de triomphatrice devenue victime.

Tout à coup, la porte de sa loge s'ouvrit, et l'inconnue parut sur le seuil.

Dorval tressaillit, s'élança, lui prit les deux mains comme à une amie.

Les deux femmes se regardèrent un instant, souriant en silence et des larmes dans les yeux.

— Excusez-moi, madame, dit enfin l'inconnue avec une voix d'une inexprimable suavité; mais je n'ai pas voulu rentrer chez moi sans vous dire le plaisir, l'émotion, le bonheur que je vous dois. — Oh! c'est admirable, voyez-vous; c'est merveilleux, c'est sublime!

Dorval la regardait, la remerciait des yeux, de la tête, et surtout de ce mouvement d'épaules qui n'appartenait qu'à elle; et cela tout en l'interrogeant de la physionomie, tout en demandant avec chaque muscle de son visage : — Mais qui êtes-vous donc, madame, qui êtes-vous?

L'inconnue comprit. Et avec une voix dont ceux qui ont connu dans l'intimité cette merveilleuse sirène peuvent seuls comprendre la suavité :

— Je suis Mme Malibran, dit-elle.

Dorval jeta un cri, étendit la main vers la seule gravure qui ornât sa loge : c'était le portrait de Mme Malibran dans Desdemona (1)...

Quant à celles qui couraient la même carrière qu'elle, je veux dire les cantatrices dont les succès dans le répertoire italien faisaient en quelque sorte ses rivales et qui eussent pu lui donner de l'ombrage, rien ne pouvait empêcher Mme Malibran de reconnaître leur talent et de leur rendre la justice qui leur était due.

C'est ainsi qu'en Italie, où l'on avait fait entre elle et Mme Pasta des comparaisons qui n'étaient pas toujours à l'avantage de cette dernière, elle eut l'occasion de la défendre contre certaines insinuations malveillantes, et elle le fit avec sa franchise et sa loyauté habituelles, ainsi qu'en témoigne la lettre que voici, qu'elle adressait à un avocat de Milan, son ami Parola :

Mon cher avocat,

Je vous écris sans savoir si la poste partira, mais je ne puis pas tarder plus longtemps à vous donner de nos nouvelles. Avec notre rapidité ordinaire, nous sommes arrivés à Modène le lundi même à neuf heures, assez à temps pour jouir du spectacle (*la Sonnambula*), avec notre bonne amie, la marquise Carandini. Après le spectacle, au lit.

Mardi, à onze heures, nous volions par la poste et à

(1) *Le Constitutionnel,* 24 mai 1849.

une heure nous étions à Bologne. Encore cette fois nous arrivâmes à temps pour assister au spectacle et pour en jouir *(Norma)*. J'en suis sortie persuadée *plus que jamais* que tous les bruits répandus à Milan sur le non-succès de cet opéra étaient faux. La Pasta a été accueillie avec acclamation. Après la cavatine (qu'elle a chantée à merveille) on l'a rappelée cinq fois. Après le terzetto, deux fois. Toujours applaudie à chaque sortie. Deux fois après le duo du deuxième acte avec Adalgisa. Le duo avec Donzelli fut aussi répété et bien chanté; à la fin du spectacle, on la fit reparaître encore deux fois.

Vous voyez donc que, quelque bonne volonté qu'on ait pour faire dire que la Pasta n'a pas de grand succès, il est impossible de le faire croire après ces faits, qui, je vous assure, sont très exacts. Ainsi donc, quand on vous dira de semblables fariboles, lisez ma lettre et ne croyez que moi. Dans l'entr'acte j'allai voir la Pasta, qui fut extrêmement gracieuse avec moi. Elle me demanda des nouvelles du duc et de la duchesse Visconti, en ajoutant qu'elle me remerciait pour les Milanais du cadeau que je leur avais fait en allant chanter à Milan. Vous voyez qu'on ne peut pas être plus aimable que la Pasta. Je vous prie donc de faire connaître à ceux qui sont toujours prêts à répandre de mauvaises nouvelles, qu'ils sont dans *la plus grande erreur* sur son compte et que (moi présente) elle a fait fureur.

Je vous prie, mon cher avocat, de présenter nos affectueux compliments à la bonne duchesse, à M. le duc (1) et à l'aimable baronne Battaglia, dont j'ai beaucoup parlé avec la princesse Ércolani.

(1) Le duc Visconti, président de la société directrice de la Scala, chez qui demeurait l'avocat Parola, ce qui me fait croire que celui-ci était chargé des affaires de cette société.

Mille compliments à madame de notre part, mille baisers aux enfants et une accolade pour vous de votre très affectionnée.

M. MALIBRAN.

On voit si j'avais raison de dire que Mme Malibran rendait justice même à ses rivales, et si elle savait apprécier leur talent avec justesse et sincérité. J'ajoute qu'elle ne les étudiait pas avec moins d'ardeur et d'intelligence. C'est qu'en effet, malgré ce qu'on peut appeler son génie, elle avait cette qualité bien rare de ne pas croire qu'elle était parfaite et qu'elle n'avait plus rien à apprendre. Peut-être même est-ce là l'un des côtés caractéristiques de son admirable nature d'artiste, de ce tempérament merveilleux dont sans doute on n'a jamais connu l'égal. Même à l'apogée de sa gloire, au plus fort de ses succès, même alors que son nom, illustre entre tous, suffisait pour attirer la foule et susciter partout l'enthousiasme, elle pensait qu'un artiste peut toujours s'élever, toujours se perfectionner, agrandir son idéal et son horizon, et qu'il ne lui est pas inutile d'étudier ce que font les autres, de pénétrer leurs secrets, pour s'emparer au besoin de leurs qualités, se les assimiler et les approprier à son talent. Ainsi fit-elle, entre autres, à propos d'une cantatrice célèbre aussi de son temps, Mlle Carolina Ungher, et j'en trouve la preuve dans une correspondance adressée d'Italie, en 1834, à un journal français :

Je ne sais, disait l'écrivain, si Mlle Ungher nous reviendra pour la saison prochaine : pour moi, je le désire et je l'espère, car c'est un des talents les plus distingués que nous ayons entendus depuis bien longtemps. Tel est aussi le sentiment de la plus célèbre cantatrice de nos jours, Mme Malibran, sur Mlle Ungher. On sait avec quel soin, avec quelle sollicitude, cette artiste consommée étudie la méthode et les ressources de ses émules ; lors de son premier voyage en Italie, elle ne connaissait encore Mlle Ungher que de réputation. Pressée de se rendre à Naples, elle ne voulut cependant pas traverser une ville où chantait Mlle Ungher sans l'avoir entendue ; elle se rendit au théâtre sans se faire connaître, et l'impression qu'elle reçut dut être profonde, car elle écrivait peu de jours après : « Je me suis arrêtée exprès pour voir Mlle Ungher ; *le temps que j'ai passé à l'entendre ne sera pas perdu pour moi.* J'ai sur elle à présent un notable avantage : je connais la nature de son talent ; elle ne connaît que mon nom et je n'en suis pas fâchée (1). »

Voici encore qui prouve jusqu'à quel point Mme Malibran poussait l'étude du talent des autres cantatrices, avec quelle habileté elle savait leur emprunter leurs procédés pour les mettre personnellement en œuvre. A propos de Mme Pasta, dont je parlais il n'y a qu'un instant, Castil-Blaze a rapporté cette anecdote :

Marietta Malibran arrive en Italie au moment où

(1) *Gazette musicale*, 13 avril 1834.

Norma, la Sonnambula, i Capuleti, opéras de Bellini, qui devait, hélas ! lui montrer le chemin du tombeau, venaient d'être mis en scène par une illustre *prima donna.* La Pasta s'était élevée au plus haut degré de sa gloire en représentant *Norma, la Sonnambula,* dont les rôles avaient été disposés pour sa voix. Marietta s'en empare, les compose, les crée à sa manière, et par une coquetterie d'artiste dont on apprécia bientôt l'artifice, je devrais dire la perfidie, elle s'appliqua surtout à donner tout l'éclat, toute la puissance de son exécution aux fragments que la Pasta laissait dans la demi-teinte. On applaudit avec enthousiasme, et tout en la remerciant d'avoir mis au jour de belles choses qui jusqu'alors étaient restées inaperçues, on pensa que la Malibran redoutait trop la rivalité de la Pasta pour s'aventurer à tenter les mêmes effets aux mêmes endroits. C'est justement ce que Marietta voulait faire croire. Quand elle vit que l'opinion s'était prononcée sur ce point, elle changea de gamme, suivit la marche indiquée par sa rivale, et battit cette virtuose sur son propre terrain. Elle brilla partout où la Pasta brillait et la surpassa. Une troisième épreuve fut encore plus décisive, car elle y joignit les prodiges d'exécution de la première et de la seconde (1).

Tout ceci suffit à nous faire comprendre la vaillance et l'ardeur que Mme Malibran déploya dans le petit « duel » musical qu'elle soutint avec Thalberg le soir de son mariage, et dont Legouvé, témoin fortuné de ce combat vraiment singulier, nous a fort heureusement rapporté les curieux incidents.

(1) Castil Blaze : *l'Opéra italien,* p. 450.

CHAPITRE XII

Concerts à Bruxelles et retour à Londres, au théâtre Drury-Lane. — Mme Malibran joue un opéra nouveau de Balfe. — Accident cruel. — Elle fait une chute de cheval, dont les suites doivent lui être fatales. — Elle n'en continue pas moins ses représentations, sans prendre les soins que nécessite son état. — Retour à Bruxelles. — Concert à Liège. — Représentations à Aix-la-Chapelle. — Elle vient prendre quelque repos en France, puis part pour Manchester, où elle doit trouver la mort.

Mme Malibran ne resta que fort peu de jours à Paris après la très simple cérémonie de son mariage. Elle partit presque aussitôt pour la Belgique, et alla s'installer avec Bériot dans la belle propriété qu'elle avait acquise à Ixelles (1). C'est là qu'avant de se rendre pour la troisième fois en Angleterre, elle comptait prendre quelques semaines d'un repos que certes elle avait bien gagné. Elle ne rompit ce repos que pour donner à Bruxelles avec son mari, dans les premiers jours d'avril, deux grands concerts, dont l'un était au

(1) Ixelles est une des communes de l'agglomération bruxelloise, quelque chose comme ce qu'étaient naguère Montmartre ou Batignolles avant leur annexion à Paris. La belle propriété qu'y possédait Mme Malibran est devenue la maison communale où l'hôtel de ville d'Ixelles, dont une rue porte aujourd'hui le nom de la grande artiste.

bénéfice des réfugiés polonais. Puis, le mois de mai arrivé, elle se rendit à Londres, où l'appelait un nouvel engagement avec son fidèle directeur Bunn (1).

C'est le 10 mai qu'elle fit, toujours comme cantatrice anglaise, sa rentrée triomphale au théâtre Drury-Lane, où elle retrouva tous ses admirateurs. Les travaux inséparables et toujours importants d'un nouveau commencement de saison ne l'empêchaient pas de songer à ses amis éloignés et d'entretenir avec eux sa correspondance ordinaire; c'est ainsi que, dès le 12, elle adressait la lettre suivante, toujours gaie, toujours fantasque, au baron Pérignon :

Londres, 12 mai 1836.

A votre tour, maintenant. J'ai d'abord commencé par madame... ne vous en déplaise; je finis par vous, car j'ai une répétition qui m'attend à dix heures. Je ne vous dirai pas comme j'emploie ma journée, madame... en a la minute. Ce qu'il y a de certain, c'est que, quoi que je puisse faire, cela ne m'empêche pas de penser à mes bons amis

(1) Auquel elle annonçait ainsi son arrivée :

« N° 59, Conduit street.

« Je viens d'arriver en bonne santé, et à votre service. Je voudrais aller au théâtre ce soir, au balcon ou dans une loge. Pensez-vous que j'y pourrais aller? Un mot de réponse, et *mon rôle,* s'il vous plaît.

« En hâte.

« MARIA DE BÉRIOT. »

de Paris ; ceci est fort agréablement dit pour que vous le preniez pour vous.

Le *Don Juan* monstre dont vous me parlez est une chose qui me paraît immense ; s'il y a tout ce que vous me dites, je suis seulement étonnée que cela puisse finir à une heure du matin. C'est une pièce qui devrait durer huit jours, et qui devrait être menée comme un cours d'anatomie ; car il me semble que l'auteur de la pièce s'est plu à squelettiser les passions humaines de la manière la moins avantageuse, à quelque chose près (1).

Je vous défends de mêler la *gnognotte* à mon amitié pour vous. Je ne connais pas cette dame-là, ni ne veux la connaître. Cette farce ! Je vous pulvériserai si jamais vous me reparlez de cette mégère-là, entendez-vous ? homme anthropophage et fossile, carnassier et panthecni-conique, bucéphale et vermifuge, justifuge et toqui-fuge (2). Ainsi, telle que Semiramide sur son trône, je *juro* que ce n'est pas de la gnognotte que mon amitié pour le père de tous les Ignons du monde et de l'autre partie de l'univers, et de beaucoup d'autres faubourgs. Je trouve que je ne suis pas mal bête comme ça, pour quelqu'un qui est éreinté de fatigue, mais qui se porte bien malgré tout. Le plus z'haut de tous les Bériots a beaucoup admiré l'élévation subite à laquelle vous venez de le *promouvoir*, et regrette que vous n'ayez pas ajouté quelque petit titre subalterne qu'il aurait mis en dessous pour ne pas tomber de trop *haut*, car la chute serait fatale s'il devait finir par

(1) Il s'agit ici du fameux *Don Juan de Marana,* drame fantas-tique en prose et en vers, d'Alexandre Dumas, dont la première représentation avait eu lieu à la Porte-Saint-Martin le 30 avril, ce que le baron Pérignon lui avait raconté.

(2) Mme Malibran joue évidemment ici sur la profession du baron Pérignon, qui, on se le rappelle, était magistrat.

Béri (1). Aïe, aïe, aïe! comme il est mauvais, celui-là!
N'en parlons plus... Adieu en toute hâte, car la voiture
m'attend pour aller à la répétition, et vraiment je suis si
bête que je ne pourrais continuer longtemps sans devenir
trop bête.

Je vous... non, je n'ose pas, mais c'est tout comme, car
encore bien, si cependant par hasard, nonobstant peut-être
tout de même néanmoins...

MARIA DE BÉRIOT.

Cette fois encore, Mme Malibran ne se borna
pas à dérouler devant le public anglais son répertoire ordinaire. Elle ne recula pas devant le
travail que lui imposait l'étude d'un ouvrage nouveau, et elle consentit sans peine à remplir le principal rôle d'un opéra de Balfe, *the Maid of Artois*,
dont le sujet tenait à la fois de celui de *la Sonnambula* et de celui de *Clari*, l'opéra d'Halévy
qu'elle avait créé quelques années auparavant au
Théâtre-Italien de Paris. Mais si le poème manquait de fraîcheur et de nouveauté, c'était bien pis
encore, paraît-il, en ce qui touchait la musique de
Balfe, à qui l'on pouvait s'en rapporter d'ailleurs
à cet égard. Voici ce qu'un critique disait de l'ouvrage, dont la représentation eut lieu à Drury-
Lane, le 27 mai 1836 : — « Si l'auteur du libretto
a emprunté une scène à *la Sonnambula*, le compositeur s'est permis bien d'autres libertés envers ses

(1) *Haut, Béri,* Béri-ot. — Elle avait décidément la rage du
calembour.

confrères. Bellini, Rossini, Meyerbeer, Weber et autres, peuvent tous revendiquer leur bonne part du succès que vient d'obtenir M. Balfe; mais c'est surtout une valse composée par M. Strauss, de Vienne, qui a valu au nouvel opéra *anglais* de nombreux et bruyants tonnerres d'applaudisse-ments. Cette valse, arrangée en cavatine finale, a été chantée par Mme Malibran avec une incroyable vigueur, et l'auditoire émerveillé a voulu l'entendre une seconde fois. Comme actrice et comme canta-trice, Mme Malibran a été, dans cette pièce, ce qu'elle est toujours : sublime. C'est à juste titre que les Anglais l'appellent *the unrivalled madame Malibran*. Félicitons donc M. Balfe sur l'heureux choix qu'il sait faire de ses *inspirations* (1)! »

Il est certain que cet opéra de *the Maid of Artois* obtint un énorme succès, grâce à la pré-sence de Mme Malibran. Une lettre de Bériot constate ce succès, en nous donnant quelques autres renseignements qui ne sont pas sans intérêt; cette

(1) Correspondance anglaise de la *Gazette musicale*. — Le même journal publiait, dans un autre numéro, la note suivante : « Les grands talents sont rares; mais il faut convenir qu'à nulle autre époque ils n'ont fait d'aussi abondantes récoltes qu'à présent; c'est peut-être le résultat de leur rareté même. Quoi qu'il en soit, Mme Ma-libran de Bériot, par exemple, reçoit, pour *chacune* de ses représen-tations au théâtre de Drury-Lane, un prix qui n'avait jamais encore été obtenu par aucun artiste, la somme de 150 livres sterling, c'est-à-dire TROIS MILLE SEPT CENT CINQUANTE FRANCS. Jusqu'à ce jour, la recette d'aucune de ses représentations n'est restée au-dessous de six cents livres sterling (15 000 francs).

lettre était encore adressée à l'avocat Parola, de Milan :

London, le 26 juin 1836.

Mon cher Parola,

J'ai reçu l'autorisation de Merelli et Balochino que vous m'avez envoyée et je me suis empressé d'y répondre, bien que l'affaire des meetings ne fût pas conclue. J'ai accepté la proposition de ces messieurs et je leur ai écrit une lettre en duplicatum à Vienne et à Milan, comme ils me l'ont demandé. Vous voyez, mon cher ami, que c'est une chance que je cours d'accepter l'autorisation de Milan sans rien avoir décidé pour l'emploi de notre temps pendant septembre et octobre. Mais j'y ai été en quelque sorte forcé par le temps trop limité que MM. Merelli et Balochino m'ont accordé pour leur répondre ; car vous comprenez que pour s'entendre avec quatre comités qui sont à Manchester, Liverpool, Norwich et Worcester et répondre ensuite à Milan, il me fallait un espace de temps plus long que jusqu'au 10 de juillet. Au reste, la chose est entendue avec Milan, et je vous prie de répéter à ces messieurs notre acceptation.

Il n'y a rien de bien nouveau à vous raconter sur Londres. Le mariage de la Grisi avec M. Gérard de Melcy n'est plus une nouvelle pour vous. Vous savez aussi la fureur de l'opéra de Balfe, *the Maid of Artois ;* nous en sommes environ à la dix-huitième représentation, la salle est toujours comble, et il est probable qu'on renouvellera l'engagement pour quelques soirées de plus.

Nos projets pour les mois de septembre et octobre sont (si les meetings nous manquent) d'aller faire une tournée de représentations avec toute la troupe de Drury-Lane à Edimbourg, à Dublin, à Liverpool, etc., ou bien d'aller à Prague au couronnement de l'empereur d'Autriche. Cela sera décidé dans une quinzaine de jours. Nous avons, comme vous voyez, *trois bonnes cordes à notre arc.*

Adieu, mon cher ami, écrivez-nous quelques lignes à Bruxelles, où nous serons dans quinze jours. Je vous embrasse de cœur, *my kind regards to your wife.*

Mille amitiés de la part de la mienne.

C. DE BÉRIOT.

Nos respects à notre bonne duchesse, et compliments et amitiés distribués comme bon vous semblera à tous ceux qui pensent à nous.

Nous voici arrivés à la dernière période de l'existence de cette femme étonnante et à l'accident terrible dont, par sa faute peut-être et par suite de son imprévoyance voulue, les conséquences devaient lui être si fatales. On sait depuis longtemps que sa mort fut causée par une chute de cheval ; mais ce qu'on n'a pas fait remarquer jusqu'ici, c'est que c'est surtout par le fait de son prodigieux courage et de son dédain de toute espèce de précautions, et seulement au bout de quelques semaines, que cet accident prit un caractère de gravité tel que rien ensuite ne put en conjurer les effets. Nul doute, me semble-t-il, que si, dès le premier jour, elle eût consenti à prendre les soins indispensables et à se condamner au repos nécessaire, elle n'eût réussi à enrayer les progrès du mal et à le vaincre complètement. Mais il y a des fatalités !...

Pour les détails mêmes de l'accident, il n'existe qu'une source unique de renseignements : c'est le récit circonstancié qu'en a fait la comtesse Merlin, qui, je pense, avait tout lieu d'en être exactement informée. Je ne crois donc pouvoir mieux faire que de reproduire scrupuleusement ce récit :

Un jour, étant à Londres, lord L... proposa à Maria une partie de plaisir : on devait aller à cheval, Maria n'en avait pas : lord L... lui en offrit un. Bériot, qui craignait un accident, parut contrarié de ce projet ; mais Maria, de qui le moindre goût était une passion, insista ; force fut de céder. La partie s'organise. Bériot n'en est pas, et on part.

Maria était habituellement très courageuse à cheval, et elle y montait à merveille ; mais, soit qu'étant à son insu au commencement d'une grossesse, elle éprouvât un double besoin de conservation, soit un pressentiment vague d'une prochaine catastrophe, à peine son cheval se lança qu'elle se sentit intimidée ; le cheval, excité par les autres coursiers qui se suivaient de près, et ne se sentant pas guidé par une main sûre, précipite sa course.

Maria s'apercevant que sa main fléchissait, et se trouvant près d'une barrière, fit signe de loin, à l'homme qui la tenait à moitié ouverte pour lui livrer passage, d'arrêter son cheval ; mais cet homme, étourdi, ou plutôt stupide, jette son bonnet en l'air et le cheval effrayé prend le mors aux dents et disparaît. Les autres cavaliers, dans leur effroi, n'osent pas le suivre de près, dans la crainte d'exciter davantage le cheval emporté.

Au bout de quelques secondes, Maria sentit la fourche qui soutenait son genou céder, et en même temps l'étrier sur lequel son pied s'appuyait fléchir. Prête à s'évanouir de frayeur, elle aperçut, non loin d'elle, une seconde barrière, mais personne à côté qui pût arrêter le cheval. Un des hauts bouts était suspendu en l'air et ouvrait un étroit passage... Maria ne se sentait plus appuyée... A l'élan rapide de son cheval, elle voyait qu'aucun obstacle ne saurait l'arrêter, qu'en sautant la barrière il pouvait la tuer sur le coup, qu'elle était perdue!...

Alors, en s'approchant de la barrière, elle songe à en saisir la partie supérieure, espérant que le cheval continuerait sa course, et qu'ensuite elle, par son propre poids, entraînerait le haut bout de la barrière vers la terre, et qu'elle se trouverait sur pied, sans accident. Tout ce calcul instinctif fut fait dans une seconde.

Mais au moment où, les bras élevés, le corps lancé, elle étreignait déjà ce haut bout de la barrière, son pied, accroché à l'étrier, lui fait lâcher prise, et son corps retombant à la renverse sur la croupe de son cheval, rebondit, glisse, frappe sur terre et va traînant après l'animal fougueux, aussi longtemps que le pied de la malheureuse jeune femme reste accroché à l'étrier... Quelque temps après elle fut ramassée sur la route et ramenée chez elle évanouie, la tête couverte de blessures, le visage meurtri et méconnaissable.

De Bériot était absent lorsqu'on la ramena ainsi. Mme Merlin assure qu'à son retour elle lui cacha tout d'abord l'accident, lui disant seulement qu'elle était tombée fâcheusement en montant l'escalier et s'était blessée à la tête, mais qu'elle souf-

frait peu de cette chute et n'en jouerait pas moins
le soir. « Le soir, elle chanta au théâtre, comme
d'habitude. La courageuse créature supporta toutes
ses souffrances avec une intrépidité sans exemple,
mais elle était frappée à mort. N'ayant pas été
saignée immédiatement après sa chute, et n'ayant
pris aucune précaution pour en éviter les suites,
elle ne tarda pas à ressentir les conséquences de
cette imprévoyance. »

Je ne saurais dire si, en effet, comme l'affirme
Mme Merlin, elle parut au théâtre le soir même de
ce terrible accident. Mais, bien qu'on ne connaisse
point la date exacte de celui-ci, on sait à n'en
pas douter qu'il eut lieu avant le terme de son engagement à Drury-Lane, et qu'en dépit de ses
souffrances, elle continua et acheva le cours de ses
représentations. La dernière eut lieu le 23 juillet;
elle y joua un acte de *la Sonnambula*, un acte de
the Maid of Artois, et termina, dit-on, en chantant
le *God save the king*, qui mit le comble à l'enthousiasme du public.

Dès le lendemain, les deux époux quittaient
Londres pour retourner à Bruxelles. Pense-t-on
que Mme Malibran va songer à prendre enfin les
soins qu'exigeait son état, tout au moins à se
reposer, comme cela lui eût été si nécessaire? Ce
serait bien mal la connaître. Nous allons la voir,
au contraire, dans l'espace de quelques semaines,

donner avec son mari un concert à Liège, se rendre à Aix-la-Chapelle pour y paraître deux fois en public, faire un voyage en France dans le but d'y rester seulement quelques jours, et enfin retourner en Angleterre pour prendre part, à Manchester, au grand festival qui devait marquer le terme de sa carrière et de son existence et où on allait l'entendre pour la dernière fois.

Et pour donner une idée de la grâce toute charmante que conservait, en dépit de tout, cette créature adorable, je n'ai qu'à transcrire cette lettre, qu'à peine arrivée en Belgique elle adressait à son excellent ami le marquis de Louvois :

26 juillet 1836, Bruxelles.

Oh! de tous les hommes le plus méchant et le plus manquant à sa parole! Comment? vous nous donnez l'eau à la bouche et puis... herniquet sansonnet! pas plus de père Louvois que dans ma manche! Vous êtes témoin que je vous écris ; ainsi, si vous ne prenez pas la poste pour venir nous embrasser à Bruxelles aussitôt la réception de cette lettre, je ne vous parle de la vie et je vous boude ; ce sera un peu contre mon ventre, mais n'importe, je bouderai.

Nous restons jusqu'au 14. C'est-à-dire que le 14 il y aura à Liège un concert, et nous y jouons, et nous y *chantrouillons*. C'est le 28 aujourd'hui ; ainsi vous pouvez encore encore passer dix à douze, à quatorze, à seize jours avec nous. C'est bien la moindre des choses que le père Louvois puisse faire pour contribuer au bonheur de ses enfants adoptifs, toutefois sans faire tort *à le* petit Jules. Il doit être un *n'amour* d'enfant maintenant qu'il est plus grand et par conséquent plus diable, plus gamin et plus sage. Dites-lui bien que je ne l'oublie pas, et que j'espère qu'il est devenu *généreux véridique,* et surtout qu'il a *ses mains et ongles bien constamment propres.*

Vous rappelez-vous Venise? Comment se porte mon *bédit Vranzoi* et notre M...? Avez-vous vu M. Guis? Il était au désespoir de quitter Londres sans vous avoir vu, et m'avait chargée de vous le dire dans les termes les plus affectueux. Voici ma commission faite, quoique j'étais tenue de la faire en personne. M. Beer est-il en France? Dites-lui que je ne puis oublier sa charmante soirée de Naples et sa gracieuseté à notre égard.

J'ai rencontré depuis à Londres M. et Mme C...n, mais ils m'ont reconnue à peine, attendu qu'ils auraient pu perdre un cran dans la bonne opinion des gens du monde (et surtout du duc de Devonshire, chez lequel je les ai revus pour la première fois), si on avait pu croire que M. et Mme C...n avaient daigné venir s'amuser chez moi, à Naples. On ne condescend à connaître de certaines personnes que lorsqu'elles peuvent bien nous amuser; mais sorti de là, vous n'êtes, c'est-à-dire je ne suis qu'un point lointain de perspective, qui peut se voir, mais de fort loin.

J'avoue que j'ai eu la bêtise de me vexer de ce changement d'autant plus absurde que lorsqu'elle venait chez moi et qu'elle me recevait, la municipalité et son maire n'avaient pas encore fait connaissance avec ce *oui formidable* qui a égayé l'auditoire le jour où votre témoignage a ajouté dix degrés à mon bonheur.

Je n'ai plus entendu parler de la bonne mère L..., je désire vivement en avoir des nouvelles, et de Minfild;

donnez-m'en, je vous prie. Charles a une presque ophthal-
mie ; c'est ce qui l'empêche de vous écrire ; mais il me
charge de vous dire qu'il appuie de tout le poids de son
corps la prière que je vous fais de vous mettre en route
plus vite que tout de suite.

Adieu, cher père, je vous embrasse de tout cœur.

Maria DE BÉRIOT.

Nous voyons par cette lettre que c'est le 14 août
que Mme Malibran, en compagnie de son mari, alla
donner à Liège un concert auquel prit part, dit-on,
sa jeune sœur Pauline, plus tard Mme Viardot,
alors âgée de quinze ans. Tout aussitôt Mme Malibran partit pour Aix-la-Chapelle, où elle devait
paraître dans deux représentations et un concert.
Le roi de Prusse, très flatté de cette première
visite que l'illustre artiste faisait dans ses Etats,
lui fit rendre un hommage exceptionnel : « Par
ordre du roi de Prusse, disait un journal, la garde
prit les armes à la sortie de Mme de Bériot, et
lui rendit les mêmes honneurs qu'aux membres de
la famille royale. »

Puis elle vint à Paris, et alla passer quelques
jours dans une superbe propriété qu'elle possédait
à Rosny, où elle réunit quelques-uns des bons amis
qui lui étaient si chers. Elle n'y pouvait rester
longtemps, son repos étant forcément limité par
l'engagement qu'elle avait pris de chanter au
festival de Manchester les 12, 13 et 14 septembre.

Sa santé pourtant était chancelante depuis sa chute terrible à Londres, et elle souffrait plus qu'elle ne le voulait dire pour ne pas inquiéter son mari; son caractère se ressentait naturellement de cet état fâcheux, et on la voyait, d'un instant à l'autre et sans cause apparente, passer des élans d'une gaieté folle à un état d'abattement complet et de profonde mélancolie. Et non seulement elle supportait stoïquement ses souffrances, mais on voit qu'elle poussait le courage jusqu'à la témérité, jusqu'à une sorte d'héroïsme, puisqu'elle ne consentit pas à interrompre un instant l'existence active, agitée, tourmentée, qu'elle menait depuis tant d'années déjà. Manchester, où elle allait se rendre, n'était encore pour elle qu'une étape dans cet éternel voyage, dans ce va-et-vient jamais interrompu. Elle devait, aussitôt terminé ce festival, se rendre aux trois meetings de Norwich, de Liverpool et de Worcester, ainsi que nous l'a appris de Bériot, pour entreprendre ensuite une gigantesque tournée en Ecosse et en Irlande. On peut dire d'elle qu'elle courait à la mort (1).

(1) La fatigue semblait être d'ailleurs l'élément indispensable du tempérament physique de Mme Malibran. Mme Merlin écrivait à ce sujet : — « L'aversion de l'oisiveté et des abstractions contemplatives n'était pas un des caractères les moins remarquables dans cette femme excentrique. Le mouvement était son élément, et lorsqu'elle rentrait du théâtre, après avoir répété ou joué tout un opéra, elle sautait par-dessus les meubles, essayait des tours d'adresse ou de souplesse, cherchait à garder l'équilibre dans telle ou telle position,

jusqu'au moment où, succombant à la fatigue, elle n'avait plus la faculté de se mouvoir; et lorsque son mari ou ses amis lui faisaient des représentations sur les conséquences de ses extravagances, elle leur disait : « Non, vous vous trompez, vous ne connaissez pas ma « nature : je ne puis pas préméditer le repos dans ma tête; il faut « qu'il devienne indispensable par l'excès de la fatigue. Je ne puis « faire des économies de force; il faut que j'use ma vie à mesure « que j'en ai la faculté, autrement elle m'étoufferait. »

CHAPITRE XIII

Arrivée à Manchester. — Malgré sa souffrance, Mme Malibran
chante *quatorze* morceaux au premier festival, chante matin et
soir le lendemain, et chante encore le jour suivant. — C'est là
qu'elle tombe, après un effort héroïque, pour ne plus se relever. —
Sa maladie, sa mort. — Prétention étonnante de la ville de Manchester, qui veut conserver son corps. — Procès entre cette ville
et Ch. de Bériot. — Mme Garcia obtient enfin qu'on lui rende le
corps de sa fille, qu'elle-même ramène en Belgique. — Funérailles
de Mme Malibran à Bruxelles.

Mme Malibran partit de Paris avec son mari de
façon à se trouver à Manchester la veille de la
première journée du festival, qui, je crois, devait
en comprendre quatre. Là, les événements se pré-
cipitèrent de la façon la plus inattendue et avec
une effroyable rapidité. Elle arrivait très souffrante, très nerveuse, surtout très affaiblie par la
fatigue du voyage, qui, cette fois, l'avait éprouvée
d'une façon toute particulière sans que rien pourtant laissât prévoir ce qui allait arriver. Elle n'en
voulut pas moins chanter dès le 12 au soir et se
prodiguer de telle sorte en cette séance qu'elle
prit part à l'exécution de *quatorze* morceaux (1),
chanter deux fois le 13, le matin à l'église et le

(1) *Voy.* George GROVE : *Dictionnary of music and musicians.*

soir au théâtre, se prodiguer enfin de nouveau
le 14 et consentir, en présence de l'enthousiasme
et de l'insistance du public, à recommencer, au prix
d'un effort vraiment surhumain, un duo qu'elle
venait de dire avec Mme Caradori-Allan et dont
l'effet avait été indescriptible. Comme elle l'avait
prévu, cet effort héroïque était au-dessus de ses
forces : le morceau terminé pour la seconde fois,
elle put à peine rentrer en chancelant dans la
coulisse, tomba aussitôt évanouie, et après qu'on
lui eut donné les premiers soins, dut être transportée chez elle. Jamais plus on ne devait ni la
voir ni l'entendre! Neuf jours après, le 23 septembre, Mme Malibran, à la fleur de l'âge, dans
l'éclat radieux d'une gloire immense et incontestée,
quittait ce monde qu'elle avait enchanté et où eile
laissait le souvenir d'une artiste telle qu'on n'en
avait jamais connue (1)!...

Je vais, en les complétant par quelques autres renseignements, emprunter à un article très informé
du *Monde dramatique* des détails précis et pleins
d'intérêt sur cet événement déplorable qui, on peut
le dire, contrista l'Europe entière plus que n'eût
pu le faire la mort du plus puissant souverain :

... Oui, disait ce journal, Mme Malibran est morte; la
vive Rosine, l'énergique Desdemona, la noble Sémiramis

(1) J'ai déjà fait remarquer que la mort de Mme Malibran arrivait un an, *jour pour jour,* après la mort de Bellini.

est morte pour ses amis et pour les arts. La célèbre prima
donna vient d'être enlevée à nos plaisirs, à nos applaudissements, à nos sympathies ! Elle n'avait que ving-huit
ans.

La nouvelle de ce funeste événement est arrivée hier
de tous les côtés de l'Angleterre. Mme Malibran est morte
à Manchester le 23 septembre, de ce que la science
appelle *istéralgie*, avec surexcitation du cerveau, c'est-à-
dire d'une affection nerveuse qui cause le rire et les pleurs
sans motif.

Mme Malibran, quoique dans un état de grossesse
assez avancé, avait consenti à chanter au grand festival de Manchester, où devaient se faire entendre Lablache, Ivanoff, Philipps, Mmes Caradori, Assandri, et
tous les chanteurs et instrumentistes renommés en ce
moment.

Arrivée dans cette ville de commerce, Mme Malibran
s'informa de l'hôtellerie où devait descendre Lablache,
afin de se trouver en sa société pendant le séjour qu'elle
devait y faire ; le propriétaire du *Royal-Hôtel* vint au-
devant d'elle, et jaloux de loger la cantatrice, il l'assura
de la prochaine arrivée du *buffo* par excellence, qu'il lui
promit pour voisin ; mais Lablache était déjà descendu à
l'hôtellerie de *Mosley-Arms*, où la virtuose s'empressa
d'aller rejoindre son illustre camarade.

On a vu que, dès le lendemain, premier jour du
festival, Mme Malibran n'avait pas chanté moins
de quatorze morceaux. Elle déploya une énergie
surprenante pour tenir tête encore aux fatigues
du second jour, qui comprenait deux concerts ;
mais quelle que fût sa volonté, ses forces s'épui-

saient, et elle s'évanouissait après chaque morceau :

Le 14, continue *le Monde dramatique,* des symptômes
spasmodiques plus prononcés la suivirent partout : elle
riait d'abord et pleurait ensuite sans pouvoir s'en empêcher; au concert du soir, un pressentiment sinistre la pré-
céda à son entrée. L'empressement du public et des instrumentistes avait quelque chose de la solennité des adieux
éternels. Dans ce concert monumental, personne n'avait
voulu faire défaut; les exécutants étaient au nombre de
cent six, tous artistes du plus grand talent; les chœurs
comprenaieut cent trente-quatre chanteurs, et dans l'orchestre figuraient quarante membres de la Société philharmonique. Dans les galeries on comptait plus de trois mille
personnes présentes, et huit cents places avaient été
payées une livre sterling et un schelling le billet. C'était
un coup d'œil ravissant; mais c'était triste.

L'Antienne du Couronnement, l'oratorio de *la Création,*
d'Haydn, furent exécutés admirablement, ainsi que le
Requiem de Mozart. Mme Malibran, qui devait chanter
ensuite un air de *la Rédemption,* de Hændel, après avoir
été longtemps attendue parut enfin. Sa pâleur était
extrême; elle était faible et tremblante. Néanmoins, sa
voix recouvra son extension accoutumée; mais après
l'exécution de l'air Cimarosa tiré du *Sacrifice d'Abraham,*
ses forces la trahirent. L'admirable cantatrice avait voulu
donner une preuve de sa bonne volonté, et elle expiait
ses couronnes, car elle était véritablement malade. Cependant elle reprit courage pour chanter dans le quatuor de
Fidelio, et consentit à faire sa partie dans un duo avec
Mme Caradori-Allan. Il fut chanté divinement et unani-
mement redemandé.

Ce duo, célèbre alors, était celui de l'*Andronico* de Mercadante : *Vanne se alberghi in petto*. L'écrivain ne connaissait pas sans doute, puisqu'il ne le signale point, l'incident dramatique auquel, à son sujet, donnèrent lieu les instances du public, qui, électrisé par l'admirable exécution de ce morceau, en réclamait le *bis* avec une sorte de fureur. Mme Malibran, pâle, épuisée, haletante, à bout de forces, mais jamais de courage, comme on va le voir, faisait en vain des gestes suppliants; les cris des assistants ne cessaient pas. Alors, s'adressant au chef d'orchestre, le fameux sir George Smart, elle lui dit : « Si je recommence, j'en mourrai. — Alors, madame, lui répond George Smart, vous n'avez qu'à vous retirer, et je ferai des excuses au public. » Se redressant à ces mots, comme sous le poids d'un affront, avec l'énergie dont elle était coutumière : « Non, dit-elle alors résolument, non! Je chanterai! mais je suis une femme morte. » Par quelle effroyable puissance de courage parvint-elle cette seconde fois jusqu'à la fin du morceau? c'est ce que nul ne saurait dire. Mais tandis qu'un immense tonnerre d'applaudissements ébranlait la salle, la malheureuse femme, à peine hors de scène, tombait sans connaissance dans les bras de Mme Caradori-Allan, et était transportée en toute hâte au foyer.

Ici, je reprends le récit très circonstancié du *Monde dramatique* :

Les membres du comité, effrayés, firent appeler un médecin anglais ; une saignée abondante fut ordonnée. Lablache était présent. Connaissant le tempérament nerveux de Mme Malibran, il insista à plusieurs reprises pour que la saignée ne fût pas opérée ; la malade répétait en anglais les observations de l'artiste au docteur, qui répondit : « Dites à M. Lablache qu'il se mêle de chanter et non de guérir. » Et Mme Malibran fut saignée.

Après cette opération, Mme Malibran n'eut plus assez de force pour supporter la voiture qui, du théâtre, devait la conduire à l'hôtellerie ; on la plaça sur un brancard, et on la transporta à *Mosley-Arms*. Elle souffrait si cruellement que l'hôtel retentit de ses gémissements. Dans la nuit, le délire le plus violent s'empara d'elle, et pendant ses moments d'absence elle appelait Lablache, se rappelant sans doute le conseil qu'il avait donné d'empêcher la saignée.

Depuis cet instant, l'état de la malade alla en empirant ; M. de Bériot, qui concevait les plus vives alarmes, cédant aux instances de sa femme, envoya chercher immédiatement le docteur Bellomini, en qui Mme Malibran avait la plus grande confiance. Le docteur arriva le dimanche 18, et administra aussitôt des remèdes, mais sans succès ; le délire reprenait par intervalles et toujours avec plus de violence. Le mardi 20, pour la première fois la malade fut placée dans un fauteuil pendant que l'on préparait son lit. Cet effort paraissait l'avoir beaucoup fatiguée, et pendant une grande partie de l'après-midi elle demeura silencieuse et immobile. A onze heures, on apprit avec plaisir qu'elle allait mieux, que la toux n'était pas si violente, et que la fièvre avait diminué. Dans cet état de choses, il était facile de prévoir qu'il serait impossible à Mme Malibran de se rendre aux fêtes musicales de Norwich et de Worcester, car Mme Malibran était dans une faiblesse telle que les médecins, en admettant une prompte convalescence, déclarèrent qu'ils ne permettraient pas à l'illustre cantatrice de paraître à la fête musicale qui devait avoir lieu à quinze jours de là à Liverpool.

Le jeudi, au moment de quitter Norwich pour venir tenir son engagement à Paris, en compagnie de Mme Assandri et d'Ivanoff, Lablache reçut une lettre de M. de Bériot, qui lui annonçait que l'état de Mme Malibran s'était beaucoup amélioré, qu'elle était hors de danger, et que sa maladie résultait d'un accouchement prématuré. Ivanoff éprouva tant de joie à cette nouvelle, qu'il acheta une tabatière d'argent d'un beau travail, pour l'offrir au docteur qui avait sauvé la diva cantatrice. Mais hélas! tandis que d'un côté on se livrait à l'espoir d'un rétablissement, à Manchester toute apparence de vie disparaissait.

Dans cette extrémité, le docteur Bellomini crut devoir faire appel au plus habile chirurgien de Londres, M. Lewis, afin de se consulter avec lui et de mettre sa responsabilité à couvert. D'après l'état d'insensibilité de la malade et la faiblesse du pouls, M. Lewis déclara que tout espoir était perdu. On assure que M. de Bellomini demanda au célèbre praticien s'il pensait que l'état de grossesse de Mme Malibran eût influé matériellement sur sa maladie. M. Lewis répondit que telle n'était pas son opinion, attendu que la grossesse était très peu avancée. Depuis ce moment, Mme Malibran demeura plongée dans son état de torpeur et d'insensibilité; elle n'en sortit qu'une fois pour prendre un verre d'eau d'orge des mains de son mari. Enfin sonna l'heure fatale, qui n'était que trop attendue. Mme Malibran rendit le dernier soupir à minuit vingt minutes (1), sans avoir, durant sa longue agonie, repris un seul instant connaissance.

Toute la ville de Manchester, émue de l'incident de la soirée du 14, s'était intéressée à l'état de la chère malade, bien que nul pourtant n'en soupçonnât d'abord la gravité. Une véritable inquiétude s'empara de tous lorsque ensuite on lut chaque matin dans les journaux le bulletin de sa santé, publié et signé par les médecins. C'était alors à qui viendrait se faire inscrire à son hôtel ou demander de ses nouvelles. Et il semblait que la ville entière fût en deuil lorsqu'on apprit le dénouement fatal, tellement l'artiste était admirée, tellement la femme était respectée, tellement elle était entourée de l'affection et des sympathies générales.

Quant à son mari, on peut facilement se rendre

(1) Les documents anglais disent : minuit *moins* vingt minutes. Il est probable que ce mot « moins » aura été omis involontairement soit dans la copie de l'article, soit à l'impression. La remarque a ici son importance, puisque la date de la mort se trouverait changée.

Fait singulier. Le premier époux de l'illustre artiste, l'ex-banquier Eugène Malibran, dont elle avait rendu le nom célèbre, et qui était revenu s'établir en France, mourait à Paris six semaines après elle. La *Gazette musicale* annonçait ce fait dans son numéro du 20 novembre 1836, par cette note d'une rédaction assez bizarre : — « M. Malibran, celui qui avait eu *l'honneur* de donner son nom à la célèbre cantatrice dont nous déplorons la perte, et qui n'avait pas eu *le bonheur* de le lui faire conserver, vient de mourir à Paris. »

compte de sa douleur. « Lorsque Mme Malibran eut cessé de vivre, dit encore *le Monde dramatique*, on pensa d'abord que M. de Bériot pourrait passer le reste de la nuit à l'hôtel ; mais son désespoir était si violent que l'on craignait d'aggraver encore sa déplorable position si on le laissait dans ce lieu funèbre. Le docteur Bellomini l'entraîna dans une chaise de poste qui prit la route de Londres. »

De Londres, paraît-il, on le fit partir pour Bruxelles. C'est ici que se place un fait douloureux et singulier, dont les détails restent quelque peu obscurs, le fait d'une ville qui s'obstine, en dépit des réclamations les plus légitimes, à garder le corps d'une femme illustre qui lui est étrangère, et qui refuse de le rendre même à son époux. Mais il était dit que tout serait extraordinaire en ce qui touchait l'extraordinaire existence de Mme Malibran, tout, même ce qui entourait sa mort. C'est ainsi que la ville de Manchester, en l'absence de tout représentant de la famille, trouva bon de célébrer en grande pompe les funérailles de l'illustre artiste, dont les restes furent inhumés dans l'aile sud de l'église collégiale. Ceci avait lieu en dépit des protestations de Bériot, protestations dont l'incontestable légitimité ne put aboutir pourtant à aucun résultat. Nous avons vu qu'aussitôt après la mort de sa femme il avait été entraîné à Londres, puis à Bruxelles, par le docteur

Bellomini. C'est donc de Bruxelles qu'il fit réclamer à Manchester (de quelle façon, par quels moyens? c'est ce que je ne saurais dire) sa dépouille mortelle, qu'il voulait faire ensevelir en Belgique. Mais, chose véritablement singulière, à cette demande les autorités civiles et religieuses répondirent par un refus net et péremptoire, en dépit de la qualité du réclamant; si net que celui-ci n'eut alors d'autre ressource que d'entamer aussitôt un procès pour obtenir raison. Et c'est alors que l'on vit les habitants de Manchester eux-mêmes se liguer contre lui et encourager leurs représentants dans cette étonnante prétention de conserver quand même le corps d'une artiste que le hasard avait fait mourir au milieu d'eux. Quelque étrange que puisse paraître ce fait, il est absolument exact, et une dernière citation du *Monde dramatique* va nous faire connaître un détail curieux de cette curieuse affaire :

L'affaire de l'exhumation de Mme Malibran se complique d'incidents assez remarquables. Lundi, une députation de douze membres a déposé entre les mains du principal et des *fellows* (professeurs célibataires jouissant d'un bénéfice) du collège de Manchester, une pétition signée par sept cents habitants notables de cette ville. Dans cette pétition, on engage ces messieurs à s'opposer à cette exhumation; d'abord, parce que le terrain dans lequel les restes de la cancatrice ont été reçus, appartenant à l'église collégiale, se trouverait hors de la juridic-

tion de l'ordinaire (l'évêque de Chester) ; secondement,
parce que *le premier mariage de Mlle Garcia avec M. Malibran n'ayant pas été légalement rompu, cette dame n'a
pu en contracter valablement un second avec M. de Bériot.*
Si ce dernier fait était prouvé, celui-ci n'aurait plus qualité pour soutenir l'action qu'il a ouverte. Le révérend
principal a répondu à la députation que, de concert avec
ses collègues, il examinerait sérieusement la pétition, et
que, si elle leur paraissait fondée, ils réuniraient leurs
efforts pour s'opposer à l'exhumation, tant devant la cour
métropolitaine d'York, où la cause est maintenant pen-
dante, que par toutes les voies de droit.

Ainsi, pour conserver les restes d'une femme
illustre et satisfaire leur orgueil, les excellents
habitants de Manchester ne trouvaient rien de
mieux que de chercher à la déshonorer ! Il y a
vraiment dans la défense de leur cause un moyen
singulièrement immoral, qui s'ajoute à l'odieux de
la prétention

Toujours est-il qu'en dépit du procès, ils procé-
dèrent aux funérailles, sans aller toutefois, je
crois, jusqu'à l'inhumation définitive. Le corps fut
simplement déposé dans un caveau de l'église collégiale. Mais peut-être Bériot ne fût-il pas venu à
bout de vaincre les résistances, si Mme Garcia,
dont la douleur était profonde aussi, n'était venue
à son aide et ne s'était décidée à se rendre en
personne à Manchester, non pour appuyer ses réclamations, mais pour les produire en son nom.

Ce voyage pensa même lui être fatal. Il n'y avait pas de temps à perdre, et Mme Garcia alla s'embarquer à Anvers, je crois, non sur un paquebot faisant le service régulier de l'Angleterre, qu'elle ne voulait pas attendre (les départs n'étaient pas alors aussi fréquents qu'aujourd'hui), mais sur un bâtiment expressément frété par elle pour la circonstance. Mais la saison n'était pas propice, la mer était mauvaise, et ce bâtiment, assailli pendant la traversée par une tempête furieuse, faillit sombrer devant Flessingue. Mme Garcia débarqua pourtant saine et sauve sur les côtes anglaises, gagna en toute hâte Manchester, et obtint enfin ce que l'intervention même du consul n'avait pu obtenir : la loi anglaise ne permettant pas de refuser à une mère le corps de son enfant, elle put faire exhumer celui de sa fille et le ramener avec elle à Bruxelles, où elle arriva le dimanche 2 octobre.

Il fut décidé que l'inhumation définitive de Mme Malibran-de Bériot aurait lieu au cimetière de Laeken, situé à quelques kilomètres à peine de Bruxelles, et que les funérailles solennelles auraient lieu le 4 octobre. Elles furent émouvantes, et voici le récit qu'en faisait un journal :

Le vestibule et le premier salon de la maison de M. de Bériot, au haut du faubourg de Namur, avaient été disposés en chapelle ardente pour recevoir le corps à son arrivée d'Anvers. Plusieurs jours auparavant, M. de Bériot avait quitté sa maison et s'était retiré chez un de ses oncles.

C'est dimanche, dans la soirée, que la dépouille mortelle de l'admirable cantatrice est arrivée à Ixelles. Le cercueil en plomb, enfermé dans un autre cercueil en chêne et drapé en noir, avait été déposé sur une estrade au milieu du salon. Ce salon, entièrement tendu de noir, était éclairé par un lustre et par un riche entourage de cierges. Le cercueil supportait un large écusson d'argent, sur lequel on lisait : *Marie-Félicité Garcia, femme de Bériot, décédée à l'âge de vingt-huit ans.*

A onze heures, la Société d'harmonie d'Ixelles, dont M. de Bériot est le président, la Société de la Grande-Harmonie de Bruxelles et l'excellente musique du régiment des guides du roi étaient réunies à la maison mortuaire, ainsi qu'un très grand nombre de personnes venues pour rendre un dernier hommage à l'illustre artiste, aussi bien qu'à la femme bienfaisante qui a emporté dans la tombe de si justes et de si universels regrets. A onze heures et demie le cercueil a été placé sur un corbillard attelé de quatre chevaux, et le cortège s'est mis en marche dans l'ordre suivant : les tambours du 8ᵉ régiment d'infanterie ; la Société d'harmonie d'Ixelles avec sa bannière voilée d'un crêpe ; la Société de la Grande-Harmonie de Bruxelles, aussi en deuil ; la musique du régiment des guides ; le corbillard, dont les cordons étaient soutenus, en avant par MM. Blargnies, conseiller à la cour d'appel, A. de Peellaert, compositeur de musique, Geefs, statuaire, et Narvez, peintre d'histoire ; en arrière par MM. Fétis, directeur du Conservatoire royal, A. Baron, homme de lettres, Suys, architecte, et Renard, artiste du Théâtre Royal. Derrière le corbillard, les élèves du Conservatoire,

les artistes des théâtres de la ville et les personnes invi-
tées.

Sur sa route, le cortège s'est successivement augmenté
d'une foule immense, et malgré la boue qui encombrait les
rues et la route de Laeken, il était encore très nombreux
à son arrivée au cimetière. Pendant tout le trajet, les
différents corps de musique n'ont cessé de faire entendre
tour à tour des marches funèbres. Plusieurs édifices étaient
tendus de noir. Nous avons remarqué l'hôtel d'Angleterre et le local de la Société de la Grande-Harmonie.

Le cortège, après une marche lente et pénible, est
arrivé à Laeken à une heure et demie. La porte de
l'église était fermée, mais un portique tendu en noir avait
été élevé à l'entrée du cimetière, et le corps a été reçu au
bruit des cloches. Beaucoup de dames s'étaient rendues
d'avance au cimetière.

Le cercueil ayant été porté à bras à l'entrée du caveau
sur lequel doit être élevé le monument, M. Fétis a fait
exécuter, par les élèves du Conservatoire et par les
artistes du théâtre et de la ville, un *Miserere* à quatre parties, sans accompagnement, d'un très bel effet ; puis deux
discours ont été prononcés, l'un par M. Fétis, l'autre par
M. Baron. Ces discours, également bien pensés et
bien écrits, ont été accueillis par de nombreux applaudissements.

Ainsi s'est terminée une cérémonie qui laissera de pro-
fonds souvenirs dans la ville de Bruxelles. Toute la population avait pris une vive part aux démarches faites pour
obtenir que la dépouille mortelle de Mme Malibran fût
rendue à une ville dans laquelle cette incomparable artiste
avait pris ses droits de cité.

Tout est consommé.

CHAPITRE XIV

Qu'as-tu fait pour mourir, ô noble créature !
Belle image de Dieu, qui donnais en chemin
Au riche un peu de joie, au pauvre un peu de pain ?
Ah ! qui donc frappe ainsi dans la mère nature,
Et quel faucheur aveugle, affamé de pâture,
Sur les meilleurs de nous ose porter la main ?

. . . .

Ce qu'il nous faut pleurer sur ta tombe hâtive,
Ce n'est pas l'art divin, ni ses savants secrets :
Quelque autre étudiera cet art que tu créais ;
C'est ton âme, Ninette, et ta grandeur naïve,
C'est cette voix du cœur qui seule au cœur arrive,
Que nulle autre, après toi, ne nous rendra jamais.

C'est Musset, le grand poète de la passion, qui évoquait ainsi le génie passionné de la Malibran (1). Il avait raison, le poète, lorsqu'il disait : « Ce qu'il nous faut pleurer... c'est ton âme, Ninette... que nulle autre, après toi, ne nous rendra

(1) On sait que les stances de Musset à la Malibran, qui sont comprises dans le volume de ses *Premières poésies*, parurent d'abord dans le tome VIII de la *Revue des Deux Mondes,* en 1836, peu de jours après la mort de l'admirable artiste.

jamais (1) ». Oui, c'est cette âme de feu, qui se répandait en élans pathétiques, en accents douloureux et parfois déchirants, cette âme dont la puissance émouvante était si grande qu'elle savait inspirer tour à tour l'effroi, la compassion, la terreur, la pitié, et qu'elle arrachait des larmes aux yeux les plus indifférents, — c'est cela qu'il fallait admirer dans la Malibran, c'est là ce qui faisait de cette grande artiste une artiste unique, sans pareille et sans égale, et telle que nulle autre ne put jamais l'approcher. Je me suis, à plus d'une reprise, et pour caractériser sa nature et son tempérament artistiques, servi du mot « génie », ce mot qui, pourtant, ne semble pas devoir trouver place lorsqu'il ne s'agit que d'un art d'interprétation, quelles que soient d'ailleurs la vaillance et la valeur de l'interprète. Mais c'est que, chez la Malibran, il y avait véritablement création, c'est qu'il y avait de l'inspiration, de l'invention dans sa façon de traduire la pensée d'autrui, c'est que pour rendre cette pensée elle trouvait au fond de son cœur, ce cœur toujours palpitant, brûlant et plein d'émotion, des accents tellement personnels, tellement inattendus, qu'elle en décuplait la puissance et lui imprimait un caractère absolu de nouveauté. N'est-ce pas là le propre du génie? D'ailleurs

(1) On sait que Ninetta est le nom du personnage de *la Gazza-ladra* dans lequel la Malibran se montrait surtout admirable.

Rossini, qui s'y connaissait et qui l'appelait « l'enfant gâté de la nature », disait, lui aussi, qu'elle avait du génie (1).

C'est là précisément ce qui a donné comme une sorte de caractère légendaire à cette physionomie poétique et divine de la Malibran. Elle n'était pas seulement supérieure, et sous tous les rapports, à toutes les cantatrices scéniques de son temps ; elle leur était tellement dissemblable en sa supériorité, elle se montrait à ce point exceptionnelle, que toute comparaison en devenait impossible, et qu'il semblait que son art fût autre que celui qu'elles exerçaient. Il y avait pourtant, certes, de grandes artistes parmi ces cantatrices fameuses qui s'appelaient Henriette Sontag, Carolina Ungher, Pasta, Grisi, Méric-Lalande, Pisaroni, Mombelli, Schoberlechner, Caradori-Allan, Camporesi, Morandi, Schrœder-Devrient, Boccabadati, Tosi, Ronzi de Begnis... Mais quel qu'ait été l'éclat de leur nom, tous pâlissent, tous disparaissent, peut-on dire, devant le rayonnement de celui de la Malibran. La fascination que cette artiste prodigieuse a

(1) « Rossini disait toujours : Beaucoup de chanteurs de mon temps ont été de grands artistes ; d'autres ont été admirables, inimitables même, si l'on veut, dans leur genre : mais il n'y a eu que trois vrais génies : *il Papà Lablache,* son enfant préféré, le vrai *Rubini del canto, il caro Don Giovan Battista* (ce sont les prénoms de Rubini), et cet enfant gâté de la nature, *Maria Felicita Malibran.* » — F. FLORIMO, *Cenni storici sulla scuola musicale di Napoli..*

exercée sur tous ceux qui l'ont connue n'a d'égale
que celle qui a signalé la carrière d'un artiste d'un
autre genre et non moins extraordinaire, d'un
artiste dont, pour les mêmes raisons et par les
mêmes causes, le souvenir est aussi resté légendaire : Malibran, Paganini! deux êtres inimitables,
dont l'existence semble comme un double défi jeté
à la nature humaine.

Au point de vue purement musical, Mme Malibran possédait toutes les qualités naturelles et ac-
quises qu'on peut souhaiter chez un chanteur.
Ecoutons ce qu'en disait Castil-Blaze : — « ... La
voix de Mme Malibran était vibrante, pleine
d'éclat et de vigueur, sans jamais perdre ce timbre
flatteur, ce velouté qui lui donnait tant de séduction dans les morceaux tendres et passionnés. Elle
éclatait comme la foudre dans le dernier duo
d'*Otello*, après avoir sangloté dans la romance,
après s'être réduite dans la prière à un *pianissimo*
qu'on eût pris pour le silence, si tout l'auditoire
n'eût été maîtrisé, frappé d'admiration et d'immo-
bilité. Cette voix partait du *sol* grave du contralto
et s'élevait jusqu'au *mi* suraigu. Vivacité, justesse,
audace dans l'attaque, gammes chromatiques
ascendantes et descendantes, trilles, sauts d'octave,
de douzième, de quinzième, arpèges, traits éblouis-
sants de force, de grâce ou de coquetterie, tout ce
que l'art peut faire acquérir, elle le possédait. Mu-

sicienne comme Lablache ou comme Rossini pour la lecture et l'intonation, elle était assez habile en composition pour produire des pièces fugitives d'un goût délicieux, d'un tour élégant, d'une mélodie pleine d'originalité. Une telle cantatrice n'était point embarrassée pour inventer des broderies, des points d'orgue, et tous les ornements qu'elle jetait à profusion dans tous ses morceaux d'exécution. Elle ne prenait pas la peine de les préparer quand elle devait les dire seule; la cantatrice se fiait à son inspiration, qui la servait toujours à merveille. Mais elle combinait, notait les traits destinés pour ses duos; on se souvient des points d'orgue placés par Mme Malibran dans les trois duos de *Tancredi;* elle disait les plus brillants avec Mlle Sontag; ils eurent un tel succès que la tradition en est restée (1). »

Mais ce talent musical ne constituait qu'une partie de celui de Mme Malibran. Ses facultés scéniques, sa science du théâtre n'étaient pas moindres, n'offraient ni moins d'originalité ni moins de variété, et s'unissaient d'une façon si étroite, si intime, à ses qualités vocales que les unes et les autres produisaient cet ensemble plein de grandeur et d'harmonie qui excitait la surprise et l'admiration générales. « Aussi tragédienne que Talma, aussi bouf-

_____

(1) *Revue de Paris,* 1836.

fonne que Lablache », disait un critique contemporain (1). Et ce n'est pas tout encore. La personnalité artistique de Mme Malibran était complétée par les séductions de la femme, par sa grâce enchanteresse, par cette physionomie poétique et idéale que Théophile Gautier décrivait ainsi : « Un flot de cheveux noirs qui se déroule, une joue pâle appuyée sur une main diaphane, une harpe qui vibre, un œil qui brille lustré par les larmes... »

On vient de lire ce jugement en une ligne d'un contemporain sur le talent scénique de Mme Malibran, qui complète si bien ce que Castil-Blaze nous en a dit au point de vue strictement musical : « Aussi tragédienne que Talma, aussi bouffonne que Lablache. » Cela en dit long en peu de mots, et c'est là l'une des causes puissantes de l'ascendant qu'elle exerçait irrésistiblement sur ses auditeurs, c'est l'étonnante variété de sensations qu'elle leur faisait éprouver, et la supériorité qu'elle montrait dans tous les genres. Sous la cuirasse de Tancrède, sous le pourpoint chevaleresque de Roméo, sous la longue robe blanche de Desdemona, sous la basquine coquette de Rosine ou de Suzanne, voire sous la coiffe ridicule de la vieille tante Fidalma, c'était toujours la Malibran, c'est-à-dire

(1) Fayolle, dans la *Biographie Michaud*.

cette supériorité qui semblait inséparable d'elle-même ; mais c'était toujours aussi l'interprétation fidèle et accomplie du personnage représenté, dans sa vérité propre, avec son caractère, ses allures et son exacte physionomie. Tragédienne jusqu'à la terreur, bouffonne jusqu'au burlesque — sans toucher à la caricature. Avec cela toutes les nuances indiquées dans le pathétique, dans la tendresse, dans la grâce comme dans le comique et dans la gaieté (1).

Et cependant, il est de grands artistes qui ne l'ont pas comprise. Tel Eugène Delacroix, qui, dans son *Journal*, récemment publié, s'élève contre la gloire de la Malibran, contre l' « engouement » dont elle était l'objet, avec une sorte d'aigreur d'ailleurs assez habituelle chez lui. Se trouvant un jour, vingt ans après la mort de celle-ci, en soirée avec son frère, Manuel Garcia, et la conversation s'établissant précisément sur le talent et les qualités du comédien, il raconte ceci :

... Garcia, en défendant le parti de la sensibilité et de la vraie passion, pense à sa sœur, la Malibran. Il nous a

---

(1) Un critique italien disait : — « Marie Malibran était l'incarnation réelle de l'art ; le type le plus parfait qui jamais apparut dans sa sphère ; pas une qualité ne lui manquait, et la grandeur à laquelle elle parvint, fruit de l'étude et du génie, ne fut jamais égalée, même partiellement, par aucune autre artiste. L'œil, la physionomie, le mouvement de l'individu, l'action chaleureuse et puissante, en faisaient un modèle même pour les artistes dramatiques, pendant que sa voix extraordi ire, sa merveilleuse aptitude au chant et son expérience à vaincre toutes les difficultés engageaient toutes ses rivales à l'imiter. »

dit, comme preuve de son grand talent de comédienne, qu'elle ne savait jamais comment elle jouait. Ainsi, dans *Roméo,* quand elle arrive au tombeau de Juliette, tantôt elle s'arrêtait en entrant contre un pilier, dans un abattement douloureux, tantôt elle se prosternait en sanglotant devant la pierre, etc.; elle arrivait ainsi à des effets très énergiques et qui semblaient très vrais, mais il lui arrivait aussi d'être exagérée et déplacée, par conséquent insupportable. Je ne me rappelle pas l'avoir vue *noble*. Quand elle arrivait le plus près du sublime, ce n'était jamais que celui que peut atteindre une bourgeoise; en un mot, *elle manquait complètement d'idéal* (!!!). Elle était comme les jeunes gens qui ont du talent, mais dont l'âge bouillant et l'inexpérience leur persuadent toujours qu'ils n'en feront jamais assez; il semblait qu'elle cherchât toujours des effets nouveaux dans une situation. Si l'on s'engage dans cette voie, on n'a jamais fini : ce n'est jamais celle du talent consommé; une fois ses études faites et le point trouvé, il ne s'en départ plus... C'était le propre du talent de la Pasta. C'est ainsi qu'ont fait Rubens, Raphaël, tous les grands compositeurs. Outre qu'avec l'autre méthode, l'esprit se trouve toujours dans une perpétuelle incertitude, la vie se passerait en essais sur un seul sujet. Quand la Malibran avait fini sa soirée, elle était épuisée : la fatigue morale se joignait à la fatigue physique, et son frère convient qu'elle n'eût pu vivre longtemps ainsi (1).

Delacroix avait le tort de vouloir comparer entre eux deux arts qui n'ont aucune analogie, celui du peintre et celui du comédien, quant à la nature des

(1) *Journal d'Eugène Delacroix* (à la date du 26 janvier 1847), t. Ier, p. 247-250.

procédés mis en œuvre. D'autre part, lorsqu'il
reprochait à la Malibran la variété d'interprétation qu'elle apportait dans le même rôle, souvent
dans la même scène, il ne s'apercevait pas qu'il
faisait le procès de deux artistes admirables, que
l'enthousiasme du public a accompagnés d'un bout
à l'autre de leur carrière, Talma et Frédérik Le-
maître, qui, eux non plus, ne jouaient jamais un
rôle deux fois de la même manière, et se laissaient
entraîner par l'inspiration du moment. C'est cette
inspiration, critiquée par Delacroix, qui était une
des marques essentielles du génie de la Malibran.
Il lui préfère la Pasta, talent noble et pur, mais
un peu froid et compassé, et surtout toujours la
même. La Pasta était toujours en scène, la Malibran oubliait qu'elle était devant le public : qu'on
se rappelle cette strophe de Musset :

> Que ne détournais-tu la tête pour sourire,
> Comme on en use ici quand on feint d'être ému ?
> Hélas ! on t'aimait tant qu'on n'en aurait rien vu.
> Quand tu chantais le *Saule*, au lieu de ce délire,
> Que ne t'occupais-tu de bien porter ta lyre ?
> *La Pasta fait ainsi : que ne l'imitais-tu ?*

Le dédain de Musset, on le voit, va tout juste
à l'encontre de celui de Delacroix. Quant à la
variété, à l'imprévu que présentait toujours le jeu
de la Malibran, que le grand peintre décrie avec
une sorte d'amertume et qui était, au contraire,

une des forces de l'artiste, ils ont été exaltés par d'autres, avec beaucoup de raison. J'en vais donner un exemple intéressant, d'autant plus intéressant qu'on y trouvera justement, en ce qui concerne la nature de l'interprétation scénique de Mme Malibran et de la Pasta, un parallèle tout différent de celui que Delacroix cherche à établir (1).

... Ceux qui ont connu les deux cantatrices n'auront pas de peine à comprendre la nouvelle vogue imprimée à l'œuvre de Bellini par la digne fille de Garcia. Mme Pasta était une grande artiste sans doute. Beauté régulière et classique, il y avait harmonie complète entre son talent et sa personne. Là, tout était pur, réglé, combiné, fixé d'avance. Une fois le rôle appris et les effets arrêtés, la cantatrice se perfectionnait chaque jour, il est vrai, par quelque finesse d'observation et de style, par ce travail délicat où la patience remplace l'inspiration. Toutefois, le résultat de l'exécution vocale ou dramatique de Mme Pasta était prévu d'avance; c'était beau, mais uniformément beau. Mme Malibran, au contraire, avait les qualités opposées; ce n'était pas, à la rigueur, ce qu'on est convenu d'appeler une belle femme; sa figure extrêmement pâle, ses traits irréguliers n'avaient rien de bien saisissant au premier abord. Seulement il y avait, dans cette frêle et

---

(1) Les lignes qui suivent sont extraites d'une Étude sur Bellini lue dans la séance publique de l'Académie de Marseille du 22 mai 1853, et publiée ensuite dans la *Revue méridionale*. L'auteur, Gustave Bénédit, qui avait bien connu la Malibran, avait fait son éducation musicale au Conservatoire de Paris et était devenu professeur de chant au Conservatoire de Marseille et critique musical du journal *le Sémaphore*.

modeste enveloppe, une âme ardente et passionnée comme Dieu n'en créa peut-être jamais. Mme Malibran commençait un rôle sans éclat, comme une simple mortelle; elle ne cherchait pas à s'imposer d'abord; mais à mesure que l'action se développait, qu'une situation émouvante et tragique se présentait dans le drame, le visage de la cantatrice s'animait, ses yeux reflétaient une expression indéfinissable, et sa voix, d'un timbre magnifique et d'une étendue immense, arrivait à des effets inouïs.

Ce que les artistes admiraient surtout chez Mme Malibran, *c'était l'imprévu.* Jamais on ne pouvait se former un programme d'avance sur la manière dont elle rendrait un personnage. Son chant et son jeu variaient tellement, prenaient des aspects si divers, que pour connaître à fond Mme Malibran, il aurait fallu la suivre régulièrement à chaque représentation. Et puis, pourquoi ne pas l'avouer? le talent de l'illustre virtuose, comme celui de Mme Dorval, dont il procédait, était inégal et journalier, qu'on nous pardonne l'expression. Il arrivait donc que, par suite d'une impression pénible ou d'une contrariété éprouvée hors de la scène, l'artiste oubliait la fiction, restait dans la vie réelle, et sous l'influence de ces préoccupations étrangères à son rôle, subissait la loi commune à notre humanité. Mais l'orgueil, la fierté de l'artiste s'affranchissaient bientôt de cette importune contrainte. Sa bouillante nature finissait par se révolter contre la puissance invisible qui comprimait son essor dans le cercle des passions vulgaires et l'empêchait d'électriser la foule impatiente. Il fallait voir alors Mme Malibran! On eût dit qu'elle sortait d'un rêve. Humiliée sans doute à ses yeux d'avoir si long-temps joué terre à terre, un frémissement nerveux s'emparait d'elle; dans ce moment, l'actrice disparaissait; c'était un être surnaturel qui n'avait plus rien de terrestre. Saisi

malgré lui en présence de cette sublime interprète, le
public restait immobile et ne respirait plus. Il sentait
approcher un de ces effets foudroyants qui soulèvent un
auditoire. Le moment venait enfin, et la Pythonisse,
dominant alors d'un geste, d'un regard, le public ainsi
transformé, l'étreignait et le brisait dans les élans de son
inspiration souveraine.

Jusqu'ici, l'écrivain reste dans les généralités.
Voici qui a trait maintenant à un de ces élans subits
d'inspiration familiers à Mme Malibran, un de ces
effets inattendus, ou, pour mieux dire, une de ces
trouvailles scéniques qui ne visent point à l'effet,
qui l'atteignent sans le chercher et qui sont le produit spontané du tempérament de l'artiste; c'est
un exemple pris sur le fait :

Lablache, cet artiste puissant, aux formes herculéennes,
qui jouait le bailli dans *la Gazza,* avouait ne pouvoir sortir qu'avec peine des mains de Mme Malibran lorsque au
deuxième acte, dans la scène de la prison, elle repoussait
l'odieux aveu de son amour. Lablache n'avait rien vu
d'aussi beau, d'aussi terriblement vrai que ce mouvement
dramatique. Au premier acte du même opéra, Mme Malibran arrive un soir et chante admirablement sa cavatine.
Dans la scène suivante on annonce Philippe, son fiancé,
jeune militaire absent depuis plusieurs années. Philippe
n'est pas encore près de la ferme, mais on peut l'apercevoir sur une petite colline qui domine le village. Jusqu'à
ce jour Mme Malibran, qui avait joué plus de vingt fois
aux Italiens le rôle de Ninetta, s'était élancée avec la
foule des paysans au-devant de son fiancé, et les spectateurs la croyaient, comme d'habitude, déjà hors des cou-

lisses, lorsqu'on la vit debout sur la table placée à gauche de la scène, les mains levées agitant son mouchoir et la figure resplendissante de joie à l'aspect de son amant qui s'approchait. Comment Mme Malibran était-elle arrivée là? on ne sait. La table était isolée; point de chaises autour. L'inspiration seule avait fait bondir l'artiste à deux pieds du sol, et nul ne s'était aperçu de ce mouvement, tant il avait été prompt et rapide.

Il me faut en revenir encore à Delacroix, qui, malgré sa haute intelligence, n'a pas su comprendre la Malibran et l'a, tout au contraire, complètement méconnue. Le fait est d'autant plus extraordinaire que le génie fougueux et parfois désordonné du peintre eût semblé devoir sympathiser d'autant plus avec la vaillance passionnée de la cantatrice. Or, c'est lui qui plaide, à propos d'elle, la cause de la tranquillité et de l'uniformité dans l'art, et c'est l'auteur du *Massacre de Scio* et de *Médée furieuse* qui reproche à cette Desdemona, à cette Norma, à cette Semiramide, ses élans dramatiques et ses superbes emportements! Quoi qu'il en soit, voici comment encore il parle d'elle :

La Malibran, dans *Marie Stuart,* est amenée devant sa rivale Élisabeth par Leicester, qui la conjure de s'humilier devant elle. Elle y consent enfin, et, s'agenouillant complètement, elle implore tout de bon; mais outrée de l'inflexible rigueur d'Élisabeth, elle se relevait avec impétuosité et se livrait à une fureur qui faisait, disait Garcia, le plus grand effet. Elle mettait en lambeaux son mouchoir et jusqu'à ses gants; voilà encore un de ces effets auxquels un grand artiste ne descendra jamais. Ce sont ceux-là qui ravissent les loges et font à ceux qui se les permettent une réputation éphémère.

Delacroix aurait-il donc voulu qu'on jouât Hermione ou Athalie comme on jouerait Célimène ou Elmire? Mais continuons :

Le talent de l'acteur a cela de fâcheux qu'il est impossible, après sa mort, d'établir aucune comparaison entre lui et les rivaux qui lui disputaient les applaudissements de son vivant. La postérité ne connaît d'un acteur que la réputation que lui ont faite les contemporains, et pour nos descendants la Malibran sera mise sur la même ligne que la Pasta, et peut-être lui sera-t-elle préférée, si on tient compte des éloges outrés de ses contemporains. Garcia, en parlant de cette dernière, la classait dans les talents froids et compassés, *plastiques*, disait-il. Ce plastique, c'était l'idéal qu'il eût dû dire. A Milan elle avait créé la *Norma* avec un éclat extraordinaire; on ne disait plus la *Pasta*, mais la *Norma*; Mme Malibran arrive, elle veut débuter par ce rôle; *cet enfantillage lui réussit*. Le public, partagé d'abord, la mit aux nues, et la Pasta fut oubliée. C'était la Malibran qui était devenue la *Norma*, et je n'ai pas de peine à le croire. Les gens de peu d'élévation et point difficiles en matière de goût, et c'est malheureusement le plus grand nombre, préféreront toujours les talents de la nature de celui de la Malibran.

N'en déplaise à Delacroix, lorsqu'on a vu s'enthousiasmer pour la Malibran des poètes comme

Musset et Théophile Gautier, des maîtres comme
Rossini et Bellini, des chanteurs comme Lablache
et Nourrit, des critiques comme Fétis et Castil-
Blaze, des dilettantes comme Vitet et quelques
autres, on est mal venu à parler de « gens de peu
d'élévation et point difficiles en matière de goût ».
Et quelque mépris d'ailleurs singulier que l'on
professe pour le public, quand une artiste est,
comme celle-là, acclamée de tous côtés et en tous
pays, en France, en Italie, en Belgique, en Angleterre, quand elle excite partout l'enthousiasme et
partout fait couler les larmes, quand l'admiration
déborde autour d'elle et se manifeste sous toutes
les formes possibles, on est mal venu aussi à
parler de la sottise et de l'imbécillité de ce public.
Ou faudrait-il croire alors que l'émotion n'est
qu'une chimère, que les larmes sont trompeuses, et
que tout dans l'art n'est que mensonge, leurre et
illusion (1)!

Cette admiration dont je parle ne cessa de se

(1) Je citais Nourrit. Ami d'enfance de Mme Malibran, dont il
avait été le condisciple à l'école de son père, il éprouvait pour son
talent une admiration profonde. Mme Nourrit, à Naples avec son
mari en 1838, écrivait à un ami : — « ... Ici, tout est plein du souvenir
de Mme Malibran. Son portrait se trouve dans presque toutes les
maisons, et moi, qui suis dans un appartement garni, j'ai son buste
sous les yeux... » (V. QUICHERAT, *Adolphe Nourrit, sa vie, son
talent*, etc.) — Pour en revenir à Delacroix, se rappelle-t-on qu'il ne
pouvait pas souffrir non plus David d'Angers, dont il ne sut jamais
comprendre le génie puissant et mâle? Ce sont des aberrations
étranges, chez un artiste de cette trempe et de cette virilité.

manifester même après la mort de Mme Malibran, parfois d'une façon touchante, d'autres fois non sans quelque singularité, comme on le verra par les deux faits peu connus que je vais rapporter.

Le 1ᵉʳ janvier 1837, notre théâtre du Palais-Royal donnait la première représentation d'une revue de fin d'année : *L'année 1836 sur la sellette*, de Théaulon, Bayard et Frédéric de Courcy. Le « compère » de cette revue était le gros Sainville, acteur réjouissant, dont la réputation de jovialité n'est pas encore oubliée ; la commère n'était autre que la charmante Virginie Déjazet, qui, à son habitude, paraissait en travesti, sous le costume du *Postillon de Longjumeau*, l'un des plus brillants succès de l'année. L'un et l'autre échangeaient des lazzis sans nombre, en voyant défiler devant eux la personnification de tous les événements importants des douze mois écoulés, ainsi que les personnages qui avaient occupé l'attention publique. Vint le tour de la Malibran, qu'on ne pouvait oublier. Dès que son nom fut prononcé : « Oh ! pour celle-là, chapeau bas ! » s'écria aussitôt Déjazet en retirant son chapeau enrubanné ; puis, comme elle s'avançait vers le public et que celui-ci vit qu'elle allait chanter, on raconte que la salle entière se leva d'un mouvement spontané, et que c'est debout que tous les spectateurs écoutèrent ce couplet, dont l'intention était meilleure assurément que la poésie, mais qui n'en fut pas moins accueilli par une tempête d'applaudissements :

> De Malibran sur la terre étrangère
> Meurt le talent et si jeune et si beau ;
> Elle n'est plus, et la vieille Angleterre
> Aurait voulu conserver son tombeau.
> Si Manchester refusa de le rendre,
> C'est qu'il pensait que, s'échappant du Styx,
> Le rossignol, ainsi que le phénix,
> Devait renaître de sa cendre.

C'est au théâtre encore que, vingt ans plus tard, un hommage d'un autre genre fut rendu à la mémoire de Mme Malibran, celui-ci assez étrange, pour ne pas dire inconvenant, bien que partant, lui aussi, d'une excellente intention. A Rome, qui était alors sous la souveraineté du pape Pie IX, on vit un jour les murs couverts d'une affiche qui, en faisant connaître les représentations de la *drammatica compagnia romana Luigi Domeniconi*, annonçait en ces termes l'apparition d'un ouvrage tout nouveau, *nuovissimo*, joué par cette compagnie :

MARIA GARCIA MALIBRAN

Drame en cinq actes, de M. Costetti, de Bologne,
sera joué pendant quatre soirées au théâtre du Corso.

PERSONNAGES. — Maria Malibran — la comtesse Nardi — Fadette — la Sontag — de Bériot — Malibran, *son mari* (1) — le vicomte Sourcour (?) — Lablache — Vincenzo Bellini — le marquis de Louvois — Le docteur Bellomini — Giovanni Gallo.

L'assemblage de tous ces noms était parfaitement ridicule, et l'on peut ajouter qu'il y avait quelque chose de particulièrement odieux à voir ainsi mettre en scène Charles de Bériot, le second époux de Mme Malibran, encore vivant à cette époque. Au reste, voici ce qu'un Français, alors présent à Rome, écrivait à ce sujet à un journal de Paris :

... Attiré par tant de noms connus, j'ai voulu voir ce drame d'un poète bolonnais. Franchement, il ne m'a point paru bon, et je ne sais si la dernière scène de votre boulevard du Temple eut consenti à le servir au public parisien. Mais comme il ne s'agit pas de mon goût, je me borne à vous dire en deux mots comment les caractères y sont tracés.

Maria Malibran est naturellement élevée sur un piédestal. C'est justice, et l'auteur ne dit de cette admirable femme que ce qu'en pensent tous ceux qui ont eu le bonheur de l'approcher. Lablache aussi est idéalisé jusqu'au superlatif, et de Bériot enfin est un aussi fort amoureux que pas un du Gysmnase. Mais, en revanche, la pauvre Mme Sontag est indignement maltraitée. L'auteur en fait une vilaine créature que l'envie d'artiste et la jalousie de femme dégradent jusqu'à la faire écouter aux portes. Cela est faux, cela est odieux. Douce, bonne et charmante per-

____

(1) Non point le mari de Bériot, sans doute ? La rédaction est au moins singulière.

sonne, émule et non rivale de Marie Malibran, Henriette Sontag fut digne d'être son amie.

Quant au malheureux mari, c'est bien autre chose. On en a fait un vrai traître de mélodrame. L'acteur chargé de ce rôle maudit porte des moustaches d'un mètre de long, du phosphore au lieu de fard sur le visage, un masque, un grand manteau, toute la défroque d'un chef de brigands. Mais comment trouvez-vous, monsieur, que dans la ville sainte, où la police et la censure sont aux mains des prêtres, on mette sur la scène des événements contemporains, et, sous leurs noms propres, des personnages dont les uns sont morts hier, et dont les autres vivent encore aujourd'hui! Cette *actualité* curieuse m'a semblé digne d'être signalée à vos nombreux lecteurs de tous les pays.

Ce drame étrange, qui constituait, en somme, un hommage d'assez mauvais goût, n'eut sans doute qu'une existence éphémère. Pour ma part, je n'en ai pas retrouvé d'autre trace. Il disparut promptement, comme, hélas! avait disparu celle qui en était l'héroïne!

Eh bien, non! ne plaignons pas la Malibran! Les anciens disaient que celui qui meurt jeune est aimé des dieux. Que dire donc de cette femme adorable, sinon qu'elle a bien fait de mourir en son printemps, dans sa fleur et dans sa grâce, dans toute la force de sa jeunesse, de sa beauté, de son génie? N'est-ce pas là, avec ce génie lui-même, l'une des causes de son étonnante célébrité? N'est-ce pas là ce qui, aux yeux de la postérité, ceint son jeune front d'une glorieuse et chaste auréole? Et se figure-t-on la Malibran vieillie, pâlie, usée, ne trouvant pas en elle-même, ainsi que nous en voyons chaque jour tant d'exemples, la force de renoncer à temps à ses triomphes, de se soustraire aux acclamations du public, aux enivrements d'une carrière à nulle autre pareille et dont un prolongement excessif n'aurait pu qu'affaiblir et atténuer le prodigieux éclat? Théophile Gautier, cet impassible et cet implacable, disait qu' « elle a eu le génie de mourir toute jeune (1) ». Gautier avait raison; il parlait en poète. Oui, la gloire de Marie Malibran resplendit d'autant mieux qu'elle n'a pas laissé au temps la possibilité de l'atteindre et de la ternir, que l'admirable artiste a été frappée à l'apogée de sa puissance, alors que peut-être elle ne pouvait plus grandir et qu'elle allait se trouver dans l'impossibilité de se surpasser elle-même. Pleurons-la donc, mais, je le répète, ne la plaignons pas. Jamais, dans son aveuglement, jamais la fatalité ne s'est montrée plus sage et mieux inspirée qu'en s'attaquant à cet être chéri, choyé et admiré de tous.

Il semblait, d'ailleurs, que la noble fille de Garcia avait le sentiment et le pressentiment de sa fin précoce. Ses accès de mélancolie n'avaient, dit-on,

(1) Feuilleton de *la Presse,* 19 octobre 1842, à propos du début aux Italiens de Pauline Garcia (Mme Viardot) dans *Semiramide.*

pas d'autre cause, et la façon dont elle usait sa
vie, abusant de ses forces, se prodiguant sans
mesure et sans frein, buvant comme à longs traits
une existence qui lui semblait devoir être courte et
dont elle voulait au moins savourer toutes les
jouissances, tout paraît justifier ce qu'on a dit
d'elle sous ce rapport. La comtesse Merlin, entre
autres, s'exprimait ainsi à son égard : — « Une
des circonstances les plus remarquables de la vie
de Maria, c'est l'accord entre sa fin prématurée et
ses pressentiments sur la rapidité de son passage
sur la terre. C'est cette conviction où elle était que
sa vie ne tenait qu'à sa jeunesse, qui la portait à
chercher tous les moyens de conserver les goûts de
l'enfance et les folles joies des premières années.
Elle était persuadée qu'elle mourrait à la fleur de
son âge ; et la répugnance qu'elle éprouvait à cette
triste pensée, qui avait pour elle toute la force de
la vérité, explique plusieurs traits de sa vie, qui
sans cela deviendraient insignifiants ou même ri-
dicules. »

Je parlais de ses accès de mélancolie. On en
trouve la trace, une trace profonde, dans certaines
de ses lettres, dans celle-ci entre autres, qu'elle
adressait à un ami à la date du mois d'avril 1831 ;
elle avait à peine vingt-trois ans :

... Combien de femmes m'envient ! Qu'ont-elles à m'en-
vier ? C'est ce malheureux bonheur.

Savez-vous? Mon bonheur, c'est Juliette! Il est mort comme elle, et moi je suis Roméo ; je le pleure.

J'ai dans mon âme un ruisseau de larmes dont la source est pure ; elles arroseront les fleurs de mon tombeau lorsque je ne serai plus de ce monde. Peut-être l'autre me donnera une récompense là-haut !

Chassons ces idées lugubres. Dans ce moment elles sont cadavéreuses... La mort est à la tête d'elles ; bientôt à la mienne...

Pardon, je m'égare ; je pleure, et me soulage en vous faisant dépositaire de mes plus secrètes pensées...

Vous ne m'en voulez pas, n'est-ce pas?

Non, vous ne le pouvez.

Venez me dire vous-même que vous me plaignez.

Venez de suite. Nous causerons, nous serons dans l'autre monde ; je fermerai ma porte à celui-ci...

On voit quel était parfois son état d'esprit, et combien profonde la tristesse qui par instants emplissait son cœur. Elle avait vu son existence intime brisée par un mariage malheureux, et j'ai eu l'occasion de dire à quel point cette pensée douloureuse empoisonnait sa vie, comme elle en était obsédée, quels efforts elle fit pour sortir d'une situation si cruelle ! C'était là l'une des causes de ces crises d'abattement moral. Mais il arrivait aussi que la jeunesse reprenait ses droits ; et alors, nous l'avons vu, c'étaient des gamineries, des enfantillages, des plaisanteries sans fin, des caprices charmants, des élans de gaieté folle,

comme dans ce fragment d'une autre lettre, dont
la dernière phrase surtout est adorable :

…Vous avez raison, apportez le journal allemand, nous
le lirons ensemble; *on n'est pas trop de deux pour lire un
journal allemand.* Par exemple, je crois bien que nous le
laisserons sur la table; car nous ferons mieux que de le
lire, nous en inventerons un, celui du petit monde où nous
vivons... vous savez lequel.

Adieu! Je me sauve, je me sauve du papier, qui me
tenterait d'écrire à n'en plus finir. Savez-vous pourquoi je
suis gaie? C'est qu'il fait beau, *et je sens qu'il fait printemps dans moi.*

Il y avait chez la Malibran, comme chez toutes
les femmes, et plus encore que chez toutes les
autres, quelque chose d'énigmatique et d'inconnu,
d'indéfinissable et de mystérieux, qui donne à sa
physionomie un aspect tout particulier et un caractère d'incontestable originalité. Singulièrement at-
tirante d'ailleurs, elle possédait ce don précieux et
rare d'exciter la sympathie à première vue et au
plus haut degré. Tous ceux qui l'approchaient
étaient sous le charme, et nul ne pouvait se défendre de la séduction. On sentait en elle de tels
trésors de bonté qu'elle inspirait des affections
profondes, qui allaient jusqu'à une sorte de dé-
votion. Ce que le talent avait fait, le cœur le
complétait, et l'admiration se doublait alors d'un
dévouement sans bornes. Il est des êtres ainsi

faits que leur empire s'exerce de lui-même, sans
aucun effort, et que toute résistance serait vaine
devant leur influence. Mme Malibran était de
ceux-là.

Si une chose m'étonne, c'est que nul écrivain jusqu'ici n'ait été tenté par cette figure idéale, ne se
soit attaché à retracer la vie de cette enchanteresse
qui pendant dix années a secoué l'Europe, et,
pour me servir d'une expression devenue banale,
l'a tenue attachée à son char de triomphe. Pour
ma part, il y avait longtemps que je caressais ce
désir, et je l'avais formé bien avant de visiter,
comme en un pieux pèlerinage, au cimetière de
Laeken, le monument assez fâcheux qui marque
l'endroit où reposent ses restes, ce monument à
l'intérieur duquel, chaque année, nombre d'admirateurs posthumes font, en guise d'hommage, pleu-
voir aux pieds de la statue leurs cartes, qui
jonchent et en quelque sorte tapissent le sol.

Après l'avoir bien étudiée, je me suis efforcé de
la faire revivre, de la faire connaître, ce qui équi-
vaut à la faire aimer. Que si l'on reproche aux
pages que je lui ai consacrées une sympathie trop
vive pour la femme, un enthousiasme trop ardent
à l'égard de l'artiste, je dirai simplement que,
comme artiste, je n'en connais pas de plus grande,
et que la femme m'est apparue comme l'une des
plus nobles créatures qu'il soit possible de rêver.

J'ai fait en sorte, d'ailleurs, de ne jamais m'écarter de la vérité, et si le peintre parfois s'est fait panégyriste, la faute en est à la splendeur du modèle. On en trouve rarement, par malheur, d'aussi séduisants et d'aussi accomplis.

FIN

APPENDICE

Répertoire dramatique de Mme Malibran.

Voici la liste complète des ouvrages chantés par Mme Malibran au cours de sa carrière :

L'Amante astuto, de GARCIA (nouveau).
Amelia, de LAURO ROSSI (nouveau).
L'Assedio di La Rochelle, de BALFE (nouveau).
Il Barbiere di Siviglia, de ROSSINI.
I Capuleti ed i Montecchi, de BELLINI.
Cenerentola, de ROSSINI.
Clari, d'HALÉVY (nouveau).
Il Crociato, de MEYERBEER.
The Devil's bridge, de BALFE (nouveau).
Don Giovanni, de MOZART.
La Donna del Lago, de ROSSINI.
L'Elisir d'amore, de DONIZETTI.
Fidelio, de BEETHOVEN.
La Figlia dell'arciere, de COCCIA (nouveau).
La Figlia dell'aria, de GARCIA (nouveau).
La Gazza ladra, de ROSSINI.
Giovanna Grey, de VACCAJ (nouveau).
Giulietta e Romeo, de VACCAJ.
Ines di Castro, de PERSIANI (nouveau).

Irene, o l'Assedio di Messina, de PACINI (nouveau).
The Maid of Artois, de BALFE (nouveau).
Maria Stuarda, de DONIZETTI.
Il Matrimonio segreto, de CIMAROSA.
Matilde di Shabran, de ROSSINI.
Norma, de BELLINI.
Le Nozze di Figaro, de MOZART.
Otello, de ROSSINI.
La Prova d'un opera seria, de GNECCO.
Romeo e Giulietta, de ZINGARELLI.
Semiramide, de ROSSINI.
La Sonnambula, de BELLINI.
The Student, de CHELARD.
Tancredi, de ROSSSINI.
Tebaldo ed Isolina, de MORLACCHI.
Torvaldo e Dorliska, de ROSSINI.

Compositions de Mme Malibran.

Mme Malibran a écrit et publié un assez grand nombre de compositions : romances, chansonnettes, tyroliennes, nocturnes, etc., qu'elle chantait souvent elle-même et dont quelques-unes obtinrent de grands succès. Je ne saurais me flatter d'en dresser la liste absolument complète, car beaucoup de ces morceaux ont aujourd'hui disparu, les éditions s'étant épuisées et les planches ayant été fondues ; je crois cependant avoir retrouvé la trace du plus grand nombre d'entre eux, dont voici les titres :

Addio a Nice.
Adieu à Laure, ariette (Troupenas, éd.).
Au bord de la mer (Troupenas, éd.).
Le Batelier, nocturne à deux voix (Troupenas, éd.).
La Bayadère, chansonnette (Troupenas, éd.).

Belle, viens à moi, nocturne à deux voix, paroles de Mme Desbordes-Valmore (Troupenas, éd.).

Les Brigands (Troupenas, éd.).

L'Ecossais, romance (Troupenas, éd.).

Enfants, ramez, chant caractéristique des matelots anglais (Troupenas, éd.) (1).

En soupirant, tyrolienne à deux voix (Pacini, éd.).

La Fiancée du brigand, ballade (Troupenas, éd.).

Hymne des matelots (Troupenas, éd.).

L'Indifférence, nocturne à deux voix (Pacini, éd.).

Je fus heureux avant de te connaître, nocturne à deux voix (Pacini, éd.).

J'étais sur la rive fleurie, nocturne à deux voix (Pacini éd.).

Lève-toi, jeune enfant, chansonnette (Pacini, éd.).

Le Lutin, nocturne à deux voix (Troupenas, éd.).

Le Ménestrel, romance (Troupenas, éd).

Le Montagnard, tyrolienne (Troupenas, éd.).

Le Moribond (Troupenas, éd.) (2).

Le Message, romance (Troupenas, éd.).

Les Noces du Marin, chanson (Troupenas, éd).

Le Page de la dame du Châtel, ballade (Pacini, éd.).

La Pensée, tyrolienne à deux voix, paroles de Mme Desbordes-Valmore (Pacini, éd.).

Prière à la Madone, romance (Troupenas, éd.).

Le Prisonnier, romance à deux voix, paroles de Béranger (Pacini, éd.).

Rataplan, chansonnette (Troupenas, éd.).

Les Refrains, romance (Troupenas, éd).

Le Rendez-vous, nocturne à deux voix (Troupenas, éd.).

La Résignation, romance (Troupenas, éd.).

Le Retour de la Tyrolienne (Pacini, éd.).

Le Réveil d'un beau jour, chansonnette (Troupenas, éd.).

La Tarentelle, chansonnette (Troupenas, éd.).

(1) Publié aussi avec paroles anglaises, sous ce titre : *Row, boys!*

(2) Publié aussi avec paroles italiennes, sous ce titre : *La Morte* (la Mort).

Le Village, chansonnette (Troupenas, éd.).

La Voix qui dit : Je t'aime, romance (Troupenas, éd.).

Quelques-uns des morceaux compris dans cette liste ont été publiés sous forme d'album, un an après la mort de la cantatrice, en un recueil portant ce titre : *Dernières pensées musicales de* Marie-Félicité Garcia de Bériot (Troupenas, éditeur). Ce recueil fut l'objet d'un article publié par Berlioz dans la *Revue et Gazette musicale* du 2 juillet 1837.

L'éditeur Ricordi, de Milan, publia en 1837, peu de mois après la mort de Mme Malibran, un morceau qu'elle avait composé et ajouté pour elle à *l'Elisir d'amore,* opéra de Donizetti : *Aria finale nell'* Elisir d'amore, *composta da Madama Malibran, e ridotta dal maestro Panizza per pianoforte e canto* (1).

Écrits publiés sur Mme Malibran.

Il n'existait jusqu'à ce jour aucune étude complète, aucun travail d'ensemble sur la vie de Mme Malibran ; mais il a paru, surtout à l'époque de sa mort, soit en France, soit en Italie, soit en Angleterre, une quantité de brochures et d'écrits de toute sorte, en prose et en vers, dont la collection serait sans doute impossible à réunir aujourd'hui. Ici encore, je ne saurais émettre la prétention d'être complet, mais voici du moins la liste de ceux de ces écrits dont j'ai eu connaissance :

Les loisirs d'une femme du monde, par la comtesse Merlin. — Paris, Ladvocat, 1838, 2 vol. in-8, avec portrait.

---

(1) On a publié : *Tyrolienne* de Mme Malibran, variée pour le violoncelle avec accompagnement de piano, par Jules Forest, dédiée à Franchomme.

La Malibran, anecdotes, par Jules Bertrand. — Paris, Librairie du *Petit Journal*, 1864, in-12 de 12 pp., avec portrait.

Maria Malibran, par Ernest Legouvé. — Paris, Hetzel, s. d., in-12 de 48 pp.

A Maria Malibran, odi (signées C.-G. P.). — Napoli, Rusconi, 1832, in-12 de 25 pp.

Cenni biografici di Madama Maria Garcia Malibran. — Venezia, 1835, in-8°.

Notizie biografiche di M.-F Malibran, raccolte e pubblicate da Gaetano Barbieri. — Milano, Stella, 1836, in-8° de 54 pp., avec portrait.

Madama Malibran e il suo secolo, cenni biografici. — Lucca, Pasquinelli, 1836, in-8°.

A Maria Malibran, per la sua rappresentazione dell'*Otello* in S. Carlo. Ode di V. C. — Napoli, in 16 de 15 pp.

In morte della celebre Maria Malibran de Bériot (en vers). — Brusselles, 1836, in-8°.

The life of Madame Maria Malibran de Bériot, interspersed with original anecdotes and critical remarks on her musical powers, by Isaac Nathan. — London, 1836, in-12.

Sermon... on the day after the funeral of Madame Malibran, by Richard Parkinson. — Manchester, 1836, in-8°.

Templeton and Malibran, reminiscences of these renowned singers, with original letters and anecdotes. — London, William Reeves, s. d. (1881), in-8° avec portrait.

Récit de l'ovation de Mme Malibran à Venise, par Léon de Montbeillard (en vers). — Lausanne, impr. Delisle, 1825, in-8° de 11 pp.

Züge aus d. Leben d. berühmten sängerin Maria Malibran-Garcia. — Zürich, 1840, in-4°, avec portrait.

Enfin, du vivant de Mme Malibran, et dans les diverses villes italiennes où elle chantait, on publiait à chaque instant sur elle, ou à elle adressées, des pièces de vers, imprimées sur simples feuillets ou feuilles volantes, et que la fragilité de cette publication condamnait à une fatale destruction. Le hasard a fait tomber entre mes mains deux de ces opuscules éphémères, qui forment chacun une feuille in-quarto de quatre pages, tous deux imprimés à Lucques, chez Giusti, en 1834 : 1° *La Voce umana, a Maria F. Malibran;* 2° *Al genio, al merito dell'incomparabile virtuosa di canto signora Marietta F. Malibran,* per la serata di suo benefizio. L'un et l'autre sont anonymes. Je signalerai aussi, dans les *liriche* de Felice Romani, un délicieux petit poème à la Malibran (1).

Un engagement de Mme Malibran.

Voici le texte d'un des engagements contractés par Mme Malibran avec le *manager* anglais Alfred Bunn, directeur du théâtre de Covent-Garden à Londres. C'est celui qui se rapporte à l'année 1835. Ce document intéressant a été publié dans la brochure *Templeton and Malibran,* dont j'ai eu l'occasion de parler et d'où je le traduis :

Entre nous soussignés, d'une part M. Bunn, directeur du théâtre de Covent-Garden à Londres, et d'autre part Madame Garcia Malibran, il a été conclu ce qui suit :

ARTICLE PREMIER. — Madame G. Malibran s'engage à chanter dix-neuf représentations au théâtre susnommé, ces représentations devant s'étendre du 18 mai mil-huit-cent-trente-cinq au 1ᵉʳ juillet suivant.

ART. 2. — Pour ces dix-neuf représentations, M. Bunn, de son côté, s'engage à payer à Madame Garcia Malibran la somme

(1) Le 17 mars 1837, on exécutait au théâtre de la Scala, de Milan, une cantate funèbre : *In morte di Maria Malibran,* dont les vers étaient dus au poète Piazza, et dont la musique avait été écrite par Coppola, Donizetti, Mercadante, Pacini et Vaccaj. J'ignore si cette cantate a été publiée.

de deux mille trois-cent-soixante-quinze livres sterling (1), de la manière suivante.

Art. 3. — Trois cent soixante-quinze livres sterling, montant de trois représentations, seront toujours payées d'avance à Madame Garcia, avant midi, le lundi de chaque semaine, pendant le présent engagement, à son domicile à Londres.

Art. 4. — Madame G. Malibran prêtera son nom pour une soirée de bénéfice, formant une vingtième représentation, dont le produit appartiendra entièrement à la direction, Madame G. Malibran renonçant d'avance à toute rémunération pour cette vingtième représentation.

Art. 5. — Au cas où Madame G. Malibran se trouverait empêchée de chanter par suite d'indisposition, elle en informera M. Bunn, qui, sur ce simple avis, devra changer immédiatement le programme du spectacle ; et, comme garantie de bonne foi, Madame Malibran consent à retourner à M. Bunn, le samedi de chaque semaine, cent vingt-cinq livres sterling pour chaque représentation que son indisposition personnelle aura empêché d'avoir lieu.

Art. 6. — Mais si, pour quelque cause que ce soit, indépendante de Madame G. Malibran, les trois représentations de la semaine n'étaient pas complètes, elle n'aurait rien à retourner à M. Bunn.

Art. 7. — Madame G. Malibran s'engage à chanter *la Sonnambula* de Bellini et *le Nozze di Figaro*. En ce qui concerne le choix de tous autres ouvrages qui pourraient lui être proposés, il sera fait d'un commun accord entre Madame G. Malibran et l'entrepreneur, en vertu d'arrangements réciproques.

Art. 8. — Madame G. Malibran devra être à Londres vers le 15 mai 1835, afin de pouvoir commencer le 18 du même mois.

Art. 9. — Les costumes de théâtre seront à la charge de l'administration et seront choisis par Madame G. Malibran.

Art. 10. — Avant ou pendant la durée du présent engage-

(1) 59 375 francs, soit 3 125 francs par représentation.

*

ment, Madame G. Malibran n'exercera ses talents sur aucun théâtre de Londres ; mais elle se réserve le droit de chanter dans toute espèce de concert public ou particulier, ainsi que dans ceux donnés dans la petite salle de Haymarket Opera House, Argyll Rooms, Hanover Square, King's Rooms, et, en général, dans tous les endroits où des concerts peuvent être donnés.

ART. 11. — Si les conditions ci-dessus énoncées n'étaient pas strictement remplies, Madame G. Malibran se réserve le droit de résilier le contrat. Même dans ce cas, M. Bunn n'en devrait pas moins à Madame G. Malibran cent vingt-cinq livres sterling pour chaque représentation qui aurait dû avoir lieu.

ART. 12. — La représentation consentie par Madame G. Malibran au bénéfice de l'entrepreneur ne devra être donnée qu'à la fin — et comme complément — des dix-neuf autres.

Transaction réciproque et *bond fide* entre les soussignés..

Maria F. G. MALIBRAN.

A. BUNN.

Le tombeau de Mme Malibran.

C'est dans une des grandes allées du cimetière de Laeken, fécond en souvenirs, qu'on voit s'élever le tombeau de Marie Malibran, non loin de celui d'une autre grande artiste, celle qui fut Marie Pleyel. Ce tombeau, en forme de chapelle, renferme la statue de l'illustre cantrice, due à l'un des plus célèbres sculpteurs belges, Guillaume Geefs. Voici la description qu'un journal faisait de ce monument en 1843 :

La statue de Mme Malibran, qui a figuré à la dernière exposition et qu'on doit au ciseau de M. Guillaume Geefs, vient d'être placée dans le mausolée que M. de Bériot a fait élever, au cimetière de Laeken, pour éterniser à la fois la mémoire de sa femme et de la célèbre cantatrice. Ce monument a trois mètres

de longueur sur chaque face, cinq mètres de la base au pinacle,
et présente une forme tumulaire de la plus simple ordonnance.
L'intérieur est circulaire et a pour couronnement une coupole.
La façade a une porte en fonte, ouvragée à jour, et à travers
laquelle on voit la statue placée, à l'extrémité opposée, entre
le centre et la circonférence. Ce beau marbre, dont l'auteur a
tracé le plan du mausolée, se détache sur un fond brunâtre,
peint en tapisserie, de telle sorte que la Malibran, représentée
sortant de son tombeau, s'élance en chantant vers le ciel, et est
reçue par un chœur d'anges qui figurent dans la coupole. Au
centre de la coupole s'ouvre une lanterne qui répand un jour
doux, céleste pour ainsi dire, sur toute la statue (1).

Ajoutons que sur le socle de la statue, couverte de longs
vêtements et la tête surmontée d'une étoile, on lit cette
incription :

A la mémoire de

MARIA FÉLICIA GARCIA DE BÉRIOT

et au-dessous les quatre vers de Lamartine que j'ai placés
en tête de ce volume :

> Beauté, génie, amour, furent son nom de femme,
> Ecrit dans son regard, dans son cœur, dans sa voix !
> Sous trois formes au ciel appartenait cette âme.
> Pleurez, terre, et vous, cieux, accueillez-la trois fois !

(1) *Revue et Gazette musicale*, 1er janvier 1843. — Le même
journal publiait, quelques années auparavant, cette nouvelle (4 novembre 1838) : « Le monument qui sera élevé à Mme Malibran dans
le théâtre de la Scala, qui a si souvent retenti de ses accents inimitables, vient d'être terminé par Marchesi, l'un des premiers sculpteurs
de l'Italie. Le buste de la grande artiste est supporté par un piédestal blanc où le ciseau a retracé les différents rôles qui ont illustré
sa carrière. Le Génie de la mélodie, une lyre à la main, s'appuie
contre le piédestal dans une attitude mélancolique. » Ce monument
est placé dans le foyer public du théâtre de la Scala.

Le malheur, c'est que ce monument dépourvu de style
comme d'élégance, à la fois lourd, épais et sans grâce,
laisse à peine, par la grille ouvragée, pénétrer assez de
jour pour qu'on puisse voir la statue de Mme Malibran,
qui, me semble-t-il, devrait au contraire se dresser radieuse,
au plein de l'air, et paraître s'élever triomphalement vers
le ciel. Ce mausolée n'est pas seulement triste ; il est
sombre et lugubre, et ne satisfait en aucune façon les
pensées d'enthousiasme artistique qu'évoque dans l'esprit
et que fait naître ce nom glorieux : — MARIE MALIBRAN !

TABLE DES MATIÈRES

AVANT-PROPOS I

CHAPITRE PREMIER

Manuel Garcia, père de Marie Malibran. — Chanteur, compositeur et chef d'orchestre en Espagne, sa patrie. — Mme Garcia, comédienne. — Garcia vient à Paris, est engagé au Théâtre-Italien, et y obtient de grands succès. — Naissance à Paris de Marie-Félicité Garcia, la future Mme Malibran. — Elle suit son père en Italie, où elle devient l'élève de Panseron et d'Herold. — Son intelligence précoce. — Revient en France avec son père, qui commence son éducation vocale. — Voyage à Londres. — Débuts et premiers succès. — Départ pour l'Amérique, où Garcia emmène toute sa famille pour fonder un Opéra à New-York. — Nouveaux succès de la jeune Marie. — Elle quitte pourtant le théâtre pour épouser le banquier français Eugène Malibran. — Ce qu'était Malibran. — Séparation mystérieuse des deux époux et retour en France de la jeune Mme Malibran. 6

CHAPITRE II

Arrivée à Paris. — Mme Malibran trouve asile chez les sœurs de son mari. — Ses relations avec la comtesse Merlin. — Elle débute avec éclat au Théâtre-Italien. — Son triomphe dans une représentation extraordinaire à l'Opéra. — Mme Malibran et la critique. — Souplesse et variété de son talent. — Ses progrès incessants. 30

CHAPITRE III

Mme Malibran s'éloigne de la famille de son mari pour se réfugier chez la comtesse de Sparre (Mlle Naldi). — Sa rentrée
au Théâtre-Italien. — Enthousiasme du public. — Elle joue
un opéra nouveau, *Clari,* d'Halévy, qui est pour elle un nouveau triomphe. — Engagée au King's Theatre, de Londres,
où elle produit un effet foudroyant. — Ses appointements à
cette époque... 44

CHAPITRE IV

Apparition de Mme Malibran à Bruxelles, où elle fait sensation.
Rencontre avec Charles de Bériot. — Elle reparaît au Théâtre-
Italien, où elle excite de nouveau l'enthousiasme. — Ses qua-
lités morales. — Sa générosité. — Deux lettres intéressantes. 62

CHAPITRE V

Retour à Londres. — Son jugement sur Mme Méric-Lalande.
— Elle fait *furore.* — Ses préoccupations. — Désir de voir
casser son mariage. — Théâtre, concerts et soirées. — Prodigieuse activité. — Anecdotes curieuses. — Mme Malibran
s'estime fière d'être née en France......................... 74

CHAPITRE VI

Nouvelle rentrée au Théâtre-Italien, nouveaux triomphes. —
Mme Malibran et le général La Fayette. — Fatigue et maladie.
Repos forcé. — Elle reparaît au Théâtre-Italien, mais ne peut
terminer la saison. — Part pour Bruxelles, où elle donne un
concert avec Bériot... 90

CHAPITRE VII

Mme Malibran à Bruxelles. — Départ imprévu et subit pour
l'Italie, en compagnie de Lablache et de Bériot. — Elle apprend à Rome la mort de son père. — Elle paraît pour la
première fois au théâtre Valle, puis est engagée à Naples, et
partout excite l'admiration. — Mme Malibran et le roi de
Naples. — Représentations à Bologne. — Le violoniste
Ole Bull. — Retour à Rome. — Mme Malibran chez Horace
Vernet, à l'Académie de France. — Voyage à Bruxelles..... 106

CHAPITRE VIII

Nouvelle saison à Naples dans *la Sonnambula*. — Engagée
au théâtre Drury-Lane, de Londres, pour chanter en anglais.
— Elle chante ainsi *la Sonnambula*, Bellini présent. —
Triomphe éclatant. — Lettre de Bellini à ce sujet. —
Mme Malibran reste cette fois cinq mois à Londres, puis
chante dans des festivals de province. — Elle repart ensuite
pour Naples, où elle joue deux opéras nouveaux, de Pacini
et Coccia. — Son triomphe dans *Norma*. — Bologne. —
Première apparition à la Scala, de Milan. — Succès fou. —
Sinigaglia, Lucques, Milan et Naples.................... 129

CHAPITRE IX

A Naples, Mme Malibran a pour partenaire notre Duprez. —
Ses succès sont de plus en plus éclatants. — Bellini exprime
l'ardent désir d'écrire plusieurs opéras pour elle. — Sa cor-
respondance à ce sujet. — Résultat négatif. — Mme Mali-
bran joue encore deux opéras nouveaux, de Lauro Rossi et de
Persiani. — La danse ne lui réussit pas. — Une lettre de
Ch. de Bériot. — Accident grave, Mme Malibran se casse un
bras. — Chante *la Sonnambula* avec le bras en écharpe. —
Part pour Venise, où elle produit une sensation indescriptible.
— Nouvelle preuve de sa générosité. — Le théâtre Malibran. 158

CHAPITRE X

Le mariage de Mme Malibran est cassé par le tribunal de la
Seine. — Texte du jugement. — Elle passe par Paris pour se
rendre à Londres, où elle triomphe, au théâtre de Covent-
Garden, dans le *Fidelio* de Beethoven. — De Londres elle
repart pour Lucques, d'où elle est chassée par le choléra. —
Voyage dangereux de Lucques à Milan, où sa rentrée à la
Scala provoque une manifestation inouïe. — Elle apprend la
mort de Bellini, qui lui arrache des larmes. — Elle joue un
opéra nouveau de Vaccaj............................... 186

CHAPITRE XI

Mme Malibran vient passer quelque temps à Paris. — Son
mariage avec Charles de Bériot. — Duel musical avec Thalberg. — Son admiration pour les grands artistes. Mlle Falcon,
Mme Dorval, Mme Sontag, Mme Pasta, Carolina Ungher. 206

CHAPITRE XII

Concerts à Bruxelles et retour à Londres, au théâtre Drury-Lane. — Mme Malibran joue un opéra nouveau de Balfe. — Accident cruel. — Elle fait une chute de cheval, dont les suites doivent lui être fatales. — Elle n'en continue pas moins ses représentations, sans prendre les soins que nécessite son état. — Retour à Bruxelles. — Concert à Liège. — Représentations à Aix-la-Chapelle. — Elle vient prendre quelque repos en France, puis part pour Manchester, où elle doit trouver la mort.. 217

CHAPITRE XIII

Arrivée à Manchester. — Malgré sa souffrance, Mme Malibran chante *quatorze* morceaux au premier festival, chante matin et soir le lendemain, et chante encore le jour suivant. — C'est là qu'elle tombe, après un effort héroïque, pour ne plus se relever. — Sa maladie, sa mort. — Prétention étonnante de la ville de Manchester, qui veut conserver son corps. — Procès entre cette ville et Ch. de Bériot. — Mme Garcia obtient enfin qu'on lui rende le corps de sa fille, qu'elle ramène en Belgique. — Funérailles de Mme Malibran à Bruxelles.. 232

CHAPITRE XIV

Le génie de Mme Malibran. — Mme Malibran et ses contemporains. — L'artiste et la femme............................ 246

APPENDICE

Répertoire dramatique de Mme Malibran.................. 271
Compositions de Mme Malibran........................ 272
Écrits publiés sur Mme Malibran....................... 274
Un engagement de Mme Malibran...................... 276
Le tombeau de Mme Malibran.......................... 278

PARIS. TYP. PLON-NOURRIT ET Cie, 8, RUE GARANCIÈRE. 14870.

A LA MÊME LIBRAIRIE

Journal d'Edmond Got, sociétaire de la Comédie-Française (1822-1901). Publié par son fils Médéric Got. Préface de M. Henri Lavedan, de l'Académie française. Tome Ier. 5e édit. Un vol. in-16 avec un portrait. . . . . 3 fr. 50
  Tome II. 4e édition. Un vol. in-16 avec un portrait. 3 fr. 50

Mémoires inédits de mademoiselle George, publiés d'après le manuscrit original, par P.-A. Cheramy. 8e édition. Un vol. in-16 avec portraits et fac-similé. . . . . . . 3 fr. 50

Adolphe Nourrit, sa vie, son talent, son caractère, sa correspondance, par L. Quicherat, membre de l'Institut, Trois vol. in-8º . . . . 18 fr.

Un Artiste d'autrefois. **Adolphe Nourrit,** par Etienne Boutet de Monvel. Un volume in-16. . . . . 3 fr. 50

Une Danseuse de l'Opéra sous Louis XV. **Mademoiselle Sallé (1707-1756),** par Emile Dacier, d'après des documents inédits. 2e édition. Un volume in-16 avec portrait. 3 fr. 50

Une Vie de danseuse. **Fanny Elssler,** par Auguste Ehrhard. 2e édition. Un vol. in-16 avec un portrait hors texte. 3 fr. 50

Les Variétés (1850-1870), par Roger Boutet de Monvel. 2e édition. Un vol. in-16. . . . . 3 fr. 50

Militaires fils d'acteurs, par le baron de Contenson. Ouvrage orné de 14 gravures. Préface de M. Georges Montorgueil. Un vol. in-8º. 4 fr.

La Jeunesse d'un romantique. *Hector Berlioz* (1803-1831), d'après de nombreux documents inédits, par A. Boschot. 2e édition. Un vol. in-16 avec trois portraits. . . . . . . 4 fr.
  (Couronné par l'Académie des Beaux-Arts, prix Kastner-Boursault.)

Un Romantique sous Louis-Philippe. *Hector Berlioz* (1831-1842). d'après de nombreux documents inédits, par A. Boschot. 2e édition. Un fort volume in-16 avec deux portraits. . . 5 fr.
  (Couronné par l'Académie française, prix Charles Blanc.)

Les Origines de l'Opéra français, d'après les minutes des notaires, les registres de la Conciergerie et les documents originaux conservés aux Archives nationales, à la Comédie-Française et dans diverses collections publiques et particulières. Un volume in-8º, caractères elzéviriens, accompagné de trois plans. . . . . 10 fr.

Études et récits sur Alfred de Musset, par la vicomtesse de Janzé. 2e édition. Un vol. in-18, avec fac-similé de deux dessins d'Alfred de Musset. . . . . 3 fr. 50

La Dilecta de Balzac. *Balzac et Mme de Berny* (1820-1836), par Geneviève Ruxton. Avec une préface de M. Jules Lemaitre, de l'Académie française. Un vol. in-16 . . . . 3 fr. 50

PARIS. TYP. PLON-NOURRIT ET Cie, 8, RUE GARANCIÈRE. — 14870.